통사론 분석 길라잡이

PRACTICAL GUIDE TO
SYNTACTIC ANALYSIS, 2nd edition

통사론 분석 길라잡이

인쇄 | 2004년 3월 10일
발행 | 2004년 3월 15일

지은이 | 조지아 그린 & 제리 모건
옮긴이 | 김종복 · 조세연 · 최인철
펴낸이 | 김진수

펴낸곳 | 한국문화사
등록번호 | 제2-1276호(1991.11.9)
주소 | (133-823) 서울시 성동구 성수1가2동 656-1683 두앤캔B/D 502호
전화 | (02) 464-7708, 3409-4488
팩스 | (02) 499-0846
홈페이지 | www.hankookmunhwasa.co.kr
이메일 | hkm77@korea.com
가격 | 10,000원

ISBN 89-5726-136-2 93700

통사론 분석 길라잡이

PRACTICAL GUIDE TO
SYNTACTIC ANALYSIS, 2nd edition

조지아 그린 & 제리 모건 저
김종복 · 조세연 · 최인철 역

한국문화사

Georgia M. Green and Jerry L. Morgan 2001

PRACTICAL GUIDE TO
SYNTACTIC ANALYSIS, 2nd editon

© Center for the Study of Language and Information
Leland Stanford Junior University

역자 서언

이 책은 언어학, 특히 통사론을 공부하려는 학도들에게 어떻게 연구를 수행해야 하는가에 대한 지침을 제시하고 있다. 언어학은 인간이 가지고 있는 언어적 지식의 체계를 과학적으로 탐구하는 학문이다. 누구나 이러한 언어학적 연구를 수행할 수 있지만, 훌륭한 언어학적 연구는 일정한 방식과 틀을 준수해야 한다. 이 책은 연구의 주제를 선정하는 문제에서, 가설을 수립하고 또 그 가설을 점검해서 최종적으로 논문으로 발전시키는데 까지 학자들이 수행해야 하는 제반의 사항들을 자세히 소개하고 있다. 특히 이 책에서 다루고 있는 중요한 주제는 '어떻게 논증할 것인가'이다. 언어학적 주장을 펼치는데 있어서 가장 중요한 요소들 중 하나는 자신의 주장을 입증할 수 있는 자료를 제시하고 자신의 주장이 기존의 이론과 대비하여 가질 수 있는 의미를 설득해 나가는 것이다. 이러한 점에서 이 책은 언어학의 초보 연구자는 물론 기존의 학자들에게도 꼭 필요한 원칙들을 제시하고 있다. 이 책이 가지는 또 다른 장점은 부록에 있다. 부록은 영어의 통사론적 주제들을 광범위하게 포괄하고 있으며, 각 현상들에 대한 간략한 연구 배경과 아울러 참고자료들을 잘 제시하고 있다.

우리 세 명의 역자들 역시 통사론을 전공하는 학자들로서 이 책을 통해 언어학 연구의 근본에 대해 다시 돌이켜 볼 수 있는 기회를 가질 수 있었다. 이 책은 많은 내용을 짧은 지면에 포괄적으로 다루고 있다. 이 책의 이러한 특징으로 인하여 번역의 과정에서 용어 및 문체의 통일을 위해 적지 않은 어려움을 겪기도 하였다. 거듭된 논의와 노력에도 불구하고, 혹시 발생할지 모르는 오류는 우리 역자들의 책임이며 이에 대한 지적을 겸허하게 받아들이려 한다.

역자 일동

역자의 감사

본인은 역자중의 일인으로서, 해당 원서를 집필한 일리노이 대학의 그린(Georgia Green) 교수와 모간(Jerry Morgan) 교수의 문하생이었다. 물론 이 분들이 강의한 통사론이나 언어학의 연구 방법론 등의 강의를 위 원서로 배웠음은 두 말할 나위가 없다. 처음 미국에서 언어학 특히 통사론을 상기한 책자의 내용이 제시한 데로 정확히 따라 한다는 것은 결코 쉬운 일이 아니었다. 이처럼 책의 지시내용에서 벗어난 논증을 펼칠 때면, 그린 교수는 언제나 학생들이 제출한 소논문에 너무도 많은 질책을 붉은 글씨로 빈 여백에 빽빽이 써주곤 했다. 여러 날을 밤새워 고민하여 제출한 소논문에 "이런 논증은 1센트의 가치도 없다."나 혹은 "이 논증에 10센트를 더한다 할지라도, 당신은 카푸치노 한 잔도 살 수 없다." 등의 코멘트를 받는 것은 처음에는 견디기가 무척 힘들었다. 이제는 학위를 마치고 혼자서 초록을 작성하거나 논문을 쓰는 경우가 아주 빈번하다. 이 때마다 가장 아쉬운 것은 그린 교수가 냉철하게 지적했던 코멘트들이다. 번역은 반역이라고들 한다. 위 두 저자의 오랜 세월 동안 고심하여 이루어진 통사 분석과 그 논증의 방법론이 형편없는 문하생의 오역으로 폄하될 것을 저어하면서, 그 분들의 역작에 경의를 표하는 바이다. 더불어 본 역서가 통사론을 포함하는 언어학의 방법론을 익히는데 뿐만 아니라, 일반 학도들이 일상의 사건에서도 과학적인 사고와 표현을 전개할 수 있는 길잡이가 되었으면 하는 바람이다.

역자를 대표하여 조 세 연

저자 서언

이 책은 통사론을 공부하는 학생들에게 도움을 주기 위한 지침서이며, 동시에 학생들의 교과서와 수업 중의 토론을 위한 보충자료이기도 하다. 이 책을 잘 소화하기 위해서는 기본적으로 생성문법에 관한 기본적인 지식이 필요하지만, 절대적인 것은 아니다. 이 책의 개괄적 구성은 다음과 같다.

1. 통사 연구의 세부적인 사항뿐만 아니라 전체를 볼 수 있게 해주는 기본적 논의(1장)

2. 특정 현상에 대한 통사 분석과 이를 제시할 수 있는 지침(2~4장). 이러한 논증 방법과 언어학적 분석 방법은 통사론뿐만 아니라 음운론, 화용론, 그리고 의미론 연구 등 다양한 분야에 적용 가능하다.

3. 표준이론에 관한 개괄적 설명(5장)과 통사적 기술을 위한 주요 현대 문법이론을 소개하며, 이들 이론이 어떻게 발전되어 왔는가를 제시(6~7장)

본서는 통사론 분야의 전문용어에 대한 주석을 제공하지는 않는다. 비록 자세한 주석이 이러한 지침서에서 바람직하다는 것에는 의심의 여지가 없지만, 현대 통사론에서 사용되는 전문용어는 확고하지 않을 뿐만 아니라 생명력 또한 매우 짧다. 예를 들면, 언어학자 X가 정의한 전문용어를 다른 언어학자 Y는 다른 개념으로 사용할 수도 있다. 이러한 이유로 각 연구들이 사용하는 전문 용어들의 의미, 역사 등을 명확하게 제시하지 않는다면 혼란만 가중시킬 수 있다. 각 언어학자들이 사용하는 용어가 무엇을 의미하는지 파악하거나 특정 용어가 무엇을 지시하는지 항상 파악하기는 어렵다. 심지어 저자도 사용하는 용어에 관해 정확하게 이해하지 못하는 우를 범하는 경우가 종종 있다.

본서는 이러한 문제점을 해결해 줄 수 있을 것으로 믿는다. 비록 이 책이 통사 분석을 위한 다양한 기술적 장치를 발전시키는 과정을 논의하고 있지만, 전통적인 변형 문법이 발전하게 된 동기, 변형 문법에 나타난 수학적 근간, 또는 생성 문법의 역사는 자세하게 다루지 않는다. 이러한 통사이론의 기본적 철학에 대한 포괄적인 역사뿐 아니라, 최근 20년 동안의 역사에 관해서도 논의는 논의에서 제외하기로 한다.

본서에서 논의될 순환 규칙과 같은 몇몇 통사 규칙들은 언뜻 보면 시대에 뒤떨어진 것처럼 보일지 모른다. 그러나 이러한 규칙들은 여러 가지 분석 및 연구들이 등장하게 되는 배경을 이해하고 평가하는데 중요한 도움을 줄 것이다. 특히 과거에 폐기되었던 접근법들이 최근 들어 다시 부활하는 사례가 많다는 사실에서, 우리가 왜 과거의 논문들을 다시 살펴보아야 하는지에 대한 이유를 찾아볼 수 있을 것이다.

저자의 감사

우리는 이전의 타이프라이터 서체보다도 라텍(LATEX)이라는 마술로 이 지침서를 보다 시각적으로 명료하게 만들어준 린다 메이(Linda May)에게 감사의 말을 전하고자 한다. 또한, 이 책이 발간되기 전에 발간된 다섯 번의 다른 예비 초간본을 사용했던 여러 세대의 학생들에게도 감사의 말을 전하고자 한다. 이 책이 출판되어지기까지 어바나 샴페인 시 소재의 일리노이대학(University of Illinois at Urbana-Champaign) 내에 있는 Beckman Institute for Advanced Science and Technology도 우리에게 아낌없는 지원을 해 주었다.

Georgia M. Green & Jerry L. Morgan

차 례

1장 문법이란 무엇인가?

언어학을 올바르게 이해하는 것은 쉬운 일이 아니다. 언어학에 관한 수필집 『Chomsky에 대한 회고』(*Reflections on Chomsky*, George 1989)는 "언어학에 대해 혼동을 일으키지 않는 방법은 무엇일까?"라는 질문에 한 장을 할애할 정도이다. Chomsky의 여러 논문과 저서(1955, 1957, 1965, 1975, 1981, 1986a)에서 지적한 바와 같이 생성언어학 이론은 언어학뿐만 아니라 인간의 마음과 본질과 관련된 문제이며, 또한 심리학과 철학을 포함하는 다른 학문 영역과도 깊이 관련되어 있다. 이러한 이유로 생성언어이론이 언어학뿐만 아니라 다른 인접 학문에 많은 영향을 끼친 것은 당연하다. 하지만 Chomsky 이론에 관한 많은 평론들은 생성이론의 본질을 완전히 잘못 이해하고 있기 때문에 본질에서 벗어나고 있다(George 1989 참조). 언어학을 시작하는 많은 학생들도 마찬가지이다.

이러한 오해를 일으키는 이유 중의 하나는 Chomsky와 그의 후학들의 많은 연구결과들이 너무 난해한 문체로 되어 있기 때문일지도 모른다. 그러나 이보다 더 큰 문제는 생성학적 접근법의 전체적인 구성 특히, 생성문법의 근간을 두고 있는 인간 마음(mind)의 본질을 신중히 고려하지 않기 때문이다. 또한 일부 학자들이 은유적인 용어를 지나치게 많이 사용하기 때문일 수도 있다. 이 장은 학생들에게 이러한 오해를 불러일으킬 수 있는 몇몇 문제들을 다룬다.

이를 위해 언어학 이론의 목표를 살펴보고, 문법 개념이 어떻게 이러한 목표를 이룰 수 있는지 논의해 보기로 한다. 또한 생성문법에 대한 몇몇 비평들을 살펴보고, 이러한 비평들이 비록 설득력 있는 비평처럼 보이지만 자세히 관찰 해보면 오해를 야기시킬 수 있다는 점을 지적하고자 한다.

1.1 언어학 이론의 목표

생성문법을 올바르게 이해하고 그리고 이를 올바르게 비판하기 위해서는 생성문법이 추구하는 목표가 무엇인지를 먼저 이해해야만 한다. 언어학 이론의 목표를 설정하는 데에 있어서 Chomsky의 위치는 거의 절대적이라 해도 과언이 아니다. 그의 입장에서 가장 중요한 사항은 언어학 이론의 목표가 심리학적(psychological)이라는 것이다. 언어는 심리학적 이론으로 연구되어져야 할 정신적 현상이며, 언어이론은 심리학적 이론으로 간주되어져야 한다는 것이다. 그러므로 언어학의 연구 대상은 다름 아닌 인간 마음이다. 즉 언어학의 중요 연구 대상은 언어습득에서 반영되는 바와 같이 인간 마음의 본질과 언어사용이다. 언어의 과학적 연구에 대한 이러한 심리학적 접근법은 지금까지 거의 모든 학자들이 받아들이고 있다. 그러나 Chomsky 시대 이전의 미국언어학자들은 이와 다른 입장을 취하였다. 이들은 언어는 적어도 이론상으로는 자연 그대로의 대상물로서 연구되어져야 하며, 정신적 문제가 아니라고 생각하였다. 심지어 지금까지도 매우 다른 목표를 갖고 있는 이론들도 존재한다. 예를 들면, 몇몇 몬테규문법(Montague 1970, 1973; Dowty, Wall, & Peters 1981)에서의 심리학적 질문은 대부분 부적절한 것으로 간주한다. Katz(1981)는 언어연구에 관한 플라톤식 접근법을 제안하고 있는 데, 기본적으로 Chomsky의 심리학적 목표를 부인하는 것이다. 그러나 몇몇 부분에서 Chomsky와 다른 입장을 취한다 할지라도, 대다수의 통사론자들은 언어학 이론의 연구 목표는 Chomsky의 심리학적 목표를 받아들인다.

언어학에 대한 이러한 심리학적 접근법에서 연구되는 주요한 현상은 언어 자체가 아니라 **언어지식(knolwedge of language)**이다. 이러한 언어지식은 일반적으로 **문법(grammar)**이라고 불리어진다. 그러나 Chomsky식 문법 모형을 자세하기 이해하기 위해서는, 인간마음에 대한 Chomsky의 연구 목표와 기본적 가정을 이해할 필요가 있다.

(1) **인간의 마음은 생득적(innately)으로 구조화되어 있다.** Chomsky에게 있어서, 인간의 마음은 텅 빈 공간이 아니라, 고도의 체계적인 구조를 지닌 기관이다. 그리고 이러한 마음의 구조는 대부분 유전적 지배를 받는 뇌의 속성에 의해 결정된다. 이러한 입장은 인간의 마음과 뇌가 생득적 속성을 거의 가지지 않고, 경험에 의해 형성된다는 이론과 첨예한 차이를 보인다.

(2) **인간 마음은 모듈방식(modular)이다.** 인간의 마음은 하나의 목적을 수행하기 위한 단일 구조로 구성되어 있는 것이 아니라, 여러 인지 및 지각영역을 담당하는 각각의 하부 구조들로 구성되어 있다는 것이다. 이러한 구조는 뇌의 물리적 속성을 반영해 주는 것으로 추정된다. 모듈 가설이 옳은지 그리고 만약 그렇다면 어떠한 하부 구조를 인간의 마음이 가지고 있는지에 관한 질문에 대한 답은 선험적 철학적 방법이 아닌 과학적인 방법에 의해 해결되어야 하며, 아직 정확한 답을 찾지 못하고 있다. 이러한 모듈 이론은 각 모듈의 구성소들이 완전히 독립되어 있다는 것을 의미하는 것이 아니다. 왜냐하면 인간이 직면하는 대부분의 인지작업은 한 가지 종류 혹은 그 이상의 종류들이 상호작용 하면서 이루어지기 때문이다. 이러한 상호작용이 있다는 것이 본질적으로 모듈가설을 위협하거나 부정하는 것은 아니다.

(3) **언어 인지 작용을 위한 독립적 모듈이 존재한다.** Chomsky는 인간의 마음을 구성하는 여러 인지능력 중에서 언어를 위해 개별화된 한 가

지 능력이 있다고 주장한다. 여기서 유념해야 할 두 가지 중요한 사항이 있다. 첫째, 모듈가설은 언어능력의 존재 유무에 의존하지 않는다는 것이다. 환언하면, 비록 언어능력에 있다는 것이 이에 대한 모듈이 있다는 것을 의미하지 않는다는 것이다. 언어능력 없이도 인간의 마인드에 모듈이 있을 수 있다. 둘째, 문법 학자들은 언어를 기타 인간 활동이나 가공품과는 구별되는 연구대상으로 간주해 왔다. 이와 같은 Chomsky와 유사한 입장은 언어연구에 항상 묵시적으로 받아 들여 지고 있다는 점은 분명히 할 필요가 있다. 만약 우리가 언어라 칭하는 것이 본질적으로 다른 지적 능력과 분리되어질 수 없는 것이라면, 언어연구는 일관성 있는 과학으로서는 더 이상 의미를 지니지 못할 것이다. 언어의 모듈성에 관한 Chomsky의 입장은 전통적으로 언어를 하나의 연구 대상으로 독립시킨 이론적 근거를 제공한다.

(4) **언어습득은 언어학 이론 연구에서 가장 중심이 되는 연구 대상이다.** 언어능력이 어떤 기능을 하는가는 논란이 많은 질문이다. 즉, Chomsky에 있어 언어능력의 주요한 용도는 언어를 습득하는 것이다. 이러한 능력은 습득 장치 자체가 되기도 하고, 혹은 습득 장치와 어떤 형태로든 상호 작용함으로써 이러한 기능을 수행할 지도 모른다. Chomsky에 있어서 언어능력과 언어의 기능은 언어이론의 중요한 관심사이다. 언어학자에게 있어서 어린 아이가 단기간에 걸쳐 아주 복잡한 언어의 문법 체계를 습득하는 것은 기적과 같은 것처럼 보인다. 이처럼, 명백한 기적을 설명한다는 것은 설명적 타당성(explanatory adequacy)에 관한 문제이며 이는 Chomsky에 있어 언어이론의 핵심적인 목표이다. 이에 대한 답은 언어능력을 고찰하고, 그 구조와 속성을 이해하고, 또한 어떻게 어린아이가 언어를 습득할 수 있게 되는지를 연구함으로써 찾을 수 있다. Chomsky는 언어능력은 구조화되어 있고, 이는 아이들이 기초적인 언어자료(data)에 노출되었을 때 이들 자료를 바탕으로 제한된 규칙을 이용하여

일관성 있는 문법을 구축할 수 있게 해준다고 생각한다. 그러므로 언어 습득에 있어서 아이들의 선택은 뇌의 물리적 속성에 의해 엄격하게 제약되며, 뇌의 물리적 속성은 아이들의 유전자에 의해 결정된다(이러한 뇌의 구조는 출생 당시 전적으로 형성되는 것이 아니지만, 유전적 어느 정도 결정되어 있다. 이러한 이유로 육체적 발달 과정이 정상적으로 이루어지면, 뇌의 발달도 이에 따라 이루어진다).

이러한 전반적 사항을 고려해볼 때, 유사한 언어적 경험을 겪은 두 명의 아이들은 유사한 문법을 갖게 될 것이 틀림없다. 언어능력이 유전적으로 결정된 뇌의 성질을 반영하는 한, 이 두 명의 정상적인 아이들은 대략 유사한 언어능력을 가져야만 한다.

이러한 일반적 입장은 생득가설(Innateness Hypothesis)로 알려져 있다. 이 가설의 핵심은 모든 인간이 특정한 뇌 구조를 발달시킬 잠재력을 유전적으로 부여 받는다는 것이다. 이러한 뇌의 구조는 아이들이 언어자료를 접했을 때 어떤 종류의 문법을 구축할 수 있는가에 관한 범위를 실제로 설정함으로써 언어습득의 과정과 결과에 영향을 끼친다. 설명적 타당성을 가진 문법이란 이러한 생득 구조에 대한 설명을 제공하며, 결국 언어가 어떻게 습득되는가에 관한 설명을 제공하는 이론이다. 그래서 보편 문법(universal grammar) 연구를 언어학 이론의 기본 목표로 만드는 것이 바로 이 생득가설인 것이다. 유전적으로 물려받은 뇌의 생물학적 속성이 특정 방향으로 언어습득을 인도한다고 하면, 우리는 생물학적 속성의 결과로써 모든 언어가 공유하는 특성을 발견할 수 있어야 한다. 그리고 어떤 특성들은 찾아보기 어렵거나 존재하지 않는데, 그 이유는 유전적으로 물려받은 언어능력이 인간으로 하여금 그러한 특성을 지닌 언어를 배우는 것을 어렵거나 불가능하게 만들기 때문이다. 그래서 다양한 언어들의 문법을 세밀하게 분석하거나 비교하는 것은 언어능력 구조를 이해하는 데 중요한 근원이 된다.

하지만 그렇다고 해서 언어의 보편적 특성이 똑같이 중요하다고 말하는 것은 아니다. 모든 언어가 공유하지만 설명적 타당성이라는 목표와 관련성을 가지고 있지 않는 특성이 존재한다는 것은 당연하다. 예를 들어, 모든 언어는 영어 단어 mother와 유사한 의미의 단어를 가지고 있을 것이다. 이러한 사실은 인간의 필요성이라는 측면에서 가장 잘 설명 될 수 있다. 즉, 어머니는 모든 인간의 문화에 있어서 생물학적으로 그리고 심리학적으로 매우 중요하며, 각 언어는 언어사용자에게 중요한 것을 언급하는 단어를 가지고 있는 경향이 있다. 비록 이러한 잠정적인 보편성이 인간 본질에 관한 심오한 무엇인가를 우리에게 시사한다 할지라도, 언어능력과는 관련성이 없으며, 설명적 타당성의 목표를 추구하는 보편 문법에 관한 접근법에 있어 중요한 사실이 되지 못한다.

(5) **통사부는 형식적(formal)이다.** Chomsky의 관점에 있어 또 하나 중요한 측면은 언어란 마음에 표현되며 형식적 체계로서 언어학자에 의해 연구된다는 것이다. 여기에서 *형식적*이라는 용어를 사용하는 것은 혼동의 여지가 많이 있다. 형식성은 언어의 본질에 대한 입장이며, 언어이론이 형식적 체계를 갖추고 있어야 한다는 방법론적 원리와는 혼동하지 않는 것이 중요하다. *형식 통사론*이라는 표현은 후자를 의미하며, 무엇을 유용한 이론으로 간주해야 하는 것과 관계가 있으며 언어의 본질과는 전적으로 무관하다. 원칙적으로 의사소통 기능이라는 관점에서 언어를 기술하는 완벽히 형식화된 언어이론을 가지기는 힘들다(이러한 이론이 존재할 수 있지만, 이러한 이론은 없다). "자립통사론(autonomy of syntax)"이라 불리어지는 전자 의미의 *형식 통사론*의 핵심은 통사론의 원리들이 단지 언어적 형태의 문제와만 관련이 있고, 의미 혹은 의사소통의 기능과는 무관하다는 것이다. 이는 방법론적 사항이 아니라 사실(facts)에 대한 입장이다. 분명히 언어의 주요 기능은 의사소통을 위한 것이다. 문법 기술의 어떤 층위에서, 적어도 언어 행위 이론에 있어서는 목적, 의도, 신념, 의사소통 행위, 그리고 전제와 같은 언어

사용 원리가 있음에 틀림없다. 그럼에도 불구하고, 통사론에 대한 전형적인 입장은 위와 같은 의사소통 또는 기능적인 용어의 사용 없이 통사부는 형태(form)의 문제와만 관련이 있다는 것이다. 만약 통사부가 의미와 의사소통 기능의 특성에서 기인한 것이라면, 형식통사론의 관점은 잘못된 것이다. 몇몇 학자들은 이렇게 주장해 왔지만, 아직 설득력을 얻지 못하고 있다.

(6) **언어지식(knolwedge) 자체는 모듈적이다.** 인간 마음이 모듈적이라는 견해와 일맥상통하는 문법에 관한 전형적인 입장은 문법 또한 여러 기능적 단위의 구성소들로 세분화되어 있다는 것이다(물론, 이러한 구성 요소들은 언어수행(performance)시 복잡한 양상으로 상호 작용할 수 있다). 어느 정도까지는 이러한 관점은 문법을 음운론, 어휘론, 형태론, 통사론 그리고 의미론으로 분류하는 전통적인 분류법과 일치한다. 통사부위 자체는 각기 다른 종류의 규칙과 원리로 구성되어 있는 다양한 구성 요소들로 나누어진다. 그러나 각각의 구성요소들의 경계가 어디까지인가에 관해서는 이견이 있다. 즉, 예를 들면, 수동태 구문은 어휘부 혹은 통사부 어디에서 가장 잘 기술될 수 있는가? 만약 통사부에서 가장 잘 기술될 수 있다면 기저 규칙(base rule)인가 아니면 변형 규칙(transformation rule)에 의해서 인가? 이러한 종류의 이론적 논쟁들은 자주 발생하며 매우 중요할 수 있는데, 그 이유는 종종 보편 문법의 가설과 직접적인 관련을 맺기 때문이다.

이러한 관점에서 언어연구의 대상은 언어에 대한 인간의 지적 표현 즉, 문법인 것이다. 언어학자이 임무 중 일부는 이러한 지적 표현의 형태와 내용이 무엇인지 추론해 내고 혹은 언어학자의 문법인 지적 표현의 모델을 세우는 것이다. 또한 다양한 방법을 통해 문법이 왜 그러한 속성을 가지고 있으며, 생득언어 능력 이론을 구축하고 어떻게 문법이 습득될 수 있는가를 설명하는 이론을 구축하기도 한다. 그러나 인간 마음의 모듈적 관점과의 일관성을 고려해 볼 때, 문법은 언어수행의 완벽한 설명을 제시하지는 못한다. 이를 위해서는 인간 마음의 언어 이외의 구조와 기능, 이들 기능들의 어떻게 언어지식과 상호작용 하는지에 대한 이해가 선행되어야 한다.

1.2 생성문법에 관한 일반적 비판

생성문법에 관한 잘못된 비판은 생성문법의 설명적 은유를 잘못 이해하는데서 발생한다. 문제는 문법이 화자의 발화 과정을 모형화하는 것이라는 잘못된 관점에서 기인한다. 이는 비록 Chomsky와 많은 학자들이 잘못된 해석이라는 것을 강조하고 있지만, 일반적으로 받아들여지는 해석이다. 문법은 화자들이 문장 표현과 의미를 정확하게 연결시켜 줄 수 있게 해 주는 언어에 관한 지식을 표현한 것이다. 즉, 문법은 화자가 의도하는 특정 개념을 전달하기 위해 문장을 실제로 생성해내는 방법을 연구하는 것이며, 이는 마치 Boston에서 Chicago까지 어떻게 도착할 수 있는가의 지침을 수립하려하는 행위와 대동소이하다. 따라서 문법이란 언어학습자가 학습하는 그리고 성인 모국어 화자가 이미 알고 있는 원칙을 나타내기 위해 것이며, 이러한 원칙은 한 언어의 일련의 적격한 문장을 정의하며 각각의 문장을 한 개 이상의 구조 기술과 연결시킨다. 이러한 원리들이 어떻게 주어진 상황에서 실제 언어사용으로 채택되는가 하는 것은 쉽게 이해되지 않는다.

생성언어학을 비판하는 사람들은 때때로 문법원리인 언어능력(competence)과 언어능력을 실제 언어사용에 적용한 언어사용(performance)을 분리하는 것을 생성학적 접근법에 반하는 주장으로 간주한다. 이러한 비판의 요점은 다음과 같다.

(1) 문법을 언어사용 원리들로 규명하는 것은 선험적으로 가장 적절한 가설이며 이를 입증해야 하는 부담은 언어능력과 언어사용을 구분 짓는 것을 제안한 데 부여되어 질 것이다.

(2) 언어능력과 언어사용을 구분하는 것은 인간의 직관에 반한다.

(3) 이러한 구분을 짓고 있는 이론은 원칙적으로 결점이 있다.

(4) 이러한 구분을 짓는 이론은 그렇지 않은 이론보다 선험적으로 열등하다.

(5) 이러한 구분을 짓는 이론은 언어사용 능력에 대한 완벽한 설명을 하는데 필연적으로 실패하며 따라서 불완전하게 되고 결국은 결점을 갖게 된다.

　(1)~(4)의 비판은 경험적 고려에 토대에 근간을 두고 있지 않고 선험적인 논증일 뿐이다. 이들 중 어떤 것도 심각하게 받아들일 이유가 없다는 것을 우리는 알고 있다. 언어학자에게 있어서 인간 언어의 본질은 철학적 질문이 아닌 과학적 질문이며 따라서 선험적 논증은 별반 적절성을 가지지 못한다. (2)와 관련해서는 설령 어떤 이가 언어능력과 언어사용을 구분 짓는 의견에 동의한다할지라도, 이 논증은 설득력이 없다. 과학적 이론들은 보다 강력한 설명력을 갖는 반직관적 가설들을 종종 포함하곤 한다. 물리학은 이런 가설들로 가득 차 있다. 심리학이 이러한 가설들로부터 왜 자유로워야 하는지에 대한 아무런 이유가 없다. 게다가, 만약 우리가 체스와 같이 언어와 다른 여타의 의사소통방법을 고려한다면, 이와 같은 주장이 반직관적이리고 히는 것은 명확하지 않다. 대부분의 체스 선수들이 체스의 규칙을 먼저 배움으로써 체스를 배운다는 것을 아무도 부인하지 않을 것이다. 그러나 체스 규칙은 이기는 전략은 물론이거니와 체스들 둘 때 적용되는 일련의 계산 과정이나 특정 체스 조각을 한 곳에서 다른 곳으로 움직이기 위한 일련의 손가락

지침으로 구성되어 있지 않다. 가능한 체스의 움직임, 가능한 체스 게임들, 승리로 간주되는 경우, 막다른 수 등을 단지 정의 할 뿐이다. 체스를 들고 놓고, 움직임을 평가하고, 이기기 위한 전략을 수립하는 등의 행위에 있어서 어떻게 체스 선수가 여러 규칙의 지식을 사용하는가는 매력적인 연구이다. 그러나 체스 규칙이 연산 방식이나 지적인 계산 과정에서의 단계를 정의하는 것이 아니라는 것은 분명하다. 모든 선수들이 알고 있는 체스 규칙과 체스를 두기 위해 그들로 하여금 규칙을 사용하도록 허용하는 체스 선수의 정신적 구조가 무엇이냐 하는 것은 다른 문제이다.

세 번째 논점도 별다른 의미가 없는데, 이는 종종 간과되는 주요한 질문이 논리에 관한 사항이 아니라 사실에 관한 것이기 때문이다. 생성학적 입장에서 언어능력과 언어사용을 구분하는 것은 특정한 생물학적 개체들의 마음이 어떠한 구조와 구성을 가지고 있는지를 반영하는 것이다. 따라서 이는 인식론이나 논리 혹은 기타 선험적 문제에 관한 입장이 아니라 사실이 무엇이냐에 관한 입장이다. 물론 이러한 입장이 틀릴 수도 있지만, 적절하게 반대하려면 하나의 과학적인 이론으로서 그 입장을 평가해야 한다는 것이다. 즉, 한 입장이 반대 입장보다 다소 가연성이 있다는 주장을 선험적으로 결정하는 것은 설득력을 잃게 된다.

네 번째 주장 또한 같은 이유로 큰 의미를 가지고 있지 않다. 이러한 주장이 타당성을 가지려면, 먼저 (a) 생성 문법처럼 경험적으로 성공적인 이론을 개발해야 하며, 또한 (b) 언어능력과 언어사용을 구분하지 않는 이론에 근간을 두어야 한다. 지금까지 어떠한 이론도 구체적 형태로 제안된 적이 없었다. (b)의 특징을 지닌 모호한 몇몇 제안들은 있었지만 (a)와 (b)를 둘 다 만족시킨 제안은 없었다.

다섯 번째 반대는 두 번째 논의를 재차 언급한 것뿐이다. 생성문법이 언어사용에 대한 완벽한 설명을 제공하지 못하는 것은 당연하다. 언어 사실 모두를 고려해 보고, 언어가 모듈화되어 있다는 것과, 경험적 사실들을 생각해 보면 당연한 귀결일 것이다. 이에 대한 반대 주장은 언어능력과 언어사용의 구분을 하지 않는 대체 이론이 있다는 것이지만, 그러나 지금까지 그러한 의미 있는 대안은 제시되지 않았다.

그러한 반대 입장은 모듈 입장이 대응하는 언어처리에 순서가 있다는 오해에서 뿌리를 두고 있을 수 있다. 즉, 문법이 음운론, 형태론, 통사론 그리고 의미론으로 세분화 될 수 있다는 가설은 언어처리과정도 이와 유사하게 단계적으로 세분화되어 이루어진다고 생각할 수 있다. 예를 들어, 하나의 문장을 이해하는데 있어 첫 번째로 완전한 음운 분석을 수행하고 이것은 또다시 형태론적인 처리과정의 입력부를 제공하고, 다음으로 이것은 통사적 처리 과정으로 그리고 또 다시 완전한 통사적 분석은 어떤 의미적 분석이 시작되기 전에 실행되어야 한다는 것을 함의하는 것으로 받아들인다. 이러한 상향식(bottom-up) 관점은 분명히 반직관적이며 가연성이 없고, 실제 언어에 대한 모듈 관점에 의해서는 함의 되지 않기 때문에 부적절하다. 언어사용에 있어 다양한 모듈이 어떻게 상호작용 하는가는 밝혀지지 않은 경험적 질문이며, 이러한 것이 어떻게 정확히 상호작용하며 인간의 마음이 어떻게 역할을 수행하는가에 관한 이론이 없는 상태에서는 언어처리 과정에 관한 질문은 적절하지 않다. 그리고 만약 모듈이 처리과정 상에 있어 매우 복잡한 상향식 방식으로 상호작용 한다는 것이 밝혀진다 해도, 이는 모듈가설에 대한 반증이 아니다. 왜냐하면 모듈은 상향식 방식을 함의하지 않기 때문이다.

요약하면, 언어능력과 언어사용의 구분은 논리의 문제가 아니라 생물학적 심리학적 사실의 문제에 기반하고 있다. 선험적 논증은 이 주제와 관련이 없다. 비록, 옳지 않은 것으로 판명될 가능성이 분명히 있다 할지라도, 이러한 구분은 여전히 논리적이며, 일관적이며 가연성이 있다고 할 수 있다. 그리고 이러한 구분이 옳지 않다는 증거는 아직 그 어디에서도 발견되지 않았다.

1.3 위험한 은유

일찍부터 생성문법을 은유적 개념으로 설명하려고 해왔다. 이러한 은유적 표현들은 여러 세대에 걸쳐 언어학자들로 하여금 전혀 의도되지 않은 방향으로 사용되었으며, 실제 그렇지도 않은 것을 믿도록 해 왔다.

은유적 표현의 대표적인 예는 생성문법의 중심 용어인 생성하다(*generate*)이다. 수학에서 은유적 용도로 차용된 이 용어는 '기술하다', '정의하다', '~에 관한 명확한 설명을 하다' 혹은 '분석하다'라는 의미 그 이상 그 이하도 아니다. 다음 공식을 살펴보자.

$$(x-a)^2+(y-b)^2=c^2$$

위의 원 그래프에 관한 공식은 a와 b에 부여되는 값에 따라 x와 y축에 의해 정의되는 평면상의 일련의 원들 즉, 원칙적으로 무한한 집합을 생성 혹은 기술한다. 이 공식에 맞는 특정 물체는 원임을 뜻하고 나머지 것은 원형이 아님을 뜻한다. 이 공식은 원을 생성해 내는 기계가 아니며, 원을 생성해 내지도 않는다. 단지 원을 정의할 뿐이다.

이와 마찬가지로 문법이라는 것도 무한히 많은 문장의 집합을 정의해 주는 단지 일련의 진술일 뿐이다.[1] 우리는 문법이 일련의 문장을 생성해낸다고 말하지만, 그렇게 표현한다고 해서 문법이 문장을 생성해 내는 장치라는 것을 의미하지 않는다. 그럼에도 불구하고, 이 분야에 있어 많은 초심자들은 의식적이든 무의식적이든 생성 문법이 문장을 생성해내는 장치라는 잘못된 이해를 가지고 많은 연구를 진행해 왔다. 또한 최종 표면구조가 갖는 특징과 도출 과정을 부인하는 표층구조의 여과장치(surface filter)라는 개념을 직면할 때는 당황해 왔다. 그 이유는

---

1) 통사 이론은 자신이 생성하는 문장에 구조 기술을 제공하는데, 이에 관한 논의는 여기서 중요한 점이 아니다.

문법 규칙은 도출을 생성해내는 모든 작업을 수행하지만, 표층 여과장치 때문에 이 모든 작업을 포기해야 하기 때문이다. 그러나 이러한 느낌은 문법(*grammar*)과 연산(*algorithm*)을 혼동하고 변형 문법에 있어서 무엇이 전통적인 구구조(phrase-structure) 도출인지를 전적으로 오해한 것에서 기인한다. 구구조 도출은 일련의 과정들에 관한 집합이 아니라, 추상적 관계들의 집합이며, 이는 원에 관한 정의에 비유될 수 있다. 여기에는 포함된 어떠한 작업도 없으며, 어떤 것 또는 어떤 사람이 도출을 생성해 내거나 폐기할 수 있다는 것은 더더욱 아니다. 즉 도출 자체는 언어의 적격한 문장에 대한 구조적 기술을(structural description)을 나타내는 것이 아니라는 것이다.

통사론자들이 사용해 온 일련의 은유가 이러한 잘못된 해석을 더욱 부추겨 왔다는 것은 의심의 여지가 없다. 이들은 구 표지에 "적용하는 (applying to)" 변형, 다른 구 표지로 "변화시키는(change)" 변형, "출력 (output)"이라는 어떤 구조를 "생산해 내기 위한(yield)", "입력부(input)"로서 어떤 구조에 "작용하는(operating)" 규칙을 가진 변형 등에 대해서 말해왔다. 이들은 또한 도출 과정으로서의 생략, 삽입 그리고 대체와 같은 변형적 "과정"을 논의하기 위해서 이와 같은 은유적 용어들을 사용해 왔다. 변형 규칙은 특정 구 표지를 다른 구 표지로 변화시킨다는 "구조 변화(structural change)"의 개념으로 논의해 왔다. 이 모든 은유는 관련된 대상이 시간상 존재하는 구체적인 물체이며 덤으로 공간지향을 가지고 있다는 것을 의미한다. 어떤 규칙의 "오른쪽"과 "왼쪽으로의 이동"에 대해 말하는 것은 왼쪽으로부터 오른쪽으로 쓰는 서양식 규약을 이용하는 축약된 관습일 뿐이다. 그러나 이러한 관습이 실제 통사구조의 범주와 관계를 말할 때는, 통사적 도출이 구 표지와 같이 문법에 의해 형성된 공간 지향 대상이라는 잘못된 해석을 초래할 수 있다.

도출(derivation)이라는 용어는 특정 단어나 구범주의 연속체가 다른 단어나 구범주의 연속체에서 도출되었으며, 보통 기저구조에서 표층구조와 같이 변형 도출에 대한 지향점이 있다는 것을 의미하는 양상으로 사용되어 왔다. 그러나 Chomsky(1971)와 Lakoff(1971)에서 역설했듯이 어떤 것도 도출이라는 것은 그 이하도 그 이상도 아니다. 변형 도출은 단순히 구표지들의 순서 집합을 뜻한다.[2)]

$$\langle P_0, ..., P_n \rangle$$

P_0는 기본 규칙으로 생성된 구조이고,

P_n은 표층구조이다. 그리고 도출에 있어 모든 쌍인 $\langle P_i, P_{i+1} \rangle$을 위해서는 P_i와 P_{i+1}이 어떻게 정확히 대응을 이루지는 밝혀주는 변형 규칙이 존재한다. 하나의 도출이 적격하기 위해서는, 이와 관련된 모든 쌍이 적격해야 한다. 예를 들면, Beans, he won't eat과 같은 문장을 기술하는데 필요한 주제화 규칙은 다음과 같다: 만약 어떤 NP가 P_i 안에 내포되어 있고 P_{i+1}에서 이와 상응하는 NP가 S의 왼쪽에 Chomsky식 부가(Chomsky-adjoined)가 이루어진다면, $\langle P_i, P_{i+1} \rangle$ 쌍은 적격하다. 즉 변형 규칙은 도출에 있어 적격한 쌍의 구표지를 정의하고, 일련의 도출들로부터 허가 규칙 요건이나 규칙들을 충족하지 않는 구 표지의 순서쌍을 모두 배제시키는 여과 기능을 가지고 있다.

도출이라는 말은 시간 또는 공간상에 존재하지 않는다. 따라서 도출의 시작이나 끝 그리고 도출의 방향과 같은 개념은 심층에서 표층으로 또는 그 반대로 보다 정확한 수학적 개념의 은유적 표현을 제외하고는 그저 무의미할 뿐이다. 도출은 과정이 아니고, 단순히 $\langle\langle X_i, X_j \rangle, \langle X_j, X_k \rangle, ... \langle X_m, X_n \rangle\rangle$과 같은 논리적인 순서집합이다. 결과적으로 표층구조가 의미 표현을 결정하는데 있어 특별한 역할을 수행한다는 주장은 의미 표현의 특성이 표층구조의 특성을 결정짓는데 특별한 역할을 수

---

2) 단지 논리적인 면에서 순서를 이루고 있으며 예를 들면, 집합이론에서 등장하는 비 공간적, 비 시간적 의미임. 이러한 은유법은 산재해 있다.

행한다는 주장과 마찬가지이다. 이 두 주장은 의미 표현과 표층구조 사이에 주요 관련성이 있다고 말하는 것이며 이는 결코 놀라운 일이 아니다. 이 두 주장은 어떻게 화자가 문장을 생성하는지에 관해 아무런 언급도 하지 않는다. 그래서 어떻게 문법이 언어의 생성과 이해에 있어 이용되는가 하는 것은 여전히 남겨져 있는 과제이다.

도출이라는 것이 무엇인지에 대해 정확하게 이해한다면, 1960년대와 70년대에 널리 통용된 다음의 격언은 아무런 의미가 없게 된다.

"변형은 의미를 변화시킬 수 없으며, 변화시키지도 않으며, 변화시켜서도 안 된다."

도출 내에서 의미 변화라는 개념은 전혀 일관성이 없다. 도출은 표층구조를 의미와 연결시킨다. 이는 만약 두 개의 문장이 같은 심층구조를 가지고 있다면, 이 두 문장은 같은 의미 표현을 가지고 있어야만 한다는 것을 의미한다.[3] 만약 언어자료 제공자가 하나의 표층구조에 부여하는 의미가 문법에 의해 부여된 의미와 일치하지 않는다면, 문법이 의미를 변화시킨 것이 아니라 부정확하게 의미를 부여했다는 것을 뜻한다.

우리는 도출이 일종의 과정임을 암시해 주는 은유적 표현들 중 몇몇을 살펴보았다. 이들 표현들은 도출 과정이 통제되고 조작된 과정임을 함의한다. 이러한 측면에서 추론할 수 있는 것은 문법이라는 것이 마치 GM자동차 회사가 자동차를 생산해 내는 것과 다소 비슷한 양상으로 문장을 생산해낸다는 잘못된 개념을 불러 온다는 것이다. 우리는 어떤 규칙이 작용하거나 적용된다는 말을 하는 언어학자를 발견할 수 있을 뿐만 아니라, "구 표지 n을 도출하기 위해 언어학자 혹은 화자가 규칙

---

3) 모든 언어학자들이 이러한 입장을 취하는 것은 아니다. 예를 들면, Chomsky(1971)와 Jackendoff(1972)는 반대로 생각한다. 두 개의 표층구조가 같은 의미를 지니고 있다면 이들은 같은 심층구조를 가지고 있는 것임에 틀림없다는 주장은 문제가 있다. 이 것이 단지 의미하는 것은 이 둘이 완전히 동일하지 않을 수 있으나 의미적으로 대등한 의미 표현을 가질 수도 있다는 것을 의미할 뿐이다라고 가정한다.

X를 적용한다." 또는 "올바른 결과를 얻기 위해 수동(Passive) 규칙 이전에 인상(Raising) 규칙을 적용해야 한다."와 같은 말을 하는 사람을 발견할 수 있다. 이러한 것은 마치 5센트짜리 동전을 떨어뜨리면 하나의 문장이 튀어 나오는 것과 같이 문법이 문장을 생성해내는 기계라는 것을 암시한다.

'문법이란 무엇인가'에 대한 이러한 잘못된 해석 하에서는 문법 규칙의 개념도 똑같이 왜곡되어 진다. 즉, 규칙(rule)이라는 용어는 '강제 사항'으로 아래처럼 잘못 해석되게 된다.

"동사 뒤에 있는 명사구(NP)를 주어 자리로 이동시켜라."
"어떤 것이든 이동시켜라."

혹은 아래처럼 일종의 도구로서 잘못 해석되기도 한다.

"명사구(NP)를 주어 지리에 놓기 위해 수동 규칙을 사용할 수 있다."
"그러고 나서 그 명사구(NP)를 지배받는 위치로 이동하기 위해 Move-α를 사용할 수 있다."

*문법규칙*이 의도하는 의미는 단순한 "규칙성(regularity)의 진술"일 뿐이다. 환언하면, 어떤 변형 도출이 적격이 되기 위해서는 도출과정에서 인접해 있는 구표지의 모든 쌍의 요소가 문법의 어떤 규칙에 의해 연관되어 있어야 한다는 것이다. 그리하여 소위 "명사구 이동규칙(NP- movement rule)"이 말하는 것은 두 인접한 구표지에서 한 구표지에 있는 NP가 다른 구표지의 동일한 장소에는 없고 특정의 다른 장소에 존재한다는 사실이다. 이때 이 사실을 제외하고는 두 구표지가 동일하다면, 명사구 이동 규칙은 이 두 구표지가 적형이라고 말해준다. 불행히도 대부분의 언어학자들은 오해의 소지가 있는 은유적인 축약을 심각하게 고려하지

않고 사용한다. 이를 사용하지 않도록 노력하는 것은 마땅하다.

변형 규칙이 "강제적(obligatory)" 또는 "수의적(optional)"이라는 개념 또한 규칙이 과정이라는 잘못된 생각을 부채질한다. 어떤 규칙이 강제 적이다라는 것은, 어떤 과정이 어떤 구 표지를 어떤 방식으로 변화시켜야 한다는 것을 의미하는 것이 아니다. 대신에 하나의 구표지가 특정 규칙의 구조 기술을 만족시키고, 이 구표지에 특정 방식을 준수하며 상응하는 다른 구표지가 존재할 때, 이 구표지 쌍이 적형이라고 말하는 것이다.

어떤 규칙이 수의적이라고 말하는 것 또한, 언어학자나 언어사용자가 이를 사용하는데 있어서 자유롭게 선택할 수 있다는 것을 의미하지 않는다. 그보다는 일련의 구표지(phrase marker) 쌍 중 첫 번째 것이 구조 기술을 충족하고, 그리고 인접한 구표지가 명시된 방법과 같이 구조기술에 만족하는 경우 이 구표지 쌍은 적형이다는 것을 의미한다. 모든 쌍이 적형이면, 이 도출은 적형이다. 그러나 도출이 규칙에서 기술된 두 구표지 쌍을 포함하지 않을 때도 적형으로 간주된다.

사실, 문장 형태에 대한 화자의 선택은 통사적 그리고 비 통사적 측면의 많은 사항에 의해 영향을 받을 수 있다(관련된 논의는 2장 3절 참조). 예를 들면, 외치 현상(extraposition)은 하나의 수의적 변형 규칙으로 기술되어 왔다. 이는 두 도출이 외치가 두 인접한 구표지를 연관시키는가 아닌가의 문제에서만 다르고 다른 모든 것이 동일할 때 두 도출 모두가 적형이라고 말하는 것과 같다. 그러나 두 개의 인접한 구 표지를 연관시키는 도출은 그럼에도 불구하고 표층구조의 여과장치와 같은 다른 어떤 원리의 위반을 함의하고 있거나 배제하기도 한다(관련 예는 Ross 1967 참조).

이와 유사하게, 변형 규칙은 통사적으로 수의적일 수 있으나, 적절성에 있어서는 차이를 나타낼지 모른다. 예를 들면, 주제화 규칙은 보통 수의적 변형 규칙으로 간주된다. 그러나 주제화된 문장은 담화상의 적절성에 있어서 주제화되지 않은 대응 문장과 미묘한 차이를 보인다. 이러한 차이점은 아래에 있는 예문에서 나타난 것처럼 주제성(topicality), 초점(focus), 그리고 대조성(contrast)과 같이 그리 많이 알려지지 않은 문제들과 관련이 있다(Ward 1985). (1)의 예문을 발화하는 것은 화자가 미칠 정도로 좋아하는 사람이 있다는 것을 암시해 주는 반면, (2)의 예문을 발화하는 것은 이러한 암시가 결여되어 있다.

1. This man I'm not crazy about.
2. I'm not crazy about this man.

결과적으로, 비록 관련된 변형 규칙이 수의적이라 할지라도 이 두 문장 사이에 대한 화자의 선택은 자유롭지 못하며 담화 문맥(discourse context)이라는 미묘한 문제에 의존하고 있다.[4] 이는 주제화 규칙이 수의적이라는 주장에 역행하는 증거가 되지 않는다. 왜냐하면 수의성은 통사적 적격성과 관련된 순수한 통사적 개념이기 때문에 언어사용상의 자유로운 선택과는 아무런 관련성도 가지고 있지 않다.

보다 설득력 있는 문법 모델은 필터 또는 여과 모델일지 모른다. 즉, 문법은 심층구조, 도출, 표층구조 등 적격 조건들의 집합이다. 이러한 조건은 언어의 정형의 문장과 비정형의 문장들을 기술하는 도출이나 구조를 구별 짓는 것이다. 실제로, 다양한 문법이론들이 1965년 이래로 여과장치들로 언급되어 왔다(Chomsky 1965, MaCawley 1968a, Perlmutter 1971, Chomsky & Lasnik 1977). 문법이 일종의 여과장치로 간주되어야 한다는 생각은 폭 넓은 지지를 받아왔고, 일반구구조문법(Generalized Phrase Structure Grammar: GPSG)이나 핵어중심구구조문법(Head-Driven

---

4) 여기서 말하고자 하는 점은, 두 문장 중에서 한 문장을 선택하는 것은 이성적 담화를 위한 근본적인 규칙을 위배하는 것과 같이 단지 오해를 야기할 수 있다는 것이다. 물론 화자는 그러한 규칙에 있어 불일치가 존재하고 있다는 것을 알고 있으면서도 자유롭게 말할 수 있지만 이는 대가를 지불해야 한다. 그 규칙을 알고 있다는 것은 지불해야 할 대가를 알고 있다는 것이다.

Phrase Structure Grammar: HPSG)에서 특히 발전되어 왔다. 그러나 심지어 이러한 이론이 보다 폭넓게 받아들여지더라도, 여과를 여과 기계로 이해하고자 하는 사람들이 있을 것이다. 따라서 문법을 화자가 말하는 데 필요한 장치처럼 표현하는 은유적 해석과의 씨름은 피할 수 없을 것이다.

아래의 모든 표현과 구문은 문법을 하나의 과정으로 오해하도록 하는 것으로, 사용을 피하거나 사용 시 주의할 필요가 있다.

- 생성관련 은유 용어 : *produce, make, build, procedure, process, level; purpose* infinitive

- 규칙관련 은유 용어 : *rewrite to, go to, replace, derive*

- 변형 규칙 관련 은유 : *change, transform, render, turn NP into, copy, delete, insert, add, move, put, invert, re-order, mark, "star"*

- 규칙적용 관련 은유 : *return, yield, give, input, output, operate, apply, use, assign*

- 시간적 은유 : *then, next, later, after, before; beginning, end;* perfect aspect

실제, 이와 같은 은유적 표현 대신 *correspond, consist of, contain, instantiate, license, allow, describe* 혹은 *be*와 같은 선언적인 표현을 사용하는 것이 훨씬 더 바람직하다.

2장 논제와 가설

이 장의 목적은 연구 활동을 하고 있는 통사론학자들이 알고는 있지만 좀처럼 논의하지 않는 사항들을 명확하게 밝히는 것이다. 본 장에서 제시된 분석 작업의 원칙이나 다음 3장에서 언급될 특정 가설에 대한 논증의 원리는 한 이론에만 적용되는 것이 아니라 모든 이론에 적용될 수 있다. 이론마다 다를 수 있는 점은 1) 현상에 대한 특수한 가정들, 2) 보편적인 것으로 간주되는 요소들의 목록에 대한 가정들, 그리고 3) 특수한 가정이 지니고 있는 중요성과 같은 것이다. 이 장에서 제시될 분석과 논증에 대한 접근법은 어떤 통사이론에도 적용되며, 실제로 대부분의 학문 연구에 통용된다.

2.1 문법 분석의 문제점

통사론자들의 연구 활동은 크게 두 가지 종류로 나눌 수 있다. 이 중 하나는 개별언어의 세부적인 분석과는 별개로, 매우 추상적인 층위에서 통사이론을 구축하고 평가하는 것이다. 많은 언어학자들이 이러한 연구 활동을 하고 있으며, 어떤 학자는 오로지 이러한 연구 활동만을 한다. 또 다른 한편으로 통사론자들은 언어자료에 대한 자세한 문법 분석만을 수행하기도 하며, 이는 통사 이론 혹은 가설이 예측하는 것을 검증한다거나 기술 자체만을 목적으로 하는 경우이다. 실상, 이 두 종류의 연구 활동은 상호 보완적이다. 예를 들면, 언어란 무엇인가에 대한 가정을 하지 않고서 즉, 어떤 통사이론을 채택하지 않고서 언어를 기술한다는 것은 불가능하다. 또한 개별언어를 자세히 연구하지 않고서 언어란 무엇인가에 관한 이론을 검증하는 것도 불가능하다. 이와 유사하게, 어떠한 가정도 하지 않고 특정 분석의 정당성을 논의하기는 더더욱 불가능하다.

따라서 통사 분석을 배운다는 것은 이론이 정의하는 것에 따라 새로운 데이터를 기술하기 위한 이론과 방법을 배우는 문제가 아니라, 자기 자신의 분석을 주장하고 다른 분석들을 비교하고 검증하는 방법을 배우는 것이다(보다 구체적인 것은 3장에서 다룬다).

게다가, 직접 부딪쳐서 풀어야 할 또 하나의 과제가 있다. 이는 바로 다른 학자들이 자신의 분석을 이해하고 이들을 설득할 수 있는 논증을 펼치는 것이다. 이와 관련한 주요 문제는 4장에서 자세하게 다룰 것이다.

통사적 분석을 하는데 있어서 고려해야만 할 네 가지 기술을 요약하면 다음과 같다.

(1) 통사이론의 개념적 토대와 개별 이론들의 원리 및 형식화를 이해할 수 있는 기술
(2) 통사 분석의 기술 : 분석을 해 본 경험, 다양한 규칙, 추론의 다양한 기술, 및 타협 기술
(3) 자신의 분석을 지지할 수 있는 논증을 구축하는 데 필요한 기술
(4) 독자들이 주석이나 오해 없이 자신의 분석을 이해하고 받아들일 수 있도록 자신의 주장을 명료하게 제시할 수 있는 방법 및 기술

본 장과 다음 장에 계속될 내용은 분석, 논증 및 발표와 관련된 논의이다. 이러한 논의는 독자들이 통사이론에 관한 개념적 토대와 원리를 어느 정도 이해하고 있고, 이러한 지식을 연구 활동에 활용할 수 있다는 자정을 전제로 한다.

2.2 분석 찾아 가기 : 질문과 답변

일련의 사실들을 특정 분석을 위해서 따로 떼어내기 위한 간단명료한 비결은 없다. 또한 이러한 사실로부터 분석법을 연역해 내기 위한 연산법도 존재하지 않는다. 어떤 학생들은 문제가 여기에 있다고 생각할지 모르나 이는 본말을 전도하는 것이다. 연구란 전형적으로 데이터 지향적이 아닌 이론 지향적인 것이며, 한정된 데이터가 아닌 잠재적으로 무한한 영역에 대한 가설, 즉 보편적 가설에서 출발한다. 무엇이 하나의 적절한 분석법인가 하는 것은 문법기술의 이론적 틀과 분석된 언어의 구조에 관해 어떤 가정을 하느냐에 달려있다. 이러한 가정은 항상 변화한다. 따라서 특정 분석에서 연역될 수 있는 일련의 가정을 미리 규정지으려 하는 것은 비생산적이며 심지어 쓸모없을 수 있다. 분석이라는 것은 이를 규명하기 위한 올바른 방법을 기다리면서 어떤 사실 속에 숨어 있는 것이다. 반면 데이터를 설명할 잠재력을 가지고 있는 가설은 외부에서 나오는 것이기 때문에 어디에서 왔으며 어떠한 방법을 통해 나타났는지 문제되지 않는다(Popper 1986).

통사론 연구를 막 시작한 사람들에게는 분석을 시작하고, 가설을 검증하며, 문제점을 해결하는 것에 어려움이 많다. 여기에서는 가설을 세우는 문제보다 이러한 문제점들에 관해서 먼저 논의하도록 하겠다.

2.2.1 적절한 논제 찾기: 무엇을 알기를 원하며, 왜?

언어학을 시작하는 학생들은 "쉬운 연구 거리는 이미 다 되었으며 남아있는 것은 정말로 어려운 것들뿐이다"라는 생각에 때때로 낙담하곤 한다. 하지만 "그 쉬운 연구 거리" 또한 면밀히 살펴보면, 제대로 연구 되어 있지 않으며 결론 역시 특정전제(premises)로부터 도출된 것이 아니라는 사실이 밝혀질 수 있다. 또한 결론이 근간을 두고 있는 가정_한 이치에 맞지 않다는 것을 알 수 있다. 상당히 많은 "쉬운 연구 거리"가 재차 연구되어져야 할 필요가 있다. 실제로, 쉬운 연구 거리는 현재 있지도 않으며 과거에도 없었다. 쉬워 보이는 연구 거리는 종종 정말 쉽기도 한데, 단지 그 이유는 저자가 논제의 모든 복잡성을 드러내는 사실을 언급하지 않고 있기 때문이다.

흥미롭게 생각하는 어떤 것을 알고 있으나, 어떻게 시작해야 할지 모른다고 가정해 보자. 아마 당신이 생각하고 있는 논제는 세부적인 질문이 아닌 특정 언어 또는 통사론의 한 영역과 같이 매우 느슨하게 정의된 것들일 것이다. 이것은 연구자가 논제를 선정함으로써 연구를 시작한다는 흔히 있는 잘못된 생각에서 비롯된다. 어쩌면 실상은 이와는 반대일 수 있다. 예를 들면, 연구자는 어떤 논제가 갖는 관련성에 대해 어떤 의문을 가지고 있기 때문에, 그 논제에 스스로 흥미를 느끼는 경우가 대부분이다. 성공적인 연구의 주요한 선결요건은 어떤 의문점을 해결해야 할지 선택하는 것이다. 특정 주제에 관한 논문들을 읽는 것은 배경 연구인 것처럼, 독서목표를 제공하는 명쾌한 질문 없이 무언가를 그저 읽는 것은 무의미하다. 이는 마치 무엇을 알아야 하며 왜 알아야 하는지를 고려하지 않고 독창적이면서도 적절한 무엇인가를 말하려는 것과 마찬가지이다.

주어진 시간 내에 처리할 수 있는 문제만을 따로 분리시키기에 좋은 방법은 알고자 하는 것을 정확히 언급함으로써 연구를 시작하는 것이다. 예를 들면, 하나 이상의 통사이론과 언어를 알고 있다는 것을 가정할 때, 알고자 하는 논제에 관련된 세부적 질문의 목록을 만드는 것이다. 이때 질문은 세부적이면 세부적일수록 좋고 목록은 길면 길수록 좋다. 결국, 당신을 흥미롭게 하는 하나의 논제가 있다는 것을 만약 알고 있다면, 이는 논제와 관련된 어떤 사실이 주요한 주장이나 가정에 반례 혹은 확증을 제공한다고 생각하기 때문이다. 이 때 논제의 목록은 단순한 명사구적인 표현이 아니라, 질문의 형태로 하는 것이 중요하다. 질문은 일련의 가능한 답변들을 제공해 주지만, 명사구적 표현은 어떠한 연구 가능한 가설을 제공해 주지 못하고 단지 혼란만을 더할 뿐이다.

연구 논문들이 반드시 거론해야 할 질문의 유형은 다음과 같다.

1. 언어 L의 특정 현상이 주어진 이론 X에서 통찰력 있게 기술될 수 있는가?
2. 특정 구문의 어떤 예는 왜 화자들이 허용 하지 않는가?
3. (2)에 대한 답변이 이론 X 내에서 설명 가능한가?
4. 만약 (3)에 대한 답변이 '아니오'라면, 어떤 종류의 통사이론이 (2)에 대한 답변을 정확히 예측할 수 있을까?
5. (2)에 대한 답변이 이론 X 내에서 설명되어야만 하는가?
6. 이론 X 내에서 이러한 구문에 대한 분석이 잘못 되었는가?
7. (6)에 대한 답변이 '예'라면, 반대 이론 Y가 함축하는 것은 무엇인가?
8. 가설 P와 Q는 이론 Y 내에서 이 현상에 대한 가능한 설명이다. 그렇다면 P와 Q가 예측하는 것이 서로 다른가? 만약 다르다면, 어떻게 다른가?

만약 이러한 주제와 관련된 질문들에 구체적인 답변을 한다면, 상당히 많은 질문 목록을 갖게 될 것이며 할애된 시간과 공간 내에 만족할 만큼 모두 거론할 수는 없다고 걱정할 수도 있다. 이렇게 많은 질문들이 있기 때문에 자기 스스로를 보다 세부적인 논제를 택하도록 제한해야 하며, 그렇게 되면 좀더 세부적인 질문의 선택 목록을 갖게 될 것이다. 다음 단계는 분명히 이러한 질문을 검토하고 각각의 질문에 대한 만족할만한 답을 얻기 위해 무엇을 해야 하는가를 결정하는 것이다.

연구 과제를 선택할 때, 고려해야 할 세 가지 사항이 있다. 이를 고려하지 않는다면 연구 과제가 답변되어질 수 없는 것이라는 사실을 너무 늦게 알게 될 위험성도 있다.

1. **왜 주어진 질문에 대한 답을 알기 원하는가?** 이 질문에 대한 대답이 왜 다른 사람들에게 관심을 불러일으킬까? 이 문제를 심각하게 생각

해 보면, 두 가지 잠정적인 혜택을 얻을 수 있다. 첫째, 이 질문을 추구하는 근본적 이유를 밝히려고 할 때, 정확히 연구하고자 하는 논제가 아니라는 것을 발견할지 모르며, 보다 더 흥미롭고 적절한 질문을 찾게 될 수도 있다. 둘째, 만약 만족스러운 근본적 이유를 밝혀내면, 독자들을 위해 그 논제와 논의의 중요성을 제시하는 논문 서론에 실릴 핵심사항을 얻게 될 것이다.

2. **주어진 질문에 답할 때 어떠한 명제를 가정해야 하는가?** 이 질문은 무엇을 전제(presuppose)하는가? 이 질문이 답변 가능한 것이라면 무엇을 당연한 것으로 간주해야 하는가? 이 질문의 가능한 해답들을 평가하기 이전에 무엇이 정의되어져야만 하는가? 분명히, 이 질문이 옳지 않다고 믿는 어떤 것을 전제로 한다는 것을 알게 된다면, 이것은 답변하기에 좋은 질문이 아니므로, 그 질문을 재구성하기를 원할 것이다. 그 결과 재구성된 질문은 의심스러운 전제를 받아들일 필요가 없도록 구성될 것이다. 그러나 이러한 연구는 의심스러운 전제의 타당성을 평가하는 연구로 귀착될 수도 있을 것이다. 이와 유사하게, 아직은 만족할만한 정의가 존재하지 않고 이러한 점이 그 연구의 가치를 저하시킬 수 있을 것이다. 따라서 질문 자체의 존재론적 가치를 기술하기 위해 개념을 새롭게 정의할 필요가 있음을 발견할 수도 있다. 동시에, 이는 만족할 만한 정의를 얻기 위한 새로운 중요한 질문들로 연결되고, 이 자체가 중요한 논문의 주제로 자리 잡을 수도 있다. 질문의 존재론적 가치를 단순히 인지하는 것은 끝없는 작업이 아니며, 이러한 존재론적 가치가 분명해지고, 선호하는 답변이 모순된 예측을 야기한다는 것을 발견했을 경우 많은 시간을 절약해준다(3장 참조).

3. **무엇을 답으로 간주할 것인가?** 만약 답변하기 매우 어렵다면 그 질문을 재구성해 보라. 만약 일련의 가능한 답들이 유한하지 않고 너무 많으며, 또한 질문이 너무 광범위하고 모호하다면, 한 두 학기 내에 답하기란 불가능할 것이다. 이때는 이러한 질문을 적고 유한한 가능한 답

을 얻을 때까지 축소시킬 필요가 있다. 만약 당신이 특정한 답을 미리 마음속에 가지고 질문을 형성한 거라면, 일종의 '예, 아니오'와 같은 양극형태의 질문으로 쉽게 만들어라. 아무런 의견도 가지고 있지 않은 척하는 것은 어떠한 미덕도 아니다. 또한 이는 가능한 가장 세부적이면서도 가장 쉽게 검증받을 수 있는 가설을 만드는 것에 전혀 도움이 되지 않는다.

자, 이제 한 개 이상의 연구 질문을 가지고 있고, 각각의 가능한 답이 무엇인지 이미 알고 있다고 가정하자. 그 다음은 각각의 가능한 답에 대해 무엇이 그 답을 정확한 답으로 선택하도록 만들었는지 결정해야만 한다. 이러한 답이 올바른 것으로 되도록 한 이유는 무엇인가? 어떠한 증거가 다른 모든 답들보다 이 답을 선호하게 만들었는가? 예를 들면, 어떤 종류의 문장에 대해 어떤 종류의 판단이 당신을 그 답이 정확한 것으로 결론짓게 만들었는가? 일단 이것을 안다면, 사실상 세부적인 연구 계획의 초기 단계에 있는 것이다. 가장 어려운 부분은 이제 끝났다.

이것이 어떻게 한 예를 통해서 작용하는지 알아보는 것은 큰 도움이 될 수 있다. 질문 목록에서 선택한 질문이 아주 특정한 것처럼 보인다고 가정해 보자. "이 언어에서 이 구문에 대해 저 이론은 어느 범위까지 설명할 수 있는가?" 이것이 정말로 대답하기 원하는 질문인지 고려하는 것이 효과적이다. 과연 정확히 얻으려 하는 것이 무엇인가? (A)가 정말로 알기 원하는 것인가? 혹은 (B)가 보다 흥미 있는 것인가? 혹은 (C)가 당신이 정말로 관심 있어 하는 것인가?

A. 이 이론은 좋은 이론인가?
B. 주어진 언어의 이 구문은 선택한 이론의 어떤 기본원리를 무시하는가?
C. 이론이 이 구문에 대해 제공하는 최상의 설명은 무엇인가? 얼마나 좋은가?

(A)와 같은 질문으로 연구를 처음 시작하지만, 대답이 "좋다"는 것은 상대적인 것이므로 그리 유익한 것은 아니다. (B)에 대한 답을 얻는 것은 주어진 이론 T를 평가하는 것에 중요한 정보를 제공해 줄 수 있지만 원래의 질문보다는 훨씬 좁은 의미이다. 즉, 이론 T가 이 구문에 대해 어떤 통찰력을 제공하는지에 대해서는 아무런 언급도 하지 않는다. 그리고 (C)는 단순한 '예, 아니오'를 구별 짓는 질문이 아니라, 제한 없는 평가를 포함하고 있기 때문에, 훨씬 더 야심 찬 질문처럼 들린다.

당분간 이러한 세 가지 질문 모두를 가능성 있는 연구 과제로 생각하자. 그 중 어떤 것이 선택되든지 간에, 관심을 갖는 이유는 똑같다. 즉, 이론 T가 영향력 있는 이론이라고 가정하자. 그러나 중요한 사실은 이 이론이 부정확한 예측을 하는지를 파악해야 하고, 그렇다면 개선을 해야 하는지, 혹은 더 좋은 이론을 위해 버려져야 하는지를 알아야 한다.

다양한 선택적인 질문들이 전제하는 명제를 살펴볼 때, 세 가지 질문 모두가 같은 전제를 갖고 있다는 사실을 알 수 있다. 이들 질문들은 독특한 어떤 특정 구문이 있고, 그런 구문의 예는 발견할 수 있으며, 또한 이론 T를 구성하는 일련의 가정과 원리가 있다는 것을 전제로 한다. 세 가지 경우 모두에 있어서, 그러한 기술이 정확하다는 증거를 제공하면서 이 구문의 특성이 무엇인가를 정확히 기술하고, 이론의 어떤 원리와 가정이 해당 연구와 관련되어 있는가를 상술하는 것은 연구자의 몫이다.

물론, (A~C) 질문들은 무엇을 답으로 간주하느냐에 있어서 차이를 보인다. 양자택일을 해야 하는 (A)와 (B) 질문은 예-아니오 형태의 질문이다. 이에 대한 가능한 답변들은 {예, 아니오} 집합 또는 {예, 아니오, 답변 불가} 집합의 원소일지 모른다. 반면에, (C)는 두개의 질문을 포함하고 있으며 두 개의 각기 다른 답변들을 필요로 한다. *그 이론이 이 구문에 대해 제공하는 최고의 설명은 무엇인가?*라는 질문에 대한 답변은 이론과 일관성을 이루는 기술들 {a_1, a_2, a_3,}의 무한 집합에서부터 도출되는 어떤 설명일 것이다. *그것이 얼마나 좋은가?*라는 질문에 대한 답변은 어떤 작위적인 척도에서의 등급, 말하자면, 1부터 10까지의 척도에서 1과 10 사이 어디인가에 해당되는 값을 말한다. 이런 까닭에 질문 (C)에 대한 답변을 하는 것이 질문 (B)에 답하는 것보다 훨씬 일이 많은 것처럼 보인다.

효과적인 방법으로 질문에 답하기 위해서는, 각각의 가능성 있는 답변에 대해서 당신이 왜 그 답변을 받아들였는지를 알아야 한다. *이 이론이 좋은 이론인가?*라는 질문 (A)의 경우에 있어서, 긍정적인 답변을 선택하게 하는 것은 알려진 모든 언어에 대해 올바른 예측을 할 수 있다는 증거일 것이다. 반대로, 해당 이론이 잘못된 예측을 한다는 증거는 부정적인 답변을 가져올 것이다. 확실하게 긍정적인 답변을 하게 하는 증거를 찾는 것은 실제적인 연구 작업이 아니다. 그러나 부정적인 답변을 하게 하는 증거를 찾는 것은 실제적인 연구 작업이라 할 수 있다. 예를 들면, 어떤 이론의 기본 원리가 잘못 되었음을 깨닫는다는 것은 그 이론이 그다지 좋지 않다는 증거일 수도 있다. 그리고 이러한 증거는 그 구문의 최상의 분석법이 주어진 언어의 대한 부정확한 예측을 한다거나, 이론의 어떤 원리를 위배한다는 것을 보여주는 것이다. 또한 구문이 이론의 기본원리를 위배하지 않는다는 것을 보임으로써 그 반대의 결론을 도출해 낼 수도 있을 것이다. 즉, 이 반대의 결론은 어떤 특별한 이론 수정도 요구하지 않는 해당 이론의 원리와 일관성을 갖는 구문에 대한 분석법들이 존재한다는 증거에 의해서 가능하다. 그리고 이 구문의 분석이 기존에 밝힌 이론의 원리들에 의해 잘 설명된다는 것을 보여 줌으로써, (B) 질문에 대한 부정적인 답변을 얻을 수 있다. 주어진 구문에 대한 최상의 설명법을 발견한다는 것은 다른 어떤 것보다 틀린 예측을 적게 하며, 그 이론과 관련된 적은 수의 부가적 가설을 요구하는 증거를 발견하는 것일 수도 있다. 최상의 설명법이 얼마나 좋은가를 평가하는 것은 그 구문에 관한 다른 이론의 설명법과 비교하여 해당 설명이 내린 틀린 예측의 결과를 평가한다는 것을 의미한다. 질문

(B)의 긍정적인 답변을 지지하는 것이 마치 예－아니오 질문처럼 점잖고 단순한 질문인 것처럼 보이지만 실제로는 질문 (C)와 같이 단 한 학기 내에 어떠한 진척을 예상하기도 힘든 끝없는 질문에 답하는 것을 요구하는 것과 마찬가지이다. 그렇다고 해서 이런 질문을 포기해야한다는 뜻은 아니다. 무엇이 결정되어져야 하는가를 규명하는 것을 살펴보면 우리는 답변 가능한 질문을 만들 수 있게 된다.

　D. 단지 이론의 기본적인 가정들과 합리적인 부가 장치들을 가지고, 주어진 이론이 이러한 구문에 대해 제공할 수 있는 분석은 무엇인가? 이 분석이 다른 문장들에 대하여 정확한 예측을 하는가?

　이 질문은 질문 A, B, 또는 C와 다르며, 이후에 추구될 연구 분야의 범위를 상당히 좁혀주는 것이다. 그리고 이 질문에 답변하는 것은 다른 연구에 있어서 추구될 방향들을 제시하게 해 줄 것이다.

2.2.2 세부 가설 검증

　문법기술을 하는데 있어서 흔히 겪는 세부 문제는 어떤 유형의 구문이나 표현의 분포를 지배하는 원리를 알아내는 것이다. 즉, 어떤 주장 혹은 다른 주장을 검증하는 과정에서 왜 어떤 별(*) 표시된 문장은 허용 가능한 반면 다른 별 표시 되지 않는 문장은 허용 불가능한지 설명해야 한다. 선택된 이론적 틀이 이에 대한 가설을 즉시 제시하지 못한다 할지라도, 이것은 소량의 데이터를 취해서 어떤 문장이 허용 가능한지 예측할 수 있게 도움을 준다. 예를 들면, 허용 가능한 모든 문장에서 동사는 시제(finite)를 가지고 있으며 주어와 목적어는 인칭, 수 그리고 성에 있어 일치한다는 사실을 알 수 있다. 이러한 분포 양상을 결정짓는 원리에 대하여 가설을 설정하기 힘들다면, 문제시되고 있는 형태나 구문을 포함하고 있는 문장을 형성하고, 한 번에 하나씩 그 문장의 통사적 성질을 변화시켜 이로 인해 형성된 표현이 허용가능한지 확인하는 방법으로 더 많은 자료들을 확인해 보는 것도 한 방법이다. 이렇게 하다 보면, 곧 허용 가능한 문장의 유형을 예측할 수 있는 적어도 하나의 가설이 나타날 것이다.

가설을 세운 다음은 언제나 이를 검증하는 단계가 있기 마련이다, 첫째, 이러한 가설은 설명하려는 일련의 사실을 뛰어넘어 그 이상으로 무엇을 예측하는가를 결정짓는 것이고, 그 다음으로 (a) 이 가설이 예측하는 허용 가능한 문장과 (b) 허용이 되지 않는 문장을 만들어 봄으로써 이러한 예측들을 평가해 보는 것이다. 가설이 예측하는 바를 검증하기 위해 사용하는 문장은 이미 허용 가능한 것으로 알려진 예문과 가능하다면 유사해야 한다. 이것은 마치 우리가 음운론에서 사용되는 최소 변별쌍(miminal pair)의 통사적 대응개념이다. 이미 허용 가능한 것으로 알려진 문장과 단지 한 부분에 있어서만 차이를 보이는 즉, 가설에 의해 결정적인 것으로 식별되는 부분에 있어서만 차이를 보이는 문장을 찾고 있는 것이다. 이제 어떤 문장들이 허용가능한지 경험적으로 결정해야 한다. 예를 들면, 알고자 하는 정보를 위해서 신뢰하는 모국어 화자에게 물어 본다. 때때로 스스로 언어자료 제공자로서의 역할을 수행할 수 있다. 만약 화자들의 판단이 가설이 예측하는 바와 일치한다면 이 가설은 강화된다. 그러나 그렇지 않다면 이미 검토한 문장뿐만 아니라 이러한 새로운 자료까지 예측할 수 있는 가설을 세워야 한다. 최종 가설이 만들어 내는 예측이 실제로 입증되어 만족스러울 때까지 계속해서 이러한 새로운 가설이 어떠한 추가적 예측을 하는지 추론하고, 그러한 예측이 정확한지 검증하기 위해 문장을 만들어 본다. 문장의 허용가능성에 대한 판단이 가설과 부합하지 않고 상반될 때마다, 이러한 방식으로 축적해 온 모든 데이터를 설명하는 가설을 발견할 때까지 다른 가설들을 가지고 테스트 해 보자.

일단 가설을 세웠다면, 이를 검증하기 위해 데이터를 확장시킬 필요가 있다. 이러한 데이터 확장을 위한 방법은 대단히 많다. 예를 들면, 절의 시제, 서법 그리고 주어의 인칭, 수, 생물성, 한정성 등을 변화시켜 보거나, 논의의 초점이 되는 표현이 주절에 있다면 이를 종속절에 위치 시켜본다거나 아니면 그 반대로 할 수 있으며 명사 표현의 문법관계인 주어, 목적어를 변화시켜 보고, 주절의 동사를 각기 다른 형태 즉, 부정, 의문의 형태로도 적절히 대체시켜 볼 수도 있다. 예를 들면, (1a)와 (1b) 의 허용가능성의 차이에 대한 설명으로서 구 동사 bug off는 명령문에 만 나타난다는 가설을 수립하였다고 가정하자. 이때 (2)와 같이 시제나 서법을 변화시켜 보거나, (3)과 같이 인칭을 바꿔 봄으로써 나타나는 현 상을 체계적으로 살펴볼 수 있다.[1]

1a. Bug off.
1b.*He bugged off.

2a. Will you bug off?
2b. Let him bug off!
2c. He will bug off.
2d. You bug off.
2e. You bug off, don't you?

3a. You bugged off.
3b. Will they bug off?
3c. I bug off.

이러한 테스트가 아직 아무런 결론을 유도해 내지 못했다면, (4)와 같 이 동사의 형태를 (5)와 같이 내포시켜 보거나 혹은 (6)과 같이 부정문 으로 바꾸어 봄으로써 데이터를 확장시켜 볼 수 있다.

---

1) (2-6)은 검증을 위한 수단으로 사용되는 문장들이기 때문에 허용 가능성에 관한 표기
는 제시되어 있지 않다.

4a. You/he ought to bug off.

4b. You/he must bug off.

4c. You/They were bugging off.

5a. To bug off/Bugging off is risky.

5b. We told you/him to bug off.

5c. It's essential that you/he bug off.

5d. We regret that you/he bug off.

5e. Although/If you/they bug off, things will be easier.

5f. There will be rewards for you/those who bug off.

5g. You/Those who bug off should sit in aisle seats.

6a. Don't bug off.

6b. We insist that you not bug off.

이렇게 문장들을 변화시켜 보는 것이 자연스러운 절차가 되도록 하여라.

여기서 주의해야 할 점은 적절한 가설을 찾는 과정은 가설을 지지하기 위해 제시해야 할 것과는 다르다는 것을 명심하는 것이다. 만족할 만한 가설을 찾기 위해 자신이 경험했던 험난한 길로 갈 필요는 없다. 단지 최고의 해결책과 이러한 해결책을 가져다 준 적절한 데이터만을 제시하면 된다.

2.2.3 가능성 있는 해결책 중에서 선택하기

가능성 있는 해결책 중에서 하나를 고르는 것은 해결책 찾기의 한 방법이다. 각각의 후보 가설들의 예측을 추론하고 어떠한 예측이 입증되는지 결정할 필요가 있다. 자신의 가설과 이 가설의 주요 주장과는 같지 않으나 나머지는 대동소이한 가설을 비교하는 것은 때때로 논증이 지니고 있는 논리를 보다 분명하게 한다(보다 심도 깊은 논의는 3장의 6절 7절 참조).

2.2.4 상황이 잘못되고 있을 때 대처하는 방법

분석해야 할 어떤 현상에 대해 당신이 고안한 모든 분석법이 만족스럽지 못하다고 할지라도 모든 것을 잃어버린 것은 아니다. 분석 중 가장 적절한 것을 고르고 무엇이 옳고 왜 옳으며 어떻게 옳은지를 써보아라. 그리고 나서, 무엇을 설명하지 못하였는지 왜 설명하지 못하였는지 그리고 어떻게 실패하였는지 밝혀라. 종종 이러한 형태로 문제를 펼쳐 놓는 것만으로도 보다 적절한 새결책을 제시하기에 충분하다. 때때로 이러한 절차는 무의식적으로 받아들인 가정을 지적할 것이며 궁극적인 해결책은 이러한 가정을 포기하는 것이라는 것을 알게 된다. 보다 적절한 해결책을 찾지 못한 상황 하에서도, 명확한 어떤 가정 하에서 분명히 유망한 해결책이라고 생각했던 것이 실제로 작동하지 못한다는 것을 보여 줄 수 있다면 이는 여전히 학문 발전에 공헌하는 것이라 할 수 있다.

유사하게, 만약 특정 가정들이 어떻게 하나의 결론을 이끌어 내는지 보여줄 필요가 있다면, 예를 들어 특정 원리가 어떻게 주어진 문장에 대한 분석을 제공하는지를 보여줘야 한다면, 이러한 결론을 내기 위해 아무리 노력해도 실패한다면, 왜 제안한 결과를 가져오지 못하는지를 적어보아라. 이전 상황에서처럼, 이러한 설명과정에서 논리에 존재하는 실수나, 추론과정에서 혹은 심지어 질문 자체에 존재하는 외부적 가정을 명확히 할 수 있을지도 모른다. 비록 그렇지 못하다 할지라도, 당면한 문제에 관한 간결하고도 명쾌한 이유를 제공해야 하며, 바로 이러한 설명이 관련된 가정들이 서로 갖는 일관성에 관한 의문을 제기해야 한다. 이것 역시 연구를 진척시키는데 일조를 하고 있는 것이다(Popper 1968 참조).

2.3 통사적 사실에 대한 비통사적 설명들

통사적 분석에 관한 논의는 대부분 지금까지 통사론 심지어 언어학에만 국한된 것이 아니었다. 그러나 통사론자의 임무와 책임 중 하나는 모든 가능한 자연언어를 기술하는 하나의 통사이론을 제공하는 것이고, 이러한 통사이론은 통사 형태들의 분포에 혼재해 있는 언어학 외부현상으로부터 순수한 통사 현상을 구분 지을 수 있어야 한다. 그러나 현상 자체는 통사적 또는 비통사적 종류로 구분되어져 있는 것이 아니다. 따라서 이 절에서는 명백한 통사적 사실들에 대한 통사적 그리고 비통사적 설명 사이의 차이를 살펴보도록 하겠다. 또한 예문을 통해서 비통사적 기술과 설명이 가능할 수도 있는 명백한 몇몇 통사 현상을 간략히 살펴보고자 한다.

우선 "명백한 통사적 사실들이란 무엇인가?"라는 질문으로 논의를 시작해 보자. 비통사적 사실들은 구성성분(constituents), 범주 유형(category type), 명사구NP와 같은 통사적 요소들을 "선행하다(precede), 지배하다(dominate), 그리고 ~의 주어이다(subject-of)"와 같은 통사적 관계들로 적절히 기술하는 것이다. 명백한 통사적 사실들은 통사적 용어들로 잘 기술할 수 있는 사실들이다. 이들 사실에 대한 통사적 설명은 왜 이 사실이 그렇게 되어 있는가를 설명하기 위하여 다른 방법이 아닌 순수한 통사 용어들만을 이용하여 설명하는 것이다.

예를 들면[2] 명사구 ‘*a damn thing*’을 포함하고 있는 문장은 부정어가 ‘*damn thing*’을 선행하는 경우에만 문법적이라는 주장은 분명히 하나의 통사적 사실을 지칭한다. 반면 ‘*a damn thing*’이 나타나는 절이 화자가 부정적 태도를 가지고 있는 명제를 지칭해야 한다는 주장은 분명히 통사적 사실을 언급하는 것이 아니다. 주어와 동사가 일치하지 않기 때문

---

2) 사실(fact)과 설명(explanation)이라는 용어 사용에서 주의할 필요가 있다. 예문에서 언급된 "사실들"이 정확하게 기술되었다거나 또는 제공된 "설명"들이 경험적으로 입증되거나 심지어 완전히 일관성이 있다는 등의 주장은 여기서 의도한 것은 아니다.

에 어떤 문장을 허용가능하지 않다고 기술하는 것은 통사적 사실의 결과라고 주장하는 것이다. 그러나 어떤 문장이 우스꽝스럽거나, 모순되거나, 거짓이거나, 있을 법하지 않기 때문에 허용되지 않는다고 주장하는 것은 통사적 특성을 언급하는 것이 아니며, 따라서 명백한 통사적 사실을 지칭하는 것이 아니다. 몇 가지 예를 더 들어 보자면, "명령문의 기저에 있는 주어가 2인칭 명사구이다"라는 관찰은 명백한 통사적 사실이다. 그러나 "명령문에서 주어로 이해되는 것은 그 문장의 청자를 지칭한다"라는 관찰은 통사적 사실이 아니다. "수동태 변형 규칙은 순환 규칙(cyclic rule)이고 모든 순환 규칙은 문법적 관계를 변화시키기 때문에, 기저 직접목적어 명사구를 주어로 나타나게 한다"는 주장은 수동태 문장이 기저에 있는 직접목적어를 일반적으로 주어가 나타나는 곳에 위치할 수 있도록 허용해 준다는 주장과 같이 통사적 설명이라 할 수 있다. 그러나 "2인칭 명사구가 발화된 내용의 청자를 지칭하고 그 사람에게 무엇인가를 명령할 수 없기 때문에 명령문에서 이해되는 주어가 2인칭 주어이다"라는 주장은 비통사적 설명이다.

사실(fact)과 설명(explanation)의 차이는 단지 특정 현상에 관한 분석이 어느 층위(level)에서 제공되는가의 문제이다. 즉, 어떤 층위에서 하나의 사실을 설명하는 이론은 다른 층위에서도 설명될 수 있다는 사실이다.

마치 통사적 설명처럼 보이는 비통사적 설명은 형태론적 설명이다. 통사적 사실에 대한 형태론적 설명의 한 예는 어떤 특정 구가 격, 수, 시제 등에 있어서 굴절될 필요가 없는 문장에서만 나타날 수 있다는 주장이다. 다음과 자료는 한 예가 될 수 있다.

1a. Beware of the dog.
1b. *I'm bewaring of the dog.
1c. He was told to beware of the dog.

1d. *He bewore of the dog.

1e. It's essential that he beware of the dog.

특정 굴절이나 형태소의 존재를 언급하는 형태론적 설명도 가능할 것이다(Perlmutter 1971, Ross 1972 참조).

명백한 통사 현상들을 위한 또 다른 일반적인 비통사적 설명은 화용론적 설명이다. 표면상 통사적 현상을 위한 설명이나 기술은 만약 형태가 아닌 언어표현의 사용을 어떤 면에서라도 언급한다면 화용론적인 것으로 규명되어진다. 화자의 태도, 믿음, 그리고 의도와 같은 문장의 발화자에 대한 사실들을 포함한 문맥에 관한 사실을 언급한다면, 이러한 기술은 화용론적이다. 보통 통사 기술용어의 일부로 가정하는 많은 서술 술어들은 문장 형태가 아닌 화용론적 개념을 지칭한다. 예를 들면, (2)와 같은 문장에서 공지시(coreference)는 명사구에 관련된 특성이 아니다.

2. John thinks he is smart.

오히려 공지시는 두 개 이상의 명사구의 발화와 어떤 가상의 혹은 현실적 실체사이에 화자에 의해 유지된다고 가정되는 일종의 관계이다. 특히, 공지시는 의도하는 지시가 동일함을 나타내는 것이다. 즉, 화자는 명사구를 발화할 때 같은 개체를 지시하는 것으로 의도할 수 있다. 이 때, 지시(reference) 그 자체는 화용론적 개념이며, 이는 명사구들이 스스로 모든 것을 지시할 수는 없기 때문이다. 명사구가 특정 개체를 지시하는 것으로 이해되어질 것이라는 의도를 가지고 이를 발화함으로써, 화자들은 개체들의 지시체를 찾는다. 어떤 것을 기술하는 데 있어서 의도, 추론, 태도, 믿음, 지시 그리고 발화와 같은 단어들을 사용하는 것은 해당 현상이 어떤 화용론적 원리에 의해 규제된다는 것을 시인하는 것이다.

통사적 그리고 화용론적 기술 사이의 혼란을 일으키는 현상의 또 다른 예로는 명령문이 있다. 특정 부류의 문법 형태를 언급하는 명령문이라는 용어는 대개 통사적 혹은 형태론적 개념을 나타내기 위해 사용된다. 그러나 명령, 지시 그리고 요청과 같은 용어들은 일반적으로 화용론적이기 때문에, 어떤 사항을 청자에게 말할 때 화자의 태도, 의도, 그리고 가정을 언급할 때 사용된다.

따라서, (3)의 모든 문장들은 청자가 언급된 행동을 하길 원한다는 것을 알게 할 의도를 가지고 사용되는 것이기 때문에 명령들이라고 할 수 있지만, 실제로는 (3a)만 명령문이다.

> 3a. Feed the cat.
>
> 3b. Would you feed the cat?
>
> 3c. I'd like you to feed the cat.
>
> 3d. Why don't you feed the cat?
>
> 3e. Let the cat be fed.
>
> 3f. The cat shall be fed.

겉으로는 통사적 현상처럼 보이지만 실제로는 화용론적으로 설명되어야 하는 예를 하나 더 살펴보자. (1)에 있는 데이터는 'beware'라는 단어가 굴절되어서 나타날 수 없다는 것을 보여주었다. (4)의 예문들은 이러한 기준이 완전히 잘못된 것은 아니라 할지라도 불충분하다는 것을 보여준다.

> 4a. I want you to beware of the dog.
>
> 4b. *They won't beware of the dog.
>
> 4c. I'll warn them to beware of the dog.
>
> 4d. *They expect to beware of the dog.

*Beware*라는 단어는 위의 어느 문장에서도 굴절되지 않았음에도 불구하고 (4b)와 (4d)의 문장은 불가능하다. 아마도 허용 가능성을 결정짓는 요인은 화용론적 요소인 것 같다. 예를 들면, *beware*는 *beware*의 주어로 이해되는 지시물에게 조심하라는 경고로서 (1)의 허용 가능한 문장에서 뿐만 아니라 (4a)와 (4c)의 문장에서도 사용된다. (1), (4b)그리고 (4d)의 비문은 경고의 의미를 나타내지 않으며, *beware*라는 동사의 주어에 해당하는 개체에게 경고를 전달 또는 기술하기 위해 여타의 다른 동사와 함께 사용할 수 없다. 이런 화용론적 설명은 형태론적 설명을 불필요한 것으로 만들지 모른다. 만약 이것이 사실이라면, 우리는(5)와 같은 문장을 허용 가능한 것으로 예측할지 모른다. 왜냐하면, (5)의 문장들은 비록 굴절되어 있다 할지라도 경고의 의미를 나타내고 있기 때문이다. 하지만, 이러한 문장들은 사실 허용되지 않는다.

5a. *I told you you should have beworn/bewared of the dog.
5b. *You ought to be bewaring of the dog.

(4)의 문장들이 *beware*의 분포가 경고를 나타내는 화용론적 원리에 의해 지배를 받는다는 결론을 어떻게 제시할 수 있는지 분명하지 않다. 다른 경우에서처럼 이러한 상황에서 화용론적 규제에 대한 최상의 검증은 "허용가능하지 않은 해당 예문이 허용 가능하기 위해 어떤 종류의 상황을 우리가 상상해야 하는가?"라고 의문을 제기하는 것이다. 관련된 세상의 어떠한 측면도 허용 가능하게 하기 위해 상상할 수 있는 상황을 그려낼 수 있는 방법이 없다면, 문장들의 허용가능성을 결정짓는 기준은 문법의 일부분인 통사 혹은 어휘적인 문제가 될 것이다. 만약 예문을 사용하기에 적절한 것으로 만들 수 있는 세상이 존재할 방법을 기술할 수 있다면, 문법이 이러한 문장을 문법적이라고 주장하길 원할 것이며, 허용가능성을 결정하는 기준은 화용론적으로 문법 외적일 것임에

틀림없다. 세상이 어떠해야 하느냐에 대한 설명은 허용가능하지 않은 예문들을 허용가능하지 않게 만드는 특성이 무엇인가에 관한 실마리를 제공해야만 한다. (4a)의 경우에서 만약 우리가 이 문장을 소망이나 태도를 기술하는 것으로 이해한다면, 이 문장은 (4b)나 (4d)에서처럼 허용불가능하다. 그러나 우리가 이 문장을 한 마리 개에 대해서 누군가에게 경고하는 것으로 상상한다면 이 문장은 아주 좋은 문장이 될 것이다. 따라서 문장에 관한 사용상의 적절성은 *beware*의 쓰임이 화용론적으로 제약된다는 것을 의미한다.

역사언어학적 설명은 표면상으로 통사적 사실들에 관한 또 하나의 흔한 비통사적 설명을 제공한다. 역사언어학적 설명은 "왜 '2'를 *two*라고 부르는가?"와 같은 질문에 합리적인 답변을 제공한다. "언어의 역사는 추적할 수 있는 한 항상 그러하다"라는 역사언어학적 설명이 때때로 통사적인지 아닌지 다른 속성의 심오하고 보다 설명력 있는 해설의 존재를 불분명하게 하더라도, 보다 나은 설명을 바라는 것이 다른 시대에 무의미할지도 모른다. 예를 들면, (1)에 인용된 데이터에 대한 설명은 원래 구였던 *be ware*가 단일어인 *beware*로 인식되었던 역사적 과정의 결과로서 체계적인 형태론적 특성을 가지고 있지 않다는 설명을 우리는 상상할지 모른다. 만약 이것이 하나의 동사와 형용사로 구성된 *be + ware*의 형태라면, *bewore, *bewared, 그리고 *bewaring와 같은 형태는 자연스럽게 나타나지 않을 것이다. 만약 *ware*가 단지(*am* 뒤에서가 아니라) *be* 뒤에만 나타난다면 *be*가 굴절되어 있지 않고 *ware*가 형용사로 굴절되지 않기 때문에 굴절되지 않은 형태로 나타날 것이다. 이러한 설명이 만약 옳다면 그와 같은 설명은 비록 "왜 *ware*는 *is, am, was, were* 뒤가 아니라 단지 *be* 뒤에서만 사용되어지는가?"와 같은 공시적 질문을 제기할지는 몰라도 공시(synchronic) 통사사실을 예측할 수는 있다.

(6)은 보다 더 단순한 예를 보여준다. 이들 문장은 소망을 나타내기

위해 단순한 억양을 가지며, 통사적으로는 NP와 굴절되지 않는 VP와 결합되어 있다고 통사적으로 설명하는 것은 무의미 할 수 있다.

6a. God bless you!

6b. Heaven help us!

6c. *Fred telephone us!

6d. *IBM hire us!

발화 형태에 있어서의 변화는 관습적인 공식으로서 유지되어 왔다. 이는 마치 생산적인 원리에 의해 생성되어 온 형태처럼 유지되어 왔는데, (7)은 그 좋은 예이다.

7a. God bless/save/damn NP

7b. God/Heaven forbid.

7c. God/Heaven help NP.

　　etc.

명백한 통사적 사실을 위한 또 다른 비 통사적 설명은 심리학적 또는 언어처리에 기반한 설명이다. 언어처리에 기반한 설명은 특정한 형태를 생산하기에 너무 많은 노력이 소모되는 연유로 화자가 특정 형태를 회피하기 때문에 특정 형태가 허용가능하지 않은 것으로 주장하는 것이다. 혹은 청자가 특정 형태를 인식하기에 너무 어려울 것이라는 것을 화자가 알고 있는 연유로 화자가 특정 형태를 회피하기 때문에 이 형태가 허용가능하지 않다고 주장되어 지는 것과 같다. 어쩌면 적어도 인식에 기반한 설명은 추론을 포함하고 있는 것처럼 보이기 때문에, 심리적인 것이 아니라 실제로 화용론적인 것일 수 있다. 그러나 동사 뒤에 나타나는 구성성분은 특정 순서를 지켜 나타난다는 동사 후 구성성분에 관한 Ross'의 제약과(6장 2절 참조) 관련된 구문은 특정 통사 유형에 속하는 구성성분 순서에 의해 규정되어 있기 때문에 통사적 기술일 것이다. 혹자는 "한 개 이상의 구성성분이 동사 뒤에 나타날 때 가장 짧은 성분이 동사 가장 가까이에 위치한다. 왜냐하면 그 짧은 성분이 긴 성분 뒤에 위치한다면 적절히 강조되기 어렵기 때문이다."와 같은 언어 처리과정에 기반한 설명을 대안으로 제시할지 모른다. 그러나 만약 짧거나 비어 있는 명사구가 길거나 완전한 명사구 뒤에 온다면, 청자가 이를 인지하기 어렵거나 동사와 연결하기가 어렵기 때문에 앞에 위치해야 한다는 설명은 화용론적이자 동시에 심리언어학적 설명일지 모른다.

명백한 통사적 사실을 위한 언어처리과정에 기반한 가장 친근한 설명은 아마도 (8)에서 예시된 중앙내포문(center embedding)에 관한 Aspects 설명일 것이다.

8. That that that Stacy likes you surprises me brothers Tracy irritates Cory.

Chomsky(1965:10-15)는 위와 같은 문장이 허용 가능하지 않은 이유가 비문법적이어서가 아니라 인간의 언어처리 능력이 이를 처리할 수 없기 때문이라고 주장했다.

이러한 예들이 분포적 사실들에 대한 한 심리학적 설명의 전부는 아니다. 이제까지 제안되어 온 전이 도출 제약(transderivational constraints)의 대부분은 통사라는 양의 옷을 입고 있는 화용적인 심리언어학 설명이다. 예를 들면, (9)에서처럼, 대명사는 만약 두 개의 상이한 가능성 있는 선행사가 있다면 허용 되지 않는다는 대명사의 분포에 관한 제약이 제안되었다.

9. John and Bill walked in and he hung up his coat.

이러한 제약은 두 개의 다른 심층구조의 가능성 결국 두 개의 다른 문장 도출 가능성을 언급하는 한 변형 이론(Transformational theory)내에서 전이 도출이라 할 수 있다.[3] 그러나 (9)의 문장이 허용가능하지 않은 이유는 통사적 이유가 아니라 언어사용자가 대명사의 의도된 선행사가 무엇인지 구별하기 어려운 화용-심리학적 이유 때문이라는 것이다. 하지만, 이러한 설명에도 문제점이 있는데, 이는 (10) 그리고 (11)과 같이 모호하며 중의적인 문장을 허용가능하지 않은 문장이라고 함의하고 있지만 이러한 문장은 분명히 허용 가능하다.[4]

10. Mo fixed the TV set by whacking it.
11. Joe Namath had a lot of fans.

(10)은 Mo가 계획에 의해 TV를 고쳤는지 아니면 운 때문인지가 모호하며, 어디를 쳤는지 얼마나 강하게 쳤는지 등이 모호하다. (11)은 Namath가 많이 가지고 있던 것이 선풍기인지 아니면 추종자 인지가 모호하다. 그러나 이러한 모호성에도 불구하고 (10)과 (11)은 완전히 허용 가능한 문장이다. 이처럼 허용 가능한 많은 문장들이 분명히 중의적일 수 있기 때문에, 중의성은 문장의 허용 기준이 될 수 없다.

이에 대응하는 경우로는 (12)의 관계절이나 외치 현상을 들 수 있다.

12a. A man who says the sky is falling came in.
12b. A man came in who says the sky is falling.

(12a, b)의 두 문장이 같은 의미를 가진 반면, (13a)와 (13b)는 의미가 다르다. 이러한 사실은 관계절의 외치가 항상 자유롭지 않다는 것을 의미한다.

---

3) 이러한 제약은 화용론적 원리를 바탕으로 정의된 해석을 의미하는 한 단층이론 (monostratal theory) 내에서는 화용론적이다.

4) (9)와 같은 문장은 의도하는 의미가 명확하고 그 사용 역시 완전히 허용 가능하다고 주장할 수 있다. 만약 그렇다면, 이 문장들은 문법적인 것으로 간주되어야만 하기 때문에 언어처리 설명과 통사적 설명 둘 다 적합하지 않게 되며, 의도하는 지시물을 정확하게 지시하는 청자의 능력에 대한 화자의 판단을 언급하는 화용적 설명이 필요하게 된다.

13a. Someone who designs computers introduced Minsky to my brother.

13b. Someone introduced Minsky to my brother(,) who designs computers.

(9)와 (13)의 문장에서 예시하는 현상들을 심리언어학적으로 설명하는 데 동일한 문제를 가진다. 중의적인 문장들은 일반적으로 허용하지 않는다고 할 수 있지만, (10~11)은 이러한 가정이 잘못되었다는 것을 보여준다.

통사적 분포에 대한 논리적 또는 의미적 설명은 다양한 층위에서 가능하다. 예를 들면, (11)과 같은 어휘적 중의성 의미적 설명을 요구할 수도 아니면 통사적 분석이 중재하는 의미적 설명을 요구할 수도 있다.

14a. Flying planes can be dangerous.

(Planes that fly vs. piloting planes)

14b. The chickens are ready to eat.

(Chickens which are hungry vs. chickens that will be eaten)

14c. *Zest* makes you feel cleaner than soap.

(than soap feels vs. .than soap makes you feel)

(15)에 있는 문장들처럼 다른 경우에 있어서, 한 문장의 다의성을 설명한다는 것은 화용론에 의해 전달되는 의미적인 설명법을 요구하거나 의미론에 의해 전달되는 화용론적 설명법을 요구할 수도 있다.

15a. John may play the tuba.

(It isn't known vs. He is given permission)

15b. Scott is the author of *Waverly*.

(Scott wrote the book vs. Scott and the author are the same person)

15c. Oedipus wanted to marry his mother.

(Oedipus had a desire for incest vs. the woman Oedipus wanted to marry turned out to be his mother)

이러한 중의성들을 쉽게 이해하거나 이를 분석할 수 있는 이론이 있지는 않다. 지금까지 다른 통사적 구조로 이러한 중의성을 설명하려고 해 왔지만, 충분히 동기가 없다는 점에서 받아들여지지 않고 있다. 많은 종류의 중의성에 대해서 순수한 의미론적 설명이 적절한지 아니면 화용—의미론적 설명이 적절한지 또는 어떤 구조적 통사적 차이의 결과로서 나타나는 의미적 설명이 더 적절한지는 아직 분명하지 않다. (16)의 문장은 이러한 사실을 보여주는 하나의 예이다.

16. Advances in medical technology have made it possible to bring to life people who were considered dead only a few years ago. (resuscitation vs. resurrection)

의미적 또는 논리적 설명법 또한 문장의 허용 불가능성을 설명하기 위해 사용된다. 예를 들면, 이러한 설명법은 어떤 문장이 허용가능하지 않은 이유가 동의어 반복(tautology)이나 모순(contradiction)과 같이 의미가 지닌 논리적 특성 때문이라는 주장을 담고 있다.

17. The child who threw sand threw sand.
18a. None of the linguists like tofu but some of the linguists do.
18b. I'm taller than I am.

특정 문장이 통사적 설명에 속하는 엄격한 하위범주화원리(subcategorization principle)를 위반했기 때문에 그 문장이 허용 불가능하다고 주장하는 대신에, 의미적 역할 때문이라고 주장할 수도 있다. 예를 들면, 어떤 이는 'elapse'라는 단어는 자동사이며 이 동사가 지닌 의미 부분이 직접목적어 NP에 대한 해석을 제공하지 않는다고 주장할지도 모른다. 따라서, (19)의 문장은 의미적 해석이 없기 때문에 불가능하다고 주장할 수 있다.

19. Six months elapsed Morton.

이와 다소 비슷한 경우는 *try*와 같은 동사를 포함하고 있는 심층구조에 대한 Permutter(1971)의 유사주어 제약(like-subject constraint)이다. 이 통사적 제약은 동사와 문장 보어를 가지고 있는 심층구조에서, 상위 동사의 주어와 보어의 주어가 동일해야 한다는 것이다. 혹은 (20)의 비문법성을 *try*라는 동사가 개인과 그 개인의 행위사이에 유지되는 관계를 나타내며, 그 결과 개인과 어떤 다른 개인의 행위를 서술화 한다는 것은 비논리적이라는 논리-의미적 설명 혹은 화용적 설명을 할 수도 있다.

20. *Evelyn tried (for) Hilary to play the piano.

비록 받아들이기 어려울 수도 있지만, 나머지 두 가지 비 통사적 설명법을 살펴보자. 이 중 하나는 구문의 음운론적 특성을 언급하는 것이다. 예를 들면, 만약에 (5b) 문장이 허용 가능하지 않다면, 그 이유는 [bi#bi] 연속체가(단, 여기에서 [#]는 단어 경계를 나타냄) 영어 화자의 귀에 거슬리기 때문이라고 가정할지도 모른다.[5]

5b. You ought to be bewaring of the dog.

이러한 종류의 설명은 음운론적 설명법이며, 다른 [bi#bi] 연속체도 동일하게 허용가능하지 않을 것으로 예측할 것이다. 이는 (21)과 같은 문장들을 화자가 허용하지 않을 것으로 예측한다.

21a. I will be between planes then.
21b. Her name must be Beatrice.
21c. Where could that bee be?

---

5) Ross(1972), Berman(1974b) 등에서 보다 설득력 예문을 제시하고 있지만, 이들 예문들의 복잡성과 통사론적 한계는 이러한 가상적인 예문들이 당면하고 있는 주장의 본질을 보다 분명하게 보여준다.

통사 분포에 대한 음운론적 설명법은 흔하지는 않지만, 전혀 들어 본 적이 없는 것은 아닐 것이다. Pullum & Zwicky(1984)는 음운론과 통사론의 상호작용에 의해 제기된 많은 이슈들을 논의하고 있다.

마지막으로, 어떤 문장에 의해 표현되는 생각이 화자에게 비위에 거슬리는 것으로 판명되기 때문에, 문법적으로 적격한 것처럼 보이는 문장이 허용가능하지 않은 것으로 판정할 수도 있다. 이러한 설명을 위한 적절한 용어가 없기 때문에, 이를 우리는 문화적 기술 또는 문화적 해석 방법이라 하자. 만약 거짓이 허용 불가능성에 속하는 원인으로 간주하지 않는다면, (22)와 같은 예문들이 한 예가 될 수도 있을 것이다.

22. The earth is flat, and if toy sail too far, you'll fall off the edge.

일본어와 같은 언어에서 나타나는 감정 이입 현상은 보다 더 복잡하면서도 난해한 예를 제공한다. 일본어에서는 화자가 수여자보다 수령자와 일체감을 이룰 때 kureru와 같은 동사를 사용할 수 있지만, 화자가 수령자보다 수여자와 일체감을 이룰 때 yaru 그리고 ageru와 같은 동사를 사용한다. 일본 화자들은 이방인보다 가족 구성원들과 보다 일체감을 이루는 것으로 예상하기 때문에, kuremashitark가 간접목적어인 수령자와 일체감을 이루는 (23) 문장이 agemashita가 수령자보다 주어의 수여 지시자와 일체감을 갖는 (24) 문장보다 더욱 좋은 문장이 된다.

23. Sono otoko wa   chichi ni   hon   o   kuremashita.
    that   man   TOP my-father DAT book ACC gave
    That man gave my father a book.

24. Sono otoka wa   chichi ni   hon   o   agemashita.

이러한 현상을 논의하는 것은 (25)의 주장을 포함한다.

25a. 화자는 자기 자신과 감정 이입하는 것이 가장 쉽고, 그 다음으로는 청자와 감정 이입하는 것이 쉽다. 화자에게 있어서 자기 자신이나 청자가 아닌 제 3자와 보다 많은 감정을 이입하는 것은 훨씬 어렵다.

25b. 문장들을 이렇게 저렇게 자세하게 말하는 것은 건방지게 보이기 때문에 배제된다.

그러나 허용 가능하지 않은 문장들이 사회적으로 전혀 허용 불가능한 것으로 간주되어서 화자가 문법적으로 정확하다는 사실을 인정할 수 없는 것인지 아니면, 표현하기 적합한 상상 가능한 상황이 실제 존재하지 않기 때문인지는 명확하지 않다(만약 누군가가 정말 그의 아버지 보다 그의 친구에게 보다 많이 감정 이입한다면 어떻게 할 것인가? 만약 화자가 실제로 건방지고 무례하다면 어떻게 할 것인가?). 만약 이런 종류의 문장이 사건을 정확히 보도하기 위해 사용 되어지는 상황이 존재하지 않는다면, 그러한 문장들을 배제시키는 원리가 통사적 원리인 경우가 될 수 있다. 그렇지 않다면, 이는 우리가 통사 규칙이 아닌 죽은 왕의 이름과 비슷하게 들리는 말이나 저속한 말의 사용을 규제하는 것과 같이 언어사용에 관한 문화적 금기 사항과 매우 유사한 것을 다루고 있다는 것이다. 그러한 문화적 금기사항은 문화적이라는 용어로 구분 짓기 위해 리가 선택해 온 화용론적 설명법의 하위 부류를 의미한다. 또 다른 방법으로, (25a)와 같은 것은 일본 문화에 관한 심리적 주장으로 해석할 수 있다. 둘 중 어떤 경우에 있어서도, 이들이 일본어의 통사론에 대한 주장이 아니라는 것은 분명하다.

3장 논증

이 장은 언어학적 논증을 구성하는 요소와 이를 제시하는 방법에 관해 다룬다. 1절에서는 언어의 원리와 개별 언어문법에 관한 연구방법을 살펴 볼 것이다. 또한 연구를 수행하는 데 있어서 기본적인 규칙을 살펴보고(2~5절), 그런 후 논증을 구축하는 데 필요한 실질적인 조언을 하고자 한다(6~8절).

3.1 언어학에서 논증의 역할과 본질

언어학은 생물학, 물리학, 천문학과 같은 경험 과학이다. 따라서 언어학의 목표는 관찰된 현상에 대해 경험적으로 논박될 수도 있는 설명적 가설을 수립하는 것이다. 한 언어의 문장을 형성하는 원리는 무엇이며, 왜 문법은 선험적으로 상상할 수 있는 여타 원리가 아니라 주어진 원리만을 포함하고 있는가? 대부분의 언어학 논문은 가설-추론(hypotheticode-ductive) 논증 방식을 채택하고 있다(3절의 Popper 1968의 논의 참조). 즉, 이는 가설을 수립하고, 이 가설로부터 예측을 끌어내어, 또 다른 관찰을 통해 예측의 타당성을 점검한다. 가설에 의한 예측이 관찰된 사실과 일치하지 않는 것으로 판정 될 경우 그 가설은 틀린 것으로 추론 된다. 대부분의 언어학적 논증은 이러한 논리에 근간을 두고 있다.

사실 최상의 가설은 경험적 오류가 가장 적은 가설을 의미한다.[1]

---

[1] "설명적 타당성"과 같은 이론적 고려가 가설을 선택하는 데 영향을 주기도 하는데, 이

물론 실제 상황은 이처럼 명백하지 않다. 대부분의 경우, 모든 관찰과 일치하는 가설은 없다. 연구자들은 다른 가설보다 잘못된 예측을 더 적게 하는 가설을 설정하며, 보다 더 정확한 가설을 찾는 작업을 계속한다. 연구자들이 잘못된 가설을 버리지 않는 이유는 종종 자신의 연구 영역과 관련 있는 다른 현상에 대한 가설을 검증하기 위해, 이 영역의 특정 현상에 관한 가설을 설정할 필요가 있기 때문이다.

이러한 연구 논리 방식에 의하면, 만약 가설의 몇 가지 예측이 거짓이 아닌 것으로 검증된다 하더라도 이 가설이 사실일 가능성이 있다는 것 이상으로는 이 가설의 타당성에 관한 어떤 결론도 이끌어낼 수 없다.[2] 가설이 참일 수도 있다는 것은 참이 아닐 수도 있다는 것을 뜻하기 때문에 결국 아무 도움도 되지 않는다. 만약 모든 백조는 흰색이다라는 가설을 설정하고 그 이후 목격한 백조 세 마리가 실제로 흰색이라 할지라도 여전히 우리는 이전보다 더 많이 알고 있는 것이 아니다. 즉 이후에 검정색 백조를 보게 될 수도 있는 것이다. 그렇다면 어느 흥미로운 무한한 현상에 관해 어떤 긍정적인 가설을 입증하는 것은 원칙적으로 불가능하다. 오히려 그 가설이 잘못임을 입증하고, 이 가설이 부정확한 예측으로 인해 옳지 않을 수도 있음을 보여주는 것만이 가능할 따름이다. 엄격히 말하면 이것마저도 불가능하다. 만약 가설을 진술하는 용어의 확장에 관한 어떤 가정을 설정하고 이 가설의 예측이 거짓이라면, 이 가설이나 혹은 하나 이상의 가정이 잘못이라는 것을 보여 줄 수 있을 뿐이다. 따라서 결론의 힘은 결론이 요구하는 가설의 힘과 정비례

로 인해 경험적 오류가 더 많은 가설을 선택하게 될 수도 있으나, 이 경우 연구의 설명적 목표 달성에 기여하는 바가 더 커야 한다. 경험적요인과 이론적 요인이 서로 상충될 때(예를 들면, 가설 A가 B보다 고려중인 사실을 더 잘 설명하지만, 이론적 근거로는 B가 A보다 더 바람직할 때) 최상의 가설을 선택하는 것은 대단히 어려운 문제이기 때문에, 때로는 과학이라기보다는 종교의 문제처럼 보이기도 한다(Kuhn(1970) 참조). 뛰어난 언어학자들도 이성적으로 해결 불가능한 방법에 대해 의견을 달리 하기도 한다.

2) 만약 어떤 가설이 유한수의 경우를 다루는 것이 아니라면, 이는 무한한 수의 예측을 낳게 되며, 모든 예측의 타당성을 검증하기란 원칙적으로 불가능하게 된다.

함수 관계를 맺고 있다. 분석자에게 전달되는 메시지는 분명하다. 즉, 가정을 약하게 하지 말고 결정적인 가정들은 분명하게 제시하라는 것이다.

그러므로 특정 가설에 의한 예측에 모순 되는 한 가지 관찰은 이 가설을 약화시키기에 충분하다. 이 관찰은 그 주장에 대한 명백한 반례이고, 또한 그 가설로 인해 생겨나는 속성을 갖지 못하게 되는 것이다. 가설이 일반적인 원리에 기인하지 않을 경우, 그 가설을 논박할 수 있게 된다. 그러나 이러한 사실은 미리 알 수 없다. 하나의 반례라도 가설을 그릇되게 할 수 있다는 사실은 분포상의 빈도와 통계학적 검증이 언어학 논증과 밀접한 관계가 없다는 것을 의미한다. 얼마나 많은 수의 예시가 있어야 주어진 가설로 인한 예측을 논박할 수 있는가는 논의의 본질이 아니다. 즉, 단 하나만으로도 어떤 측면에서 그 가설이 잘못된 것임을 보여주기에 충분하며, 같은 유형의 예시가 천 개라도 이러한 사실을 더 설득력 있게 보여 줄 수는 없을 수도 있다. 반면 유형이 다른 세 가지 현상은 이 가설이 세 가지의 다른 측면에서 잘못이 있음을 알려주며, 이것은 그 가설의 결점을 더 분명하게 보여주는 것이다.

설명의 편의상 이 장에서 제시된 예들은 대부분 가정에 의한 것이거나 상당히 제한적이다. 지난 30여 년 간의 언어학 논문에 자료로 인용되거나 전제되고 있는 실제 논증을 사용하는 것이 도움이 될 수도 있었다. 그러나 1~5절에서 기술되어 있듯이 건전한 논증의 형성에 관련된 것을 고려해 볼 때, 설득력 있는 실제적인 어떤 예라 하더라도 가설의 정당화를 위해 몇 페이지에 걸쳐 포함되어 있거나 아니면 보조적인 설명을 하기 때문에 실제 보여주고자 하는 요점들을 놓쳐버릴 수도 있다.

많은 예들이 자연 언어표현의 분포와 직접적인 연관을 맺고 있다는 사실 때문에, 통사 연구가 개별언어의 세부적인 문법 기술에만 관심을 기울이고 있다거나 오직 그러한 연구만이 여기에 기술된 원리의 지배를 받는다고 간주해서는 안 된다. 2장에서 분명히 알 수 있듯이, 많은 통사론 연구가 상당히 고차원적인 이론적 원리의 결과물인 가설로부터 출발하고 있다. 그러한 가설을 조사하는 것은 경험적 연구처럼 값어치 있다. 여기 3장과 4장에서 기술하는 논증과 제시의 원리들은 어떤 특정 종류의 질문에 국한되거나 특정 통사이론에 한정된 것이 아니다. 통사론이나 언어학에만 국한된 것도 아니다. 이 원리들은 이성적 설득을 필요로 하는 모든 상황에 적용될 수 있다.

3.2 언어학적 논증의 경험적 뒷받침

가설－추론식 조사의 논리는 가설이 상호 검증가능성이 있어야 함을 요구한다(Popper 1968 참조). 이는 이 논리가 다른 연구자들도 검증할 수 있어야 하며 동일한 경험적 결과를 도출할 수 있어야 한다는 것을 의미한다. 이는 물리학이나 행동과학 분야의 연구에서 말하는 결과의 재생산성 요건에 해당된다. 논증을 세우는데 있어 이러한 필요성은 가설이 특정 틀에 짜여져 있어야 하며, 주관적 해석의 여지를 주지 않아야 한다는 것이다. 즉, 가설은 정확해야 하며 어떤 면에서도 모호하지 않아야 하며, 정의되지 않은 용어를 사용해서는 안 된다는 것을 의미한다. 비록 항상 명확하지 않을 수도 있지만, 정확성의 요건은 실제로 상호 검증 가능성과 관련되어 있다. 어떻게 상호 검증가능성이 모호한 가설을 배제시킬 수 있는지 알아보기 위해, 다음과 같은 모호한 가설 A를 살펴보도록 하자.

A. 주제는 문장의 첫 번째 구성 성분이다.

이 가설을 검증하려면 우리는 다음 사항을 알아야 한다.

a) 분포와 관련 없이 주제를 식별하는 방법
b) 문장의 정의는 무엇인가
c) 문장의 첫 번째 구성 성분을 식별하는 방법

만약 가설 A에 "주제의 개념을 정확하게 하지 않으면, 실제 문장에서 주제가 첫 번째 구성 성분인지 아닌지 결정할 수 없기 때문에 가설 A를 아예 검증 할 수 없게 된다. 아니면 가설을 세우면서 의도했던 실제 주제를 찾아 낼 수 없을 수도 있다. 가설 A에 주제의 정의를 보충하여 B와 같이 되었다고 가정해 보자.

B. 정의상 문장의 주제는 그 문장이 무엇에 관한(about) 것인가를 언급하는 구절이다.

이것도 별로 명확한 정의가 아니다. 여전히 문장이 지시하도록 의도된 것이 무엇인지 알 수 없다. 문장이 전통적인 층위에서 S-교점의 지배를 받는 어떤 성분을 가리키는 것인지, 최상위 S-교점의 지배를 받는 성분인지, 전통적인 철자법상 대문자로 시작해서 마침표로 끝나는 어떤 발화를 지시하는지, 아니면 다른 어떤 것인지 알 길이 없다. 설령, 문장이 무엇을 의미하는지 보다 분명하게 밝혀진다 할지라도, 그 문장이 '무엇'에 관한 것인가에 대해 같은 의견을 가질지는 미지수다. "~에 관한(about)"이라는 용어 자체도 모호하므로 그 해석도 이 단어가 사용된 문맥을 어떻게 해석하느냐에 따라 달라지기 때문에, (1)과 같은 문장의 주제가 무엇인가에 대해서 각기 상반된 판단을 할 수 있다.

1. Kim wrote a letter to Sandy.

판단하기에 따라 이 문장에 대한 주제는 'Kim', 'Sandy', 'writing', 'writing a letter', 'Kim writing a letter to Sandy' 등이 될 수 있다.

모두가 문장과 주제에 관해 일관되게 공통된 것을 찾아낸다 할지라도, 어떤 문장에 관한 주제 식별이 가설 A를 강화시키는지 혹은 약화시키는지를 알 수 없다. 그 이유는, 문장의 첫 번째 구성성분을 무엇으로 계산해야 하는지에 관해 분명하지 않기 때문이다. 예를 들어, 다음 문장에서 어떤 기준에 따라 *a*나, *a man*, 혹은 *a man who has three ears*를 첫 번째 구성성분으로 간주해야 하는지 분명하지 않다.

2. A man who has three ears just came in.

*첫 번째 구성성분*이라는 용어가 언뜻 보아 분명해 보일 수 있지만, (2)와 같은 문장에서는 그 의미가 모호해진다. 따라서 가설 A는 (2)와 같은 문장에 대해 잘못된 예측을 초래할 수도 있다.

3.3 정확성

지금까지의 설명은 가설을 설정할 때 정확성이 얼마나 중요한 가를 보여주었다. 가설이 정확할수록 더 경험적이며, 검증하기가 더욱 수월해진다(Popper 1968 참조). 이러한 이유 때문에 언어학자들은 정확성을 매우 중요하게 여기며, 때로는 이러한 노력이 형식화(formalization)에 지나치게 치중하는 보이기도 한다. 명시성을 추구하려는 이러한 형식화의 주요 동기는 예측이 가능한 형식적 연역 논리 기법을 사용할 수 있도록 하는 가설을 만들기 위한 것이다. 즉, 완벽하게 형식화된 체계는 모호하거나 부정확한 주장을 배제시킨다. 형식화는 정확해야 하며 상호 검증이 가능해야 한다. 가설이 부정확한 예측을 내리는지, 그리고 만약 그렇다면 문제가 어디 있는지 살펴보는 것은 그리 어려운 문제가 아니다. 형식적인 체계 내에서 연구하는 것은 일관성을 높여주며, 형식화가 일관성 있게 유지된다면 일관성 없는 분석을 훨씬 더 쉽게 알아 볼 수 있다. 따라서 복잡한 그래프와 도표 그리고 우스워 보이는 기호들을 형식화로 혼돈하지 않는 것이 중요하다. 어떤 체계가 형식적 체계라 함은, 가령 1차 술어 연산처럼 어떠한 진술이 적형인지 규정해주는 명시적인 규칙이 있고, 각각의 적형적 진술을 어떻게 해석해야 하는지 규정해 주는 규칙들이 있다. 또한 일련의 진술로부터 논리적 결과를 도출하기 위한 명시적인 추론 규칙이 있다는 것을 의미한다.

형식화가 갖는 또 다른 장점은, 수학적 성질이 비교적 잘 이해될 수 있다는 것이다. 만약 어떤 문제가 형식화의 관점에서 표현되면, 이 체계가 갖는 성질로부터 분석된 현상에 대한 예측을 할 수 있다. 이와 같이 형식화가 되어 있지 않다면 발견할 수 없는 예측들이다. 물론 형식화가 갖는 이 점은 완벽한 형식적 체계가 있을 때만 얻을 수 있다. 불완전한 형식화는 아예 형식화를 하지 않는 것보다 나쁘다.[3] 수학적 표기법이 어떤 마술을 가지고 있는 것은 아니다. 정확성을 갖추어 사용된다면 일상적인 언어도 그 역할을 할 수 있다.[4]

어떤 경우이든, 영어에서든지 혹은 기타 더 형식적인 언어에서든지 정확하다는 것은 보다 경험적인 내용을 제공할 뿐만 아니라, 특정 주장이 의도한 것 이상을 의미하지 않도록 보장해준다. 이를 살펴보기 위해 다음과 같은 관찰을 했다고 가정해 보자.

"화자가 문장 (3)을 허용불가능이라고 판단할 때, *he*와 *John*이 동일한 개인을 지시하는 것으로 가정한다."

3. He thinks John is stupid.

---

3) 표준 이론의 변형 규칙을 기술하는데 있어서의 부적절하게 형식화한 사례에 대한 논의는 Borkin et al(1971, 1절)을 참조.

4) 입문서 교재에 등장하는 변형 규칙의 형식적 기술이 가지고 있는 정확성과 정밀성을 일상언어로 표현한 정확성과 정밀성을 비교하기 위해서는 Akmajian & Henry(1975), 5장 참조.

문장 (3)을 허용 가능으로 판단하는 화자는 *he*와 *John*이 서로 다른 개인을 지시하는 것으로 본다.

언어학자는 이러한 관찰을 다음 주장 중 하나로 표현하게 될 것이다.

C. (3)의 허용가능성에 대한 판단은 세상에 대한 정보 제공자의 믿음에 달려 있다.
D. (3)의 허용가능성에 대한 판단은 화자가 *he*와 *John*을 같은 개체를 지시하는지에 관한 정보 제공자의 믿음에 달려있다.
E. *he*와 *John*이 동일한 개인을 지시한다고 보지 않으면 화자는 (3)을 허용가능한 것으로 판단한다.

위의 주장들은 모두 언어학자들이 의도하는 일반화와 부합되지만, 그 중 (E)만 일반화를 정확하게 포착하고 있다. 모호성이 담겨있는 주장 (C)도, 문장 (3)의 허용가능성 판단이 정보 제공자가 산타클로스를 믿는지 아니면 공급 측면 경제학을 믿는지에 달려 있다는 주장과 일맥상통한다. 주장 (D)는 이러한 가능성을 배제시키기에 충분할 정도로 좁혀져 있긴 하나 여전히 의존성을 정확하게 언급하지 못하고 있다. 반면에 (E)는 이 부분을 제대로 다루고 있다. 즉, (D)는 *he*와 *John*이 동일 지시라 믿는 화자는 (3)을 허용 가능한 문장이라고 판단한다는 주장에 부합한다.

때때로 사람들은 모호하다는 것이 불확실성을 덮어줄 것이라고 믿고, 실제로 어느 정도까지는 그럴 수도 있다. 그러나 자세히 살펴보면 결점을 덮어 주기보다는 모호성은 붕대가 상처에 눈길을 끌듯이 결점을 더욱 부각시킨다. 명확성을 지나치게 강조하는 수도 있지만, 과도한 명확성은 모호함이 야기시키는 문제보다 바로잡기가 훨씬 쉽다. 지나친 명확성으로부터 야기된 그릇된 논증은 아무런 위험도 야기시키지 않지만, 모호한 주장을 하는 경우는 잘못된 전제나 혹은 그 전제로부터 결론이 도출되지 않는 논의를 발전시킬 위험을 안고 있는 것이다.

3.4 보편성

우리는 가설을 정확하게 설정해야 하는 중요성을 강조해 왔다. 만약 가설을 정확하게 세우지 않는다면 어떤 결론이 도출될지 결정하는 것이 불가능하기 때문에 검증할 수 없다. 그러나 가설이 정확해야 한다는 것만으로는 충분하지 않다. 즉, 어떤 가설로부터 도출되는 결론이 한정된 영역 이상으로 확장되지 않는다면 그 가치는 매우 낮다. 보편적인 가설은 '모든', '결코(never)'와 같은 보편양화사나 혹은 '만약'과 같은 논리사를 포함하고 있고, 모든 영역이나 경우에 대해 주장을 하는 것이다. 설명력을 갖추기 위해서, 가설은 가능한 넓은 영역을 다루어야 하며, 그 결과 특정 유형에 대한 관찰 결과는 보다 일반적 원리로부터 자연스럽게 도출되는 것이라야 한다.

예를 들어, 가설 (E)는 있는 그대로 보면 검증할 만큼 충분히 정확하며, 입증 가능성도 상당히 있으나, 매우 일반적이지는 못하다. 실제로 가설 (E)는 문장 (3) 하나에 대해서만 예측하고 있다. 이것이 (F), (G), (H), (I)와 같이 보다 보편적인 가설로 전환할 수 있을까?

> F. 만약 *he*가 어떤 동사의 주어이며 선행사가 그 동사의 목적어인 절에서 주어라면 대명사 *he*는 자신의 선행사를 결코 선행 할 수 없다.[5]
> G. 대명사가 어떤 동사의 주어이고 선행사가 그 동사의 목적어일 때, 대명사는 결코 자신의 선행사를 선행할 수 없다.
> H. 만약 대명사와 관계에서 선행사가 종속절에 있다면, 대명사는 결코 자신의 선행사를 선행할 수 없다.
> I. 대명사는 자신의 선행사를 결코 선행할 수 없다.

사실 가설 (E)는 (F, G, H, I)의 모든 가설에서 따라 나오는 주장이다. 문제는 어느 가설이 사실과 일치하는 가장 일반적인 가설인가를 결정

---

5) 여기에서 대명사의 선행사는 "그 대명사와 동일한 지시물을 가리키는 구"를 의미.

짓는 것이다. 언어학자의 임무는 가장 강력하고 일반적인 가설을 찾는 것이다. 이를 찾는 한 가지 법칙은 가장 강력한 주장을 먼저 수립하고, (F)를 (E)로 (G)를 (F)로 확장시킨 것처럼, 보다 일반적인 영역으로 확장시키는 방식이다. 다시 말하면, 강력한 주장을 세우고 이를 뒷받침해 나가는 것이다. 이는 일종의 반복적인 과정이다. 즉, 보다 강력한 주장이 입증되면, 이를 약간 더 확장시켜 여전히 입증 가능한지 살펴보는 것이다.

일반적으로 세심한 학자는 논의 중인 주장이 보다 넓은 보편성을 지닌 주장으로부터 추론될 수 있는지 항상 살펴본다. 이는 당신이 크건 작든 어떤 현상을 설명했다는 것에 만족할 때마다 한 발짝 뒤로 물러서서, 왜 이런 설명이 되어야 하는가?, 왜 이 반대는 성립되지 않는가?, 이것은 어떤 일반적 원리의 결과인가? 등의 질문을 해 보는 것이다. 실제로 늘 중간에 잠시 중단해야 할 수도 있겠지만, 이러한 질문에 답하려 하는 것이 이론의 한계를 발견하는 직접적인 방법이다.

자신이 주장하는 모든 부분을 검증하는 것이 필수적임은 두말할 필요가 없다. 예를 들어, (4-5)와 같이 미래 시제를 나타내기 위해 사용된 현재 시제의 분포 양상을 설명할 때, (J)와 같이 주장할 수 있을 것이다.

4. Kim leaves tomorrow.
5. *It leaves tomorrow.

J. 기술하는 사건이 사전에 예정되어 있고 미래를 나타내는 부사 표현이 같은 절 내에 있다면 현재 시제가 미래를 지시할 수 있다.

이와 같은 가설이 (4)는 허용 가능하며 (5)는 그렇지 않다는 것을 정확히 예측해준다고 하는 것으로 충분치 한다. 예정과 부사 표현의 문제를 개별적으로 명시해야만 한다. 예를 들어, 문장 (6)에서 Brutus의 죽음이 예정되어 있었다면 허용 가능하나, 예정되어 있지 않다면 허용 불가능하다고 주장해야 하는 것이다.

6. Brutus dies tomorrow.

마찬가지로 위 문장이 허용가능하려면 미래 시제를 언급하는 부사표현이 추가로 필요하다는 것을 보여 주어야 한다. 즉, 부사 표현이 없는 경우 불가능한 문장과 올바른 유형의 표현을 지닌 허용 가능한 문장을 제시해야 하며, 미래 시점을 가리키지 않는 부사가 들어 있는 문장이 불가능하다는 것도 보여주어야 한다.

3.5 임시 가설의 위험성

정확성과 보편성이라는 양대 원리를 준수하는 설득력있는 가설을 찾으려 할 때, 임시(ad hoc) 가설이라는 유혹에 빠질 위험이 존재한다.[6] 세운 가설이 어느 정도 입증되는 가운데 반례에 부딪치면 가설을 수정해서 간단한 조항을 통해 이를 배제시키고 싶은 유혹을 느끼게 된다. 이 경우를 임시가설이라 한다. 만약 마음에 드는 가설 Q가, 모든 X는 Y라는 성질을 가지고 있다고 말해줄 때, A인 동시에 X인 것들이 Y라는 성질을 가지고 있지 않을 경우에, "A 아닌 모든 X는 Y라는 성질을 가지고 있다"라고 가설 Q를 Q′로 수정하고 싶은 것은 자연스러운 반응이다. 이제 가설 Q′는 덜 보편적이기 때문에 경험성이 떨어진다. 수정된 가설 Q′는 더 이상 가설 Q를 무위화시켰던 반례들의 적용을 받지 않게 되지만, 이는 특수제약을 통해 반례들로부터 보호를 받기 때문이다. 따라서 "A 종류의 항목은 결코 Y라는 성질을 갖지 않는다"처럼 이 A이면서 X인 것들이 Y라는 성질을 갖지 않는다는 결론이 자동으로 도

---

6) Popper(1968)는 임시가설을 "보조 가설"이라고 부른다.

출되는 보다 일반적인 가정을 입증할 때만이, 가설 Q에 대한 임시 변경이 더 이상 임시가 아니라 하나의 제약으로 정당화될 것이다.

임시가설의 문제점은 경험성을 감소시키고, 사실에 대한 설명적 내용보다는 이론에 대한 집착을 보여 주기 때문이다. Popper(1968)는 이 점을 광범위하게 논의하고 있으며, Zwicky(1973)는 영어 통사론에서 상세한 보기들을 제시하고 있다.

3.6 논증의 종류

통사 연구에 있어서 몇 가지 종류의 논증이 일반적이다. 예를 들면, 특정하게 연속되는 범주들이 하나의 구성성분을 구성한다거나 구성하지 않는다는 논증, 어떤 표현이 어떤 문법범주에 속한다거나 속하지 않는다거나 하는 논증, 특정 형태의 문장들이 어떤 특별한 규칙에 의해 생성된다는 논증, 특정 종류의 문장들이 어떤 특성을 지닌 표상을 가지고 있다는 논증, 특정한 문장의 표상에 관한 가설이 다른 가설보다 우월하다는 논증 등이 있다. 하지만, 이들 모두는 가설들 간의 비교라는 하나의 유형으로 귀결될 수 있다. 그러나 이것이 언제나 분명한 것은 아닌데, 예를 들면, (7)과 같은 문장의 도출과정에서 *there*가 변형 규칙에 의해 삽입됐었다는 논증은 가설들 간의 비교를 의미하지는 않는다.

7. There is a City Council meeting tonight.

그러나 이러한 문장은 은연중에 서로 다른 가설들 간의 비교를 하고 있는 것이다. 환언하면, *there*가 변형 규칙에 의해 삽입되었다는 가설과 *there*가 변형 규칙의 결과로 인해 존재하는 것이 아니라 표층구조 자리에서 기저 생성되었다 가설을 서로 대조 시키고 있는 것이다. "만약 *there*가

변형 규칙에 의해 삽입된 것이 아니라면, 우리는 …라고 예측 할 수 있을 것이다."와 같은 설명은 그 논증이 다른 가설과 비교된다는 것을 보여준다.

이와 유사하게, (8)과 같은 범주 정하기 논증은 특정한 구가 특정 범주에 속한다는 가설 M과 그 구가 그 범주에 속하지 않는다는 가설 M′을 서로 비교한다. 가설 M′은 가정 K의 일반화가 부정확하고 가정 K′로 대체되어야 한다는 주장에 의존하고 있기 때문에, 이는 언어의 기술을 쓸데없이 복잡하게 만들며 M보다 좋지 않다.

> 8. K. 특정 특성을 지닌 모든 것은 이 범주에 속한다.
> L. 이 구는 이러한 특성들을 갖는다.
> 따라서:
> M. 이 구는 이 범주에 속하는 한 멤버이다.

K′ 특정 특성을 지닌 모든 것은 이 범주에 속하거나 혹은 이 구이다.

모든 조건이 같다면, 한 이론 내의 개체들은 불필요하게 중복되어서는 안 된다.[7] 다른 모든 조건이 동등한 경우, 만약 (K)와 (L)이 정확하다면, 이러한 원리는 (K′)을 채택하지 않아야 된다. 이와 비슷하게, X-Y-Z가 구성성분을 이룬다는 논증은 이러한 가설이 예측하는 것과 단일 구성성분을 이루지 못한다는 가설의 예측을 은연중에 비교하고 있다.

가설들은 경험적인 근거 또는 논리적인 근거 하에서 비교되어 질 수 있다. 가설 B가 어떤 허용 가능한 문장을 비문법적이라고 예측하는 반면 가설 A는 문법적이라고 예측하기 때문에, 가설 A는 가설 B보다 선호될 수도 있다. 가설 A, B가 관련된 문장의 문법성에 대해 동일한 예측을 내리는 경우에는 가설 B가 A보다 일반적인 가설이라는 근거로 선

---

7) 이러한 원칙은 William of Ockham의 이름을 따라서 Ockham's Razor 또는 Occam's Razor로 알려져 있다.

호될 수도 있다(4절 참조). 즉, B의 예측들은 해당 현상과는 독립적으로 문법 내에서 필요로 하는 일반 원리들에 의해 나타나는 반면, 가설 A는 임시적인 규칙들 또는 조건들을 수반하는데 이는 가설 A가 경험적으로 부적절하게 되는 것을 방지하는 것이다.

3.7 논증의 형식

지금쯤은 분명해졌겠지만, 논증이란 개체의 특성에 관한 특정한 가정이 주어진다면 한 주장이 어떠한 예측을 하는지를 보여주는 것이다. 또한 이러한 예측들이 여러 현상에서 발견할 수 있다는 것을 보여주고, 또한 반대 주장은 사실상 상반된 예측을 만들어 낸다는 것을 보여주는 것이다. 가장 간단한 논증들은 다음과 같은 구성요소 또는 논리구조를 가지고 있다.

[주장]
C유형의 표현 예들은 X, Y 그리고 Z라는 요건이 충족되고 반드시 그러할 때에만 허용 가능하다.

[예측]
이는 C유형 표현을 포함하는 문장은 X, Y 그리고 Z 요건이 충족될 때 허용 가능하지만, 한 개 이상의 요건이 충족되지 않으면 허용 불가능할 것임을 예측한다.

[증거]
다음과 같은 예측들은 자연스럽게 따라 나온다. X, Y 그리고 Z 요건을 갖춘 (a-c) 문장은 허용 가능하다.

[문장 a-c]

그러나 X 요건이 충족되지 않은 (d-e) 예문은 허용되지 않는다. 이들 문장들이 X보다 A 속성을 가지고 있기 때문에 비문법적이다.

[문장 d-e]

이와 비슷하게 아래 표현들은 Y 속성보다 B 속성을 가지고 있기 때문에 비문법적이고 Y를 충족하지 않는다.

[문장 f-g]

이와 같이 아래 문장들은 Z 속성보다 D 속성을 가지고 있기 때문에 Z가 충족되지 않고 비문이다.

[문장 h-i]

[결론]

유형 C 표현들은 조건 Z, Y, Z를 만족하는 경우에만 정형의 표현이다.

앞에서 언급한 미래대용 현재시제 논증은 본질적으로 이러한 구조를 가지고 있다. 물론, 논증을 하는데 있어(4장 참조), 한 번에 모두 하기보다는 차례로 각각의 예측을 확인시켜주는 데이터를 제시하는 것이 더욱 명쾌할 것이다.

그러한 논증에서 주장하는 바는 영가설인 조건 X, Y 그리고 Z가 충족되는지에 관계없이 C유형 표현이 자유롭게 나타난다는 주장과 은연중에 비교하게 된다. 이런 영가설은 X, Y 그리고 Z의 조건이 충족되지 않는 표현을 포함하는 예가 실제로 허용 가능하지 않은 문장이라면, 이러한 표현이 자유롭게 나타나지 않는다는 것을 보여주기 때문에 즉각 반박 당한다.

이처럼 간단한 논증은 다른 논증의 전제들로 사용되는 주장을 유발시키는데 있어 일상적으로 사용된다. 예를 들면, 특정 구조는 재귀대명사를 포함하고 있는 어떤 구문에 속하는 것으로 생각되어야 한다는 것을 논증하기 위해 일반적인 재귀대명사는 절 내에서 자신의 선행사를 가지고 있어야 한다는 주장을 유발시킨다. 만약 논증이 이보다 더 복잡해진다면, 반대의 가설을 상세히 설명하고 일종의 가설간의 비교로서 논증의 구성을 명확하게 하는 것은 도움이 될 것이다. 명확성은 가정을 더욱 분명하게 할 수 있다. 논증이 보다 분명히 표현되면 될수록, 가정에 대한 의존이 보다 분명하게 되기 때문이다. 어떤 경우에라도, 자신의 논증이 의존하고 있는 가정을 분명히 하고 만약 가능하다면 무엇이 이러한 가정을 유발시키는지 보여주는 것은 언제나 중요하다. 만약 특정 증거가 현재 가설이 다른 가설보다 낫다는 것을 보여주는 반면, 다른 증거는 그렇지 않다라는 모순된 결론을 가지게 된다면 이는 하나 이상의 잘못된 가정에서 기인했을 가능성이 많다. 가정을 흑백논리로 명확히 나타내는 것은 어떤 가정이 잘못되었으며 교체해야 하는지 보다 쉽게 확인할 수 있도록 해준다.

논증이 얼마나 복잡하든지 간에, 데이터를 구성하는 문장들이 어떻게 증거를 제공하는지에 대한 설명은 반드시 있어야 한다. 주장이 정확한 예측을 한다고 단순히 말하는 것은 충분하지 않다. 당신은 어떻게 그 주장이 예측이 정확한지 아니면 부정확한지를 보여주어야 한다. 게다가, 관련된 사실이 예측 가능하며, 일관성을 가지고 있을 뿐만 아니라, 다른 이론이나 주장에 의해 내려지는 예측과는 다르다는 것을 보여주는 것도 필요하다.

3.8 논증문제의 해결

> "논증, 이 빌어먹을 놈의 논증! 내가 무엇을 주장하고 싶은지도 모르겠어!"

어떤 현상을 기술하고자 노력할 때 그저 관찰한 것을 열거하는 것에 그친다면, 당신은 아마도 일반화를 놓치고 있는 것일 것이다. 무엇이 이러한 관찰을 예측하도록 해주는지를 이해하려고 노력해보라. 만약 이 것을 할 수 있다면, 일반화를 찾을 수 있고, 이러한 일반화는 그 관찰들이 나타나는 이유가 되며, 이 일반화에 따라서 검증을 계속 해 나갈 수 있게 된다.

"내가 주장하길 원하는 것은 알고 있으나, 어떻게 옳다고 생각하는 것을 말해야 할지 모르겠어."

반대 주장을 펼친다면 이러한 사실을 어떻게 기술할 것인가? 당신의 주장이 어떻게 상황을 진전시킬 것인가? 이러한 질문들은 문제를 해결하는데 도움을 줄 수 있다. 이들 질문의 답을 알아낸다면, 논증 가설들을 명백하게 비교할 수 있다.

"나의 논의가 논리적이라고 확신하지만, 이를 어떻게 설명해야 할지 알 수가 없다."

다음 사항을 분명히 구별하는 것은 필요하다.

1) 당신의 주장(당면한 질문에 대한 당신의 답변)
2) 주장이 의존하고 있는 가정들(용어의 정의, 이론 내에서 허용되는 가능한 대안들)
3) 주장으로부터 도출되는 예측들(특수한 문장에 의해서가 아닌 일반적 용어로 언급)
4) 그러한 예측을 도출하기 위해 의존하는 추가적인 가정들(예를 들면, 두 이론 간의 차이를 알아보기 위해 사용된 수동태 구조나 재귀 현상과 같은 현상들에 관한 주장들)

이러한 구분을 하게 되면, 논증은 조직화되고 힘을 갖게 된다.

"나의 논문에 대한 논평이 지적하기를 내 논문이 과정이 없다는 것이다. 즉, 중요한 가정을 언급하지 않았다는 것인데, 하지만 이 논증은 완벽하고 명백하다. 없는 가정을 어떻게 찾아 낼 수 있을까?"

일반적으로 가정 또는 전제가 생략된 경우는 이들이 너무나 명백하고 문젯거리가 아니기 때문이다. 환언하면, 너무나 분명해서 가구의 일부분과 같다고 할 수 있다. 만약 이러한 가정과 전제가 모든 이들에게 분명하다면, 이러한 논의는 문제가 되지 않는다. 그러나 자신에게 분명하더라도, 독자에게 분명하지 않을 수도 있으며, 문젯거리일 수도 있으며, 심지어 거짓일 수도 있다. 이러한 가능성 때문에, 정확하게 설명하는 편이 언제나 더 안전하다.

때로는 하나의 논증을 임의의 기호로 번역하는 것은 놓치기 쉬운 전제를 명확히 하는데 도움을 준다. 예를 들면, 논증 N은 N′으로 추상화해서 생각할 수 있다.

N. 일련의 *that* S는 주어 위치에 나타나기 때문에 명사구(NP)이다.

N′. 유형 X 표현은 P라는 속성을 가지고 있기 때문에 Y라는 범주에 속한다.

(N′)을 살펴보면, Y범주에 속하는 원소만이 P라는 속성을 가지고 있다라는 가정이 없다면 X가 Y범주의 한 원소라는 사실을 알 수가 없다. 이는 논증 (N′)이 (N″)로 적절히 재구성 되어야 함을 뜻한다.

N″. 전제 : 한 원소가 P라는 속성을 가지고 있으면, Y라는 범주에 속한다.

관찰 : 유형 X표현이 P라는 속성을 가지고 있다.

결론 : 유형 X표현은 Y라는 범주에 속한다.

가설 (N″)이 Y에 속하는 모든 원소가 속성 P를 가지고 있다는 사실을 함의하는 것은 아니라는 것을 주목하자. 결과적으로, 이 범주에 속하는 몇몇 원소가 이런 속성을 가지고 있지 않다는 것이 관찰되어도 이 전제를 무효화시키는 것은 아니다.

이러한 임의의 기호를 다시 일상적인 말로 환원시켜, N‴에서처럼 N을 완전한 논증으로 재구성할 수 있다.

> N‴. 전제 : 한 원소가 주어 자리에 나타날 수 있으면, 이것은 명사구 (NP)이다.
> 관찰 : 연속체 *that* S는 여러 가지 사실에서 보여주는 것과 같이 주어자리에 나타난다.
> 결론 : 연속체 *that* S는 명사구(NP)이다.

물론, 논증이 의존하는 가정을 명백히 할 수 있다는 사실 자체가 그 가정에 타당성을 부여하는 것은 아니다. 그러나, 가정이 명쾌히 언급된다면, 이 가정의 타당성과 이 가정이 지지하는 논증의 타당성을 평가하기란 훨씬 쉬워진다.

또 다른 예를 하나 살펴보자. 논증 (O)는 (O′)와 같이 기호로 나타낼 수 있다.

> O. 명령문은 대명사 *you*가 있는 부가의문문을 허용한다. 따라서 명령문은 기저 주어 *you*를 가지고 있어야 한다.
> O′. A구문은 B의 속성을 지니고 있다. 그래서 C 속성 또한 가지고 있다.

O′은 그 자체로 타당한 논증이 아니라는 것이 분명하다. 이 논증은 하나의 전제를 놓치고 있는데, 이는 B의 속성을 지닌 모든 구문이 속성 C 또한 가지고 있다는 것이다. 그러한 전제가 명백히 언급되었을 때, 그

논증은 O″처럼 나타나고, O″로부터 O를 O‴와 같은 완전한 논증으로 쉽게 재구성할 수 있게 되는 것이다.

O″. 전제 : B의 속성을 지닌 모든 구문은 C라는 속성 또한 가지고 있다.
관찰 : A구문은 B라는 속성을 가지고 있다.
결론 : A구문은 C라는 속성을 가지고 있다.

O‴. 전제 : 부가어(tags)를 가지고 있는 모든 문장은 부가어의 성, 수 그리고 인칭과 일치하는 주어를 가지고 있다.
관찰 : 명령문은 주어로 2인칭 부가어를 가지고 있다.
결론 : 명령문은 2인칭 주어를 가지고 있다.

마지막으로 주의해야 할 사항은 살펴보자. 만약 1960년대의 변형 문법에 관한 많은 연구결과들을 읽는다면, 특정 현상이 어떠한 변형 규칙으로 설명되어야만 한다는 논증들을 찾아볼 수 있다. 예를 들면, (9)와 (10) 사이의 유사성이 하나의 일반화에 근거하고 있는데, 이 일반화는 (10)의 문장이 (9)의 기저구조에서 도출되었다는 주장으로 표현될 수 있다.

9a. A bird is in the garden.
9b. There is a bird in the garden.

10a. A bird is during the garden.
10b. *There is a bird during the garden.

이러한 결론은 (P)와 같은 논증구조에서 보여지는 바와 같이 보장되지 않는다.

P. 전제 : X는 이상하다.

관찰 : X+Y도 같은 양상으로 이상하다.

결론 : X와 X+Y는 같은 기저구조를 가지고 있고, Y는 수의적인
변형 규칙에 의해 삽입된다.

  결론은 다른 가정들 없이는 전제와 관찰로부터 도출되지도 않으며,
모두 동의를 얻지도 못한다. 예를 들면, 연속체 X+Y는 X와 같이 기저
생성된 것처럼 이상한 것이다. 그래서, 만약 어떤 문장 구문이 이상하
다면, 그리고 만약 이 이상한 문장 구문 앞에 obviously라는 단어가 놓
여진 것 또한 같은 양상으로 틀린 것이라고 하더라도, 이는 obviously라
는 단어가 구구조 규칙이 아닌 삽입 변형 규칙에 의해 생성되었다는 증
거로도 삼을 수 없다.

4장 분석 제시

    우리가 앞서 말한 바와 같이, 분석을 제시하는 것은 결코 사소한 일이 아니다. 탄탄한 논증을 지닌 잘 된 분석도 만약 허술하게 제시된다면 사장되어 버릴 수도 있다. 어떠한 연구 활동도 일종의 중요한 사회활동이라는 것은 삶의 지혜이다. 환언하면, 연구결과물은 같은 직종에 있는 다른 사람들에게 어떤 방법으로든 알려져야 하며, 그것도 잘 알려져야 한다. 물론 알리는 것 자체가 목적이 아니다. 동료들에게 자신의 아이디어와 가설을 한번쯤 생각하게 만들고 이를 심각하게 받아들이게 하며, 나아가 장점을 받아들이게 하는 것이 목적인 것이다. 연구결과의 요점과 논증의 장점을 희미하게 만드는 방식으로 제시된다면, 이러한 목적을 달성할 수 없다. 대다수의 연구의 주 목적이 단지 연구 활동을 하는 단순히 연구자의 지식 확장이 아니라, 인간의 지식 상태를 발전시키기 위함이다. 자신의 연구가 잘 제시되지 않는다면, 형편없는 연구라는 판정을 받거나 오해를 받거나 연구결과의 장점도 평가 받지도 못할 것이다. 결과적으로, 자신의 연구결과는 전혀 심각하게 받아들여지지도 않을 것이며, 학문적 기여도 할 수 없게 된다.

    종종 언어학자들은 다양한 이유로 인해 명확한 글쓰기의 중요성을 인식하지 못하기 때문에, 여기서 명확한 글쓰기의 중요성을 심도 있게 다루고자 한다. 글쓰기의 중요성을 인식하지 못하는 이유 중의 하나는 명석한 사람은 설령 글을 내키는 대로 썼다 하더라도 자신의 명석함은 어쨌든 글 속에서 들어나기 마련이라는 일반적 믿음 때문이다. 말하자면, 아이디어를 단지 어떠한 방식으로든 표현만 하면 되고, 이것이 다른 사람들을 놀라게도 할 수 있다고 생각하는데 이는 크게 잘못된 생각이다.

몇몇 언어학자들은 자신들이 이미 훌륭한 작가라고 믿고 있기 때문에 명확한 글쓰기의 중요성을 과소평가한다. 즉, 자신이 이미 소설가, 수필가, 그리고 시인의 언어와 같은 세련된 문학 산문을 쓰는 것에 관해 천부적 재능이나 습득된 재능을 가지고 있어서, 모두가 자신의 글을 읽기 좋아할 것이라고 생각한다. 우리를 감동시키거나, 기쁘게 하며, 놀라게 하며, 말을 타고 축제 중간에 있는 것과 같은 글을 쓸 수 있다고 생각한다. 불행히도, 이러한 종류의 글쓰기는 연구 논문에서 사실들을 모호하게 만들기 쉬운 종류의 글쓰기이다. 연구 논문에서 요구되는 글은 연구된 사실을 모호하게 하거나 희미하게 하지 않는 명료하면서도 자극적이지 않은 글이다. 막 언어학을 시작하는 언어학자도들은 풍부한 언어를 사용하는 것을 자제하고 평범한 언어를 사용해 글을 쓰는 것이 처음에 매우 어렵다는 사실을 알게 된다. 그러나 검소한 언어사용은 적어도 처음에는 유익한 교훈이 될 것이다. 일부 언어학자들은 고도의 명확성을 유지하면서도 자신만의 우아한 문체를 개발할 수도 있지만 보통은 명료한 글쓰기를 위해서는 많은 연습을 해야 한다.

대부분의 작가들은 글쓰기 과정을 분석적으로 생각하지 않는다. 단지 자리에 앉아 생각을 정돈하고 글쓰기를 바로 시작한다. 이러한 방법도 일부 작가들에게는 괜찮다. 이런 방법으로 글을 쓰는 것이 만약 편안하고 명확성을 가져올 수 있다면, 더 이상 충고할 것이 없다.

그러나 만약 글쓰기가 어렵다고 생각하거나 원하는 명확성을 달성하는데 있어서 어려움을 겪는다면, 글을 쓸 때 무의식적으로 취하는 여러 가지 선택들을 분석적으로 차근차근 생각해 보는 것도 바람직하다. 여러 가지 선택 사항 중에서 중요한 하나는 독자를 선택하는 것이다. 우리들 중 대부분은 연구 논문을 작성할 때 마음속에 의식적으로 이 글을 읽을 독자를 생각하지 않는다. 어떤 초보 작가는 어떻게 이처럼 호전적인 독자를 만족시키기 위한 글을 쓸 수 있을까?와 같은 질문을 하면서, 마치 이 세상에서 가장 비판적이며 세심한 부류의 독자를 위해 글을 쓰는 것처럼 지나치게 방어적인 종류의 글을 쓰게 된다. 또한 어떤 초보 작가들은 자기 자신이 알고 있는 지식뿐만 아니라 사실과의 관계를 추론할 수 있는 비범한 능력을 지니고 있다고 여기는 자신의 지도교수를 위해 글을 쓰는 것처럼 보인다. 자신보다 더 지식이 깊은 학자에게 무엇인가를 설명하는 것은 적절하지 않다고 생각하며, 자신의 논문이 통찰력이 있고 훌륭하다는 인상을 심어주고 싶어한다. 이러한 이유로 지나치게 많은 가정을 하는 경향이 있으며, 설명 또한 아주 간단하게 하는 경향이 있다. 혹은 자기 자신이 독자라는 생각으로 글을 쓴다. 이런 종류의 글쓰기는 대명사가 지시하는 것이 무엇인지 독자가 결정하기 불가능하고, 여러 불분명한 가정들로부터 도출된 추론에 의해 많은 것들을 설명하기도 한다. 결과적으로 이들이 쓰는 글은 자기 자신을 제외하고는 이해하기가 거의 불가능하게 된다. 혹은 어떤 작가들은 부분별로 독자의 대상이 달라지기 때문에, 전체적으로 일관성이 거의 없다.

대다수의 성공적인 작가들은 독자가 누구인지를 결정하고 글을 쓴다면 분명하고 효과적인 글을 쓰는 것이 훨씬 쉽다는 것을 알고 있다. 자신의 논문이 바른 성품을 지닌 실제 또는 가상의 독자에 의해 읽혀진다고 상상해 보자. 언어학 논문을 작성하기에 좋은 전략은 독자가 언어학에 관해 훈련이 되어 있으며, 한정된 주의력을 지닌 어느 정도는 지적이지만 그렇다고 해서 아주 지적이지는 않다고 가정하자. 이러한 가상 또는 실제적인 독자는 저자가 말하고 있는 것을 이해할 수 없거나 왜 그러한 결론을 내렸는지 이해할 수 없다고 생각하면, 글쓰기를 멈추게 할 것이다. 열린 마음을 가지고 자신이 논의하고자 하는 논제에 관해 어느 정도의 친숙도를 가지고 있다고 생각하는 것이 바람직하다.

4.1 구성

명확한 논문을 쓰는데 있어서 관건은 논문에서 보여주고자 하는 것에 관해 먼저 마음속을 분명히 하고, 이를 독자에게 처음부터 분명하게 말해주는 것이다. 독자가 논문의 어떤 시점에서든지 무엇을 말하려고 하고 있는지를 따라오지 못한다면, 이는 실패한 것이다. 설명적인 글에서는 논문이 무엇에 관한 것인가에 대해 먼저 제시하고, 앞으로 전개될 논문의 구성을 간략히 스케치하는 것이 독자들의 독서 능력을 상당히 향상시킨다. 웅변가들은 언제나 이런 사실을 알고 있고, 심리학자들은 이를 결정적으로 보여주는 실험들을 하기도 했다. 예를 들면, Bransford & Johnson(1973)이 실험에서 사용한 다음 문단을 읽어본다면 이러한 입증할 수 있을 것이다.

절차는 실제로 매우 간단하다. 먼저 물건들을 여러 그룹으로 나누어라. 물론, 해야 할 일이 얼마나 많은가에 따라서는 한 더미로도 충분할 수 있다. 만약 어디론가 가야 한다면 다음 단계가 될 것이지만, 그렇지 않다면 이 정도로도 꽤 잘 준비되었다. 일을 과도하게 하지 않는 것도 중요하다. 말하자면, 한번에 너무 많이 하는 것보다는 조금씩 하는 것이 차라리 더 낫다. 지금은 이러한 것이 중요하지 않은 것처럼 보일 수 있으나, 곧 깨닫게 된다. 한 번의 실수는 그 대가가 매우 비쌀 수 있다. 처음에는 전체 절차가 매우 복잡하게 보일지 모른다. 왜 이러한 한 작업이 왜 필요한가에 대한 이유를 지금 당장은 깨닫지 못할 수 있지만, 곧 알게 된다. 이러한 절차가 완료된 후에 다시 물건들을 정리한다. 결국 이러한 절차는 다시 반복된 것인데, 이것이 삶의 방식이다.

위의 글을 얼마나 이해하고 있는가? Bransford & Johnson은 독자들이 위의 각각의 문장을 완전히 이해할 수 있지만, 전체 맥락을 잘 이해하지 못하고 있다는 것을 지적한다. 즉 각각의 문장은 의미가 통하는 것처럼 보인다 할지라도 전체적인 문단은 이해하기가 쉽지 않을 수 있다. 만약 이 글을 정말로 이해했다면, 문단 요점에 관해 당신이 뛰어난 추측을 했기 때문이다. 이 문단을 "옷 세탁하기"라는 타이틀이라는 추가적 정보를 가지고 이제 다시 한번 읽는다면 훨씬 더 이해하기 쉬워질 것이다. 이것이 주는 교훈은 다음과 같다. 즉, 독자들이 스스로 알아내도록 내버려 두기보다는 이 논문이 무엇에 관한 것인가를 논문 서두에 밝히는 것이다.

일반적으로, 명확하게 제시한 것 그 이상으로 독자가 이해하기를 기대해서는 안 된다. 학생들의 연구 논문에 있어서 가장 흔하게 발견되는 문제점은 명확성이 결여되어 있다는 것인데, 이런 명확성의 결여는 학생이 보여주려고 하는 것이 무엇인가 추측하기 위해 독자들이 특별한 노력을 하도록 요구하기 때문에 생긴다. 학생들이 쓴 논문의 여백에서 흔히 나타나는 논평은 "이 문단의 요점은 무엇인가? 무엇을 보여주려고 하는가?"와 같은 질문일 것이다. 그렇다면 이 질문에 대한 해답을 제공하는 열쇠는 각 문단의 요점이 무엇인지 논문의 모든 부분에서 분명하게 나타나도록 애쓰는 것이다. 예를 들면, 이러한 노력은 마치 마술사가 마술을 할 때, "나는 지금부터 이러 이러한 것을 하겠다."라고 먼저 말을 한 후 마술을 보여주는 것과 같다. 논증을 발표기전에 이러한 방법으로 논증을 짧게 요약하고 제시한 후, 다시 한번 논증을 요약하라. 이는 독자가 논증을 읽고 쓸 때마다 이 논증의 타당성을 검증할 수 있도록 해 주는 큰 장점을 가지고 있다.

이와 같은 간단한 전략적 글씨기도 많은 종류의 기술을 요구한다. 첫째, 모든 면에서 정확히 무엇을 하려고 하는가를 분명히 해라. 논문의 구조를 자신에게 더 분명히 하게 하는 방법으로서 개요를 만드는 것은 도움이 된다. 개요를 만들 수 없다면, 무엇인가가 잘못된 것이고, 논문의 구조가 어떻게 되어야만 하는지를 마음속에 분명히 하기 위해 좀 더 생각해 볼 필요가 있다(논증의 구조에 관한 이야기는 3장을 참조).

논문의 구조라는 말은 중요한 이슈이다. 논증의 구조뿐만 아니라 논문의 본문 구조 또한 언급하는 것이 적절하다. 이러한 두 구조가 무엇인지 독자에게 분명히 하는 것이 작가의 임무이다. 한 부분에서 다른 부분으로 이동되는 과정과 관계를 나태내고, 처음부터 이를 미리 보여주는 것도 유익하다. 독자에게 뜻밖의 사실을 등장시키지 말아라. 연구논문은 급소를 찌르는 문구를 가지고 있어서는 안 된다. 논문의 목적은 논리의 비약과 놀라운 결론을 가지고 독자를 놀라게 하는 것이 아니라, 독자가 해당 논증을 받아들이게 하는 것이다.

잘 쓰여진 언어학적 논증을 읽는 것은 셰익스피어의 비극을 읽는 것과 거의 같은 기쁨을 준다는 사실을 발견할 수 있다. 이런 기쁨을 주는 동일한 이유는, 논문에서 앞으로 무슨 일이 일어날지 알고, 결과를 예상할 수 있으며, 작가가 필수 불가결하게 보이게 만드는 능숙함을 감상할 수 있다는 점이다.

논증을 피력하는데 있어 회피해야 할 사항을 몇 가지 더 살펴보자. 많은 언어학자들이 하는 것처럼, "다음의 문장들을 살펴보시오"라고 말하고서 문장을 나열함으로써 논증을 시작하지 마라. 일부 저명한 언어학자들도 그렇게 하고 있다는 사실에 관심을 기울여서는 않된다. 얼마 지나지 않아서, 이렇게 기술하는 것이 사려 깊지 못하고 짜증나는 것임을 발견하기 시작할 것이다. 그 이유는 이런 방법은 무엇을 찾고 있는지 알지 못하게 되기 때문이다. 증거를 제시하는 방식이 이런 식으로 진행될 때, 독자는 문장을 실제로 두 번씩 읽도록 요구되는 것이다. 예를 들면, 첫 번째는 문장이 논문의 설명 순으로 등장할 때, 그리고 나서 다시 한번 그 문장의 중요성이 무엇인지를 말할 때 이때 돌아가서 다시 한번 읽어보는 것이 필수적이다.[1] 예문들을 제시하기 전에 독자에게

---

1) 소위 "허수아비"이라 불리는 설명법은 이와 비슷하다. 이 방법은 때때로 교육적인 수사법에서 유용한 장치로 사용되는 데, 특정 가설이 적절하지 않다는 것을 보이기 위해서 작가들은 이미 틀렸다는 것을 일고 있는 그 가설을 제안하는 척하는 것이다. 이런 방법을 잘 사용한다는 것은 틀린 제안이 표면적으로만 살펴보았을 때 아주 정확한

이 예문의 중요성을 지적하는 것은 훨씬 좋은 방법이다. 예문을 소개하는 가장 효과적인 방법은 이들 예문이 당면 과제와 어떠한 관련을 맺고 있는지 설명 할 때까지 예문을 구체적으로 언급하지 않는 것이 좋다. 일단 언급하게 되면, 바로 다음에 문장들을 제시해야 한다.

이와 같은 전략은 전체적인 논증들을 구성하는데 적용된다. 우선 가설을 기술하고서 그런 다음 이 가설이 내포하는 주장을 자세히 설명하는 것이 훨씬 더 효율적이다. 이 시점에서 이 가설들이 특정 문장들에 관하여 어떠한 예측을 하는지를 말해 주는 것도 도움이 된다. 그리고 나서 명확한 용어로 어떻게 이러한 문장들이 제시된 분석과 관련되어 있는지 제시하는 것이 유용하다. 예문들은 관련 분석과의 관련성이 명확하게 들어날 때까지 제시하지 말아야 한다. 예문을 소개하는 글은 어떤 문장이 어떤 주장과 관련성을 맺고 있는지 그리고 이 예문들의 허용 가능성과 허용 불가능성이 왜 제시된 주장을 지지하고 반박하는지 피력할 필요가 있다. 데이터가 가설이 예측하는 바를 어떻게 반박하며 확증하는지 기술한 이후에, 가설에 대한 결론이 제시한 데이터로부터 어떻게 유도되어 지는지 명확하게 밝혀야 한다. 모든 논증마다 언급하는 데이터가 어떻게 증거가 되는지 밝힐 필요가 있다. 너무 지나치게 강조할 수는 없다. 결정적인 데이터를 단지 나열하는 것만으로는 결코 충분하지 않다. 그 데이터들의 특성을 규명해야 한다. 즉, 자료들의 어떠한 특성이 가설의 어떠한 부분을 지지하는지 그렇지 않은지 밝혀야 한다. 독자가 그런 일을 할 것 이라고 예상해서는 결코 안 된다.

이러한 방법으로 논증을 명확히 하는 것은 논문의 구조를 분명하게 한다. 각 논증에 다음 사항을 포함하고 있어야 한다.

것처럼 보이게 만드는 능력과 감각이 있다는 것이다. 긍정적인 측면에서, 이러한 설명법은 매우 효과적일 수 있으나 부정적인 측면에서는 매우 지루할 수 있다. 그 이유는 이 방법이 논증의 한 형태가 아니라, 설명과 전개의 단순한 수사적인 장치이기 때문이다. 책을 집필할 때, 이러한 사실을 명심해야 한다.

(a) 그 논증과 관련된 가설을 설명

(b) 검증할 주장들을 확인하고 조사

(c) 가설을 검증하기에 적절한 자료들의 속성을 논의

(d) 이 자료들이 결론에 대해 무엇을 함의하는지 왜 그러한지 토의.

   이러한 사항들을 포함했을 때, 논문들이 일련의 관련 없는 논증들로 구성되어 있을지 모른다. 그러나 이러한 논증들을 관련 있는 그룹별로 묶고, 이들 관계들을 진술하게 되면 서로가 관련성을 갖게 된다. 이때 최상의 전략은, 자신만의 편안한 스타일을 개발할 때까지 자신이 만족할 만한 분석을 제공하는 것이다. 그리고 나서, 논문을 쓸 준비가 완료되었을 때,

(1) 이 논문이 주장하는 요점의 개괄을 작성한다. 이 과정이 필수적일 수 있다.

(2) 문제점을 기술한 한 절을 작성하고, 이는 다음을 포함하고 있어야 한다.

    (a) 몇몇 예제와 함께 분석되어야 할 현상을 소개하는 절

    (b) 문제의 제기[2] : 주장하려는 가설이나 반박하려는 가설, 비교하려는 가설을 불합리한 사실이나 친숙하지 않은 개념을 사용하지 않고 정확하게 제시, 정확한 분석 내용은 추후 제시

    (c) 왜 제시한 분석에 다른 사람들이 관심을 가져야하는 지에 관한 논의 : 이 부분은 논문의 종류에 따라 차이가 있다. 만약 이전에 분석되지 않은 현상에 대한 설명을 제시한다면, 이 부분에 관해서 많은 논의가 필요 없다. 만약 논문이 이론 지향적이라면, 이 논문의 결론이 어떻게 언어이론의 제 문제와 관련되어 있는지

---

2) 전문적인 용어로 주장을 제시할 때에는 주의해야한다. 전문적인 용어를 완전히 습득하지 않고 이를 사용한다면, 이 주장이 쉽게 반박될 수 있는 빌미를 제공할 뿐이다.

진술하라. 만약 그 분석을 채택한 이유가 또 다른 논증을 위한 것이라면, 이를 밝혀야 한다.

(3) 가설에 대한 논증이 지닌 논리를 기술하라. 일반적인 용어로 왜 그러한 결론에 도달했는지 설명하라. 어떠한 일반적 이론을 가정하는지, 가정하고 있는 전제가 무엇인지도 기술하다. 가정된 전제들이 이론에 의해서 당연한 것으로 받아들이는 공리(axioms)나 논란의 여지가 있는 정리(theorems)이라도 모두 기술해야 한다. 또한 이러한 전제와 주장으로부터 얻어지는 예측들에 관한 일반적 속성에 대한 설명도 제공되어야 한다. 예를 들면, "첫 번째 절은 [.]을 보여주고, 그리고 나서 다음 절에서는 [.]을 살펴볼 것이다. 마지막 절에서 본인은 이러한 사실에 근간을 두고 [..]한 논쟁을 할 것이다"와 같은 논문의 구조를 기술하라. 독자가 논문이 무엇에 관한 것인가 그리고 어떻게 구성되어져 있는가를 이해할 수 있도록 충분히 상세하게 기술하라.

(4) 논문의 핵심인 논증들을 나열하라. 이때, 살펴보아야 될 세부적인 가설들을 제시하고 그 이후 위에서 언급했던 방식으로 구조화되어 제시된 해당 가설들을 옹호하기 위한 논증들을 제시하라.

만약 이 부분이 매우 길다면, 독자를 위한 길잡이가 있어야만 한다. 예를 들면, 만약 매우 길고 복잡한 논증을 작성하고 있는 중이고, 특히 다음 절이 이 논증의 결과에 의존하고 있는 것이라면 끝부분에서 이를 간략하게 요약하라. 마치 전체적인 논문의 구조를 기술하는 것처럼, 각 논증을 시작할 때마다 맨 처음에 논증의 구조가 어떠한지 기술하라. 예를 들면, "이 절에서는 이러이러한 것을 보이고 …을 주장할 것이다." 연습을 거듭하면서 이러한 절차는 점차 쉬워질 것이다. 독자는 당신이 말하고자 하는 요점으로부터 쉽게 멀어질 수 있다는 사실을 항상 명심하라. 독자가 언어학에 관한 상당한 지식을 가지고 있다고 가정할 수 있으나, 저자처럼 해당 논제에 관해 깊은 관심을 가지고 있는 것이 아니어서, 쉽게 잊어버릴 수도 있으며 때때로 줄기도 한다.

(5) 논증 끝부분에, 관련 있다면 논문이 암시하는 사항에 대한 약간의 토론을 곁들여 요약하고 또한 논문의 결론을 다시 한번 언급해라.

이러한 방식을 따르게 되면, 같은 종류의 구조를 반복하는 명쾌한 구조를 이룰 것이다. 예를 들면, 자신이 하고자 하는 것을 공지하고, 그 다음 이를 실행에 옮겼으며, 이를 요약한 다음 토론한다. 동일한 종류의 구조가 반복되어 나타날 수 있다. 그러므로 명쾌하게 쓰인 논문은 다음과 같은 구조를 가지고 있다.

I. 주장 : 가능한 한 정확하게 기술된 분석의 결론인 "핵심사항". 이는 50자 이내로 작성.
II. 논문의 주장을 지지하는 논증의 요약
III. 논문의 주장이 가져오는 예측과 이러한 예측을 가져오게 해 주는 증거. 여기서 주의할 점은 특정 문장이 증거가 될 수 없다는 것이며, 만약 예측이 문법성의 판단과 관련되어 있다면 증거들은 판단성과도 관련되어 있다.
IV. 논증의 요약. 증거들이 갖는 중요성을 기술하여라. 당신이 주장하는 바가 *어떻게* 전제와 관찰로부터 따라 얻어질 수 있는지 밝혀라.
V. 주장이 옳다면 이 것이 함축하는 것이 무엇인지 기술(이는 선택적 사항임).

가능한 한 명료하게 제시해야하고, 독자들이 논문을 이해하기 위해 전전 긍긍하게 만들지 마라. 이성적인 독자도 잘못 이해하거나, 문맥을 놓치거나, 또는 이해할 수 없도록 논문을 작성해서는 안 된다.
마지막 조언은 다음과 같다. 경험에 따르면 요점에서 벗어나지 않도록 하라는 것이다. 즉, 부적절한 주장, 속삭임, 사색, 사실 등은 아무리 자신의 명석함이나 박식함을 나타내 줄 것이라고 생각하더라도, 필요하지 않을 뿐만 아니라 논문 자체를 산만하게 만들 수 있다. 이는 논문의 요지나 논증으로부터 독자를 멀리 떨어지게 만들 뿐만 아니라, 독자들로 하여금 추론하게 만들지도 모른다. 만약 요점에서 벗어나게 된다면, 독자는 짜증이 나서 의도하지 않은 것을 추론할 수도 있다. 요점에서 벗어나지 않을 수 없다면, 사색이나 속삭임은 이를 분명하게 밝혀주어야 한다.

4.2 인용문에 대한 해설

미 언어학 협회에 의해 매년 LSA 공고란에 게재되고 홈페이지에 있는 *Language*의 작성양식 자료인용과 인용에 관한 언어학의 표준 형식을 상세히 설명하고 있다. 인용된 형태소, 단어, 문장이 본문에 나타날 때에는 밑줄을 치거나 이탤릭체로 표시해야한다. 아니면 들여쓰기나 번호로 표시되어야 한다. 번호가 매겨진 예문들은 본문 내용에 포함하지 말아야 한다. 그 대신에, 번호를 이용해 예문들을 언급하도록 하며, 예문들을 언급하는 문장 앞에 예문들을 제시한다. 번호가 주어로 시작되는 문장은 대문자화 될 수 없기 때문에 아래 (1d)와 같은 것은 바람직하지 않다. 예를 들면, 만약 예문 번호로 문장을 시작하고 싶다면 "예문", "문장"과 같은 표현을 번호 앞에 사용할 수 있다. 그리고 (2d)에서처럼 예문을 이용하여 강력한 주장을 할 수도 있다.

부적절한 표현

1a. We can show that what is not a relative pronoun in standard English. (인용 단어를 이탤릭체로 표시하지 않음)

1b. Nonetheless, examples like Chris is easy for Sandy to please are acceptable. (예문을 이탤릭체로 표시하지 않음)

1c. Contrary to their hypothesis, examples like (37) 37. Chris is easy for Sandy to please. are fully acceptable. (예문을 본문 내용으로 취급 한 경우)

1d. (37) is fully acceptable. (알파벳이 아닌 번호로 시작된 문장)

보다 분명한 표현

2a. We can show that *what* is not a relative pronoun in standard English.

2b. Nonetheless, examples like (7) are fully acceptable.
   7. Chris is easy for Sandy to please.

2c. Example (37) is fully acceptable.

2d. Sentences like (37) are fully acceptable.

만약 예문이 외국어인 경우는 단어마다 의미를 표시하고, 문장 전체의 의미를 제시한다. 특히 이 외국어의 개개 단어가 긴 경우, 줄에 맞추어 표기되어야 한다.

3. Arm-a   vir-um-que   can-o
   weapons-ACCpl   man-ACCsg-and   sing-1sgPRES
   I sing of arms   and the man

다른 연구 논문의 본문을 참고로 하는 것은 일반적으로 본서에서 사용하는 형식을 따른다. (4a)와 같은 형식이 가장 흔히 사용되며, (4b)와 같은 형식은 세부적인 페이지의 정보가 관련 되었을 때 사용된다.

4a. **저자[들] (연도)** (예: Gazdar, Pullum, & Sag (1982))

4b. **저자[들] (연도 : 페이지)** (예: Grice (1975): 41)

만약 같은 해 같은 저자에 의한 두개의 논문이 같은 책에 인용되고 있다면, 발행 연도 바로 뒤에 영어소문자를 사용하여서 구분한다(예: Grice 1974a, 1974b).

논문 마지막에는 알파벳 순서로 인용된 목록을 제공해야한다. 기본적인 형식은 (5)와 같다.

5a. 성, 이름. 연도. 책제목. 출판장소: 출판사.

5b. 성, 이름. 연도. 논문제목. 잡지이름. 서적번호: 페이지.

5c. 성, 이름. 연도. 장-제목. 작품집 이름, 편집자 이름, 페이지. 장소: 출판사.

보다 자세한 내용은 *Language*의 논문작성 양식을 참고하라. 작가 이름의 다 써주어야 한다고 생각하는 학자들과 머리글자만으로 충분하다는 학자들이 있다. 저자 이름의 머리글자만을 제공하는 것이 평등주의를 표방하며, 성차별에 반대하는 입장을 나타내는 것이라고 주장한다. 그러나 작가의 이름을 완전히 제공하지 않는 것은 분별없는 행동이며, 저자나 편집자의 이름을 정확하게 모른다면 인용된 책을 찾기 어려울 수 있다고 지적도 있다.

각주는 본문의 내용과 다소 다른 주장이나, 관찰, 논증, 그리고 설명을 언급하기 위해 사용한다. 어떤 저자는 자신이 설명할 수 없는 자료나 사항들을 기술한다. 또 어떤 저자는 본문 내에서 이를 제시하기도 한다. 여하튼 각주의 사용은 (a) 논문이 설명할 수 없는 사실들을 어떻게 설명할 수 있는지 독자들에게 알려주고 혹은 (b) 논문의 개선할 점이나 설명할 수 없는 점을 알려준다는 점에서 바람직하다.

출판된 논문에서는 번호가 매겨져 있지 않은 각주가 논문 제일 앞에 나타나는데, 이는 논문이 완성될 수 있도록 여러 가지로 도와준 사람들에게 감사를 표시하기 위한 것이다.

5장 표준이론

> 과거를 기억하지 못하는 이들은 과거를 되풀이해야
> 하는 저주에서 헤어날 수 없다.
>
> —George Santayana[1]

최근의 통사이론들이 추구하는 목표와 전제를 이해하기 위해서는 표준이론(Standard Theory)이라 불리는 이론에 대한 사전 지식이 필수적이다. 이는 대다수 최근 이론들이 표준 이론에서 계승 발전되어 왔기 때문이다. 물론 오늘날에 와서 표준이론의 목표와 전제 및 분석을 모두 다 받아들이는 학자는 아무도 없을 것이다. 표준이론은 주로 현행 이론이 나오기까지의 과정을 소개하는 도구로 사용되어질 뿐이다.[2] 그럼에도 불구하고 간과하지 말아야 할 사실은 많은 현행 이론들이 표준이론의 여러 생각들을 계승하고 있다는 것이다. 또한 많은 영향력 있는 언어학자들이 마치 독자들이 표준이론을 잘 알고 있는 것처럼 전제하고 글을 쓰기도 한다. 따라서 최근 이론들을 잘 이해하기 위하여서는 표준이론에 친숙해질 필요가 있다. 본 장과 다음 장의 목적은 표준이론을 접하지 못한 언어학도들로 하여금 표준이론을 이해하도록 하는 것이다.

---

1) 이에 대하여 의구심을 가진다면, 지배 결속이론(GB)과 그 계승이론들의 분석을 전통적 변형 문법의 생성 의미론적 분석과 비교해 보아야 할 것이다. GB보다 15년에서 20년 정도 앞선 이 생성 의미론적 분석들은 GB의 선행 이론의 옹호자들에게 혹독한 비판을 받아야 했다. 이에 대한 자세한 요약은 Pullum(1989) 및 Jackendoff(in prep.) 등을 참조할 것.

2) 사실상, Chomsky가 표준이론이라는 용어를 처음 사용하던 시기부터 이 이론의 가정과 주장들이 많은 언어학자들로부터 거부되었다. 과학적 이론의 발전에 대해 설명했던 Khun(1970)이 이미 예측했던 바와 같이 이후의 이론들은 표준이론에서 제시된 주장들을 발전시키려는 시도 속에서 개발되었다.

표준이론은 완벽히 짜여진 특정 이론을 지칭하는 것이 아니다. 표준이론이란 1965년 출판된 Chomsky의 *Aspect of the Theory of Syntax*에서 제시된 가정과 가설들을 지칭하며, 이 가정과 가설들은 올바른 통사이론이 갖추어야 할 형식을 제시하고 있다. 이러한 가정과 가설들은 소수의 생성 통사론자들에 의해 주로 1960년에서 1964년까지 개발된 것이었으며, Chomsky의 1957년 저서인 *Syntactic Structure*에서 제시된 생성 문법이론을 확장시키고 다듬는 과정에서 이루어진 것이다. 이러한 일련의 과정들은 Bach(1974)와 Akmajian & Henry(1975)에 자세히 소개되어 있다.

표준이론은 문맥자유 구구조규칙들이 일련의 일차 구성소구조(initial constituent structure)를 생성시킨다고 가정한다. 이때, 구성소구조는 최초 심벌인 S라는 단일 핵어로부터 시작되는 표시적(labelled), 지향적(oriented), 비순환적(acyclic), 방향적(directed) 그래프를 의미한다. 이때 표시적 그래프란 각각의 비 말단 마디(non-terminal node)가 범주 표시를 가진다는 의미이며, 방향적이며 지향적이란 지배와 선행관계에서 각 마디들이 반대칭관계에 있다는 것을 의미한다. 비 순환적이란 어떤 마디도 그 자신을 직접 지배 또는 지배할 수 없다는 뜻을 담고 있다. 어휘 삽입변형은[3] 어휘 항목을 첨가시키는 역할을 수행하며, 이를 통해 적형의 기저구조를 이루어야 한다는 정의를 충족시킨다. 이때 첨가되는 어휘 항목의 범주 표시는 구성소구조의 말단 요소들이 가지는 어휘 범주와 일치해야 한다. 심층구조라고도 불리는 이러한 기저구조는[4] 변형 규칙을 통해 적형의 표면구조를 생성시키는 근본이 되며, 해석 가능한 의미부분과 변형 규칙을 위한 입력부이다. 또한 표면구조는 일단의 음운 규칙들을

---

3) 이러한 주장과 더 최근의 유사한 주장들에 대한 비판은 Jackendoff(in preparation)을 참조할 것.

4) 기저부의 규칙과 어휘 삽입 규칙과 관련하여서 적형인 기저구조가 적형의 표면구조를 생성 시키지 못하는 경우가 있다. [s [NP The child [s the ambassador attended a party]] [VP slept]와 같은 예가 바로 그것이다.

위한 입력부가 되며, 음운 규칙들은 통사적으로 적형인 문장들의 음성적 표상을 규정한다.

5.1 기저부

*Aspects*에서의 표준이론에 대한 설명에서는 기저구조를 일련의 순차적 다시쓰기규칙(ordered rewriting rule)이라고 정의하였다(Comsky 1957, 1965). 또한 소수의 언어학자들은 기저구조를 일련의 마디허용조건에 의해 정의 된다고 보기도 하였는데, McCawley(1968a)는 이러한 조건을 여과장치라고 불렀다. 예를 들어, 마디허용조건 A → BC라는 조건이 있을 때, A라는 표지를 가진 마디가 B와 C라는 표지를 가진 딸들을 지배하고 B가 C에 선행할 때 그 부분적 수형구조는 적합하게 형성되었다고 정의할 수 있다. 전체 수형구조가 적형이 되려면, 모든 마디들이 이러한 조건을 충족 시켜야 한다. 사실 마디허용규칙은 다시쓰기규칙인 구구조 규칙과 동일하다. 흥미롭게도 이러한 소수의 견해는 구성소구조를 기본적 개념으로 채택하는 대부분의 최근 이론들에서 받아들여지고 있다. 따라서 소수의 견해가 주도적인 견해로 발전했다고 할 수 있을 것이다.

5.2 변형 규칙

표준이론에서 가장 큰 관심은 변형 규칙의 이론을 개발하는 것이었다. 변형 규칙들의 지대한 잠재적 설명력은 '자연언어를 기술하기 위해 무엇이 필요한가'의 문제로 귀결된다. 이 문제를 해결하는 방식에 대한 계약을 변형의 이론이라 할 수 있다. 즉 변형의 이론이란 문법에서 무엇이 가능한 변형이고 무엇이 불가능한 변형인가를 제약하는 이론이다. 예를 들면 변형 규칙의 영역에 대한 분석은 equal, not, and, or 또는 이들의 조합으로 구성되는 제약으로 한정되었다. 분석에서 사용되는 조건은 어떤 속성을 가지는가 가지지 않는가, 두개 이상의 특수한 조건들을 동시에 가질 수 있는가, 두개 이상의 결정적 속성들을 가지는가의 문제로 기술 될 수 있었다. 그러나 some, every, second, antepenultimate 등과 같은 양화 표현은 변형 규칙의 기술에서 제외 되었다. 일부의 언어학자들은 이러한 제약들이 충분하지 않다고 생각했다. 그 이유는 그 제약들이 무한히 복잡한 변형들을 허용할 뿐 아니라 적절한 일반화를 구축하려는 시도 자체를 결여하고 있었기 때문이다. 심지어는 이러한 제약들이 실제 상황에서 광범위하게 무시되기도 하였다.

표준이론은 변형 작동을 대체와 부가로 제한하였다. 대체와 부가는 범주와 자질, 상수와 변수 등에 의해 기술된다. 따라서 변형 작동은 다음과 같이 요약될 수 있다.

- **삽입** (상수 또는 A의 복사물을 B의 자매위치로 부가)[5]

- **삭제** (공 요소로 대체함)

- **이동** (A의 복사물을 부가하고 A의 원래 자리는 공 요소로 대체)

- **자질 변화와 자질 복사** (하나의 자질 명시를 공명시 또는 다른 명시로 대체함)

전통적인 표시법은 구조분석 혹은 구조기술(structural analysis; structural description: **SD**)과 구조 변화(structural change: **SC**) 두 부분으로 구성된다. 구조분석은 구구조를 분석하여 범주 유형과 변항으로 명시하는

---

5) Chomsky 부가라는 작동도 제안되었지만, Chomsky 자신에 의해 거부되어졌다. 이에 대한 Chomsky의 거부는 표준이론이 단지 역사의 한 부분이 될 때까지도 지속되었다.

것이다. 이때 변수는 범주 표현의 단계에서 아무 제약 없이 나타날 수 있는 위치를 기술하므로 일종의 자리 메우기라 할 수 있다. 구조변화는 위에서 언급한 변형 작동의 결과로 만들어지는 새 구조를 결정한다. 예를 들면 수동 변형은 다음과 같은 구조 분석(SD)과 구조 변화(SC)를 가진다.

1.   X — NP — Aux — V — NP — Y

    SD: 1   2   3   4   5   6

    SC: 1   5   3+*be*+-*en*   4   *by*+2   6

위의 표상은 아래 (2)와 같은 구성소구조를 전제하고 수동형과 능동형의 차이를 명시한다. 즉 위의 문법 표현에 따르면, 능동형의 V 뒤에 오는 NP의 복사물이 AUX 앞에 오는 NP를 대체하며, by와 AUX 앞에 오는 NP가 합쳐서 V 뒤에 오는 NP를 대체한다. 또한 be와 수동분사 형태소가 AUX의 자매위치에 삽입되는데, 다른 방식에서는 이들을 AUX의 딸들의 자매 위치에 삽입시키기도 한다.

(2)

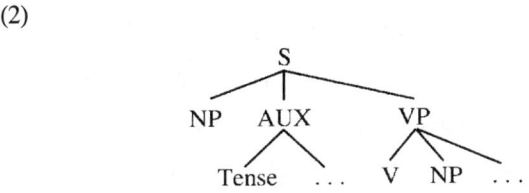

일반적으로 구조변화(SC)에서 명시된 각 요소들의 순서는 도출된 구조의 구성소구조를 명시한다고 가정되었다. 그러나 누구도 그러한 가정을 구체화한 원칙들을 제시한 적이 없었다. 따라서 위의 표상에 의해 생성된 구성소구조가 항상 일관되게 정의되었던 것은 아니다.

5.3 어휘부

단어 또는 형태소 등의 어휘항목들로 이루어진 어휘부는 통사, 의미, 형태, 음운론적 정보를 망라하는 자료 저장소로 취급되었다. 따라서 각각의 어휘 항목은 통사 범주(Chomsky 1965)에 따르면 하위 범주화 요건도[6] 포함될 수 있음), 기저 음운 표상, 의미, 형태적 불규칙성에 대한 정보를 명시해야 한다고 생각되었다.

5.4 의미해석 규칙

표준이론이 득세했던 시기에는 의미해석부분에 대한 이해가 부족했다. 표준이론의 계승이론들이 발전하면서 해석에 대한 특정 원칙들이 제시된 적이 있기는 하였다. 그러나 이 원칙들이 언어표현이 가지는 의미적 속성에 대한 일반적 이론이나 설명들을 제시하였던 것은 아니다(이에 대한 관련 자료는 Jackendoff 1972를 참조할 것). 표준이론에서의 해석에 대한 관심 결핍은 이후 생성 의미론(Generative semantics: McCawley 1968b, McCawley 1971b, Lakoff 1971)과 몬테규 문법(Montague 1970, 1973 및 Dowty, Wall & Peters 1981에서의 입문서)이 대두된 원인이다. 이들 문법은 표준이론이나 1960대 말에서 1970년대 초까지 등장한 이론들이 가지는 의미 해석부의 문제점을 극복하는 대안으로 인기를 끌게 된 것이다.

---

6) 이는 어떤 종류의 구들이 자매 위치에 올수 있는지를 밝히는 명세(description)이다. 이 러한 종류의 정보는 범주들 간의 구분을 위해 필요하다. 예를 들면 이러한 명세에 따라 타동사와 자동사가 구분될 수 있다. 또한 하위 범주화 정보는 한 범주 내의 요소들이 가지는 일반성을 포착하게 해준다.

5.5 음운부

표준이론이 한창 형성 되고 있을 즈음에 매우 구체적인 음운 규칙들을 제시하는 저작이 Chomsky와 Halle에 의해 발표되었다(Chomsky & Halle 1968). 이 저작에서 그들은 생성 문법에 의해 만들어진 표면구조가 음운 규칙과 관련된 표상과 정확히 일치한다고 가정했다. 즉 구성소 구조의 말단마디, 분절음들의 기저 음운표시, 범주, 구성소 범주 등이 모두 음운 규칙과 직접 연관되는 것으로 정의하였던 것이다.

5.6 규칙의 상호작용

표준이론은 변형 규칙이 고정된 순서로 적용되는 것으로 가정했다 (Chomsky 1957, 1965). 그러나 무작위적인 순서(Pyle 1972), 동시 적용 (Koutsoudas 1972, 1973, Pullum 1979) 등의 가능성이 제시되기도 하였다. 문법의 고정된 순서는 일종의 차단장치로써, 허용 되지 않아야 할 규칙 적용의 순서를 배제시키는 역할을 수행했다. 그러나 표준이론 내의 다른 견해들에서는 변형 규칙이 순서와 관계없이 동시에 적용되는 총체적 순서를 가진다는 주장이 제기되었다. 또한 변형 규칙의 순서가 몇몇 변형 규칙들 간에만 적용된다는 부분적 고정 순서론이 제시되기도 하였다.

변형은 종종 상호간의 feeding과 bleeding의 관계로 정의되기도 하였다. 즉 두 변형 T_1과 T_2가 feeding의 관계에 있다면, T1의 구조변화(SC)에 따른 구조가 T_2의 구조분석(SD)과 일치하게 된다. 따라서 T_1은 T_2의 입력부가 된다. T_1이 T_2와 bleeding의 관계에 있다면, T_2의 구조분석에 따르는 구조가 T_1의 구조분석과 일치하지만 T_1의 구조변화와는 일치하지 않는다. 그러므로 T_1은 T_2의 입력부가 될 수 없고 T_2를 bleeding한다.

예를 들면, 표준이론에서 목적어로의 인상은 수동태를 적용할 수 있게 하고, 동일명사구 삭제(Equi-NP-deletion)를 만들어 낸다.

'내재적(intrinsic)' 및 '외재적(extrinsic)'이라는 용어가 순서관계를 기술하는데 이용되었다. 내재적 변형 규칙이란 하나의 변형 규칙이 다른 규칙의 적용없이 사용될 수 없을 때를 일컫는다. 예를 들면 수동태는 행위자 삭제에 내재적으로 선행하도록 배치된다. 이는 수동변형의 결과가 없이는 행위자 삭제의 구조분석이 불가능하기 때문이다.[7]

규칙들은 내재적 순서를 가지지 않고도 적용할 수 있다. 예를 들면 수동변형이 최하위절에 적용되어 그 상위절에 적용되는 목적어로의 인상을 할 수 있지만, 목적어로의 인상 이후에 적용될 수도 있기 때문이다. 모든 규칙들이 서로 내재적 순서로 연결되어 있다면, 문법에서 순서를 논해야 할 이유는 사라질 것이다. 왜냐하면 이때 변형 규칙 적용의 순서는 전적으로 통사구조와 순환 적용의 원칙 등에 의해 결정 될 것이기 때문이다(이에 대한 논의는 다음 7절을 참조할 것).

변형 규칙의 적용이 어떤 순서에서는 문법적인 문장을 만들어 내지만 다른 순서에서는 비문법적 문장을 초래한다면, 그 변형 규칙들은 서로 외재적 순서를 가지고 있다고 정의 되었다. 예를 들어 수동 규칙과 Lees & Klima의 재귀화 규칙(reflexive rule)은 외재적 순서를 가지고 있는 것으로 취급되었다. 이는 <수동 규칙, 재귀화 규칙>의 순서는 허용 되지만 <재귀화 규칙, 수동 규칙>은 비문을 초래하기 때문이다.

---

7) 엄밀히 말하자면 행위자 삭제의 구조분석이 수동변형에 따른 *by*-구에 의해 충족 될 때 이 두 규칙이 서로 내재적으로 배열되었다고 할 수 있다. *by*-구가 수동형 동사구의 밖이 아닌 내부에 있다면, 또한 행위자 삭제가 문법관계(grammatical relation)나 의미역이 아닌 구 표지의 구조 속성에 의존한다면, 행위자 삭제는 수동변형 뒤에 내재적이 아닌 외재적으로 배열될 수도 있을 것이다. 이는 (i)에서와 같이 기저 생성된 구조의 *by*-구가 행위자 삭제의 구조분석을 충족시킬 수 있기 때문이다.

ia. The dog was sleeping by something.
ib. Elizabeth was crowned by something [i.e., next to something] by the Archbishop of Canterbury.

John$_i$ Killed John$_i$

Psv: John$_i$ was killed by John$_i$ (*Passive*)

Rxv: John was killed by himself.   (*Reflexive*)

John$_i$ killed John$_i$

Rxv: John$_i$ killed himself$_i$ (*Reflexive*)

Psv: Himself was killed by John.   (*Passive*)

위의 논의에서와 같이, 표준이론에서는 모든 규칙들이 내재적 순서를 가지는 것이 아니라 외재적 순서도 필요하다는 가정이 일반적이었다. 그러나 1970년대 초, 언어학자들은 이러한 견해에 대한 대안을 찾으려는 시도를 시작했다. 이는 외재적 순서라는 존재가 만족스럽지 못할 뿐 아니라 설명력 또한 결핍하고 있기 때문이었다. 또한 비록 외재적 순서가 기술적 장치로써 당연시되기는 했지만, 엄청난 문법의 복잡성을 초래했기 때문이다. 외재적 순서를 받아들인다는 것은 규칙간의 순서를 적용해야 하는 근거가 설명될 필요가 없다는 말과 같다. 이는 외재적 순서라는 것을 화자가 언어를 습득할 시 함께 배워야 하는 특이 사항으로 간주하는 것과 같은 것이다.

오늘날의 어떤 이론도 고정된 순서를 주장하지는 않는다. 즉 최근의 이론들은 외재적 순서를 통해서만 설명할 수 있었던 사실 조차도 순서가 필요 없는 다른 원칙들로 설명하려는 노력을 경주한다.

5.7 변형 규칙의 순환적 적용

표준이론에서 받아들여졌던 변형 규칙간의 고정된 순서에 대한 가정은 풀기 힘든 난제이다. 이에 대한 해결책으로 제시된 것이 규칙의 순환적 적용이다. 만약 규칙 A가 어떤 경우에는 규칙 B에 앞서 적용되어야 하고 또 다른 경우에는 규칙 B가 규칙 A에 선행해서 적용되어야 한다면, 규칙 적용의 고정된 순서를 옹호하는 주장은 더 이상 유지 될 수 없을 것이다. 바로 이러한 문제가 규칙 배열의 역설(paradox)이다. 이와 같은 역설 규칙은 순환적 적용에 의해 해결된다. 즉 규칙들 간에는 선후관계가 존재하지만 그 규칙들은 순환적으로 적용된다는 것이다.

순환 적용이란 무엇인가? 모든 변형 규칙들은 각각의 순서에 따라 수형도의 최하위 S에서 먼저 적용되고, 다시 다음 상위의 S와 그 S가 지배하는 모든 마디들에 적용된다. 이러한 방식은 수형도의 최상위부까지 계속 된다. 이 방식에 따라 하나의 순환 영역에서 규칙 A가 규칙 B에 앞서 적용된다면, A는 항상 B에 앞서 적용되어야 한다. 그러나 특정 도출의 경우에는 B가 A보다 앞서서 적용될 수도 있는데 이때는 B가 A보다 하위순환의 단계에서 적용되는 경우이다. 이러하듯 규칙 A보다 먼저 적용되는 규칙 B가 존재하는 이유는 그 두 규칙의 적용이 각각 다른 순환 단계에서 이루어지기 때문이다. 그 예로 John believes Fred to have been described by Mary와 같은 문장의 도출에서는, 수동변형이 인상변형 뒤에 적용되어야 하지만, (3)에서 나타난 바와 같이 인상변형보다 먼저 적용되기도 한다.

Derivation I

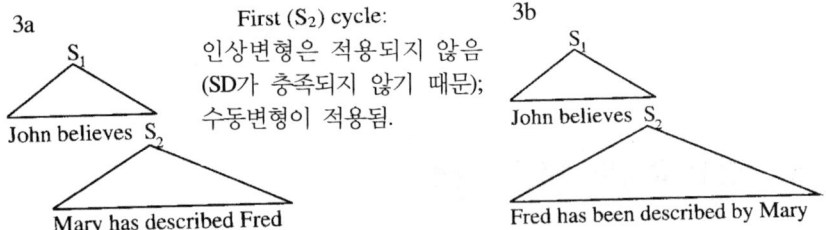

3a

S₁

John believes S₂

Mary has described Fred

First (S₂) cycle:
인상변형은 적용되지 않음
(SD가 충족되지 않기 때문);
수동변형이 적용됨.

3b

S₁

John believes S₂

Fred has been described by Mary

(3c)　　　Second (S₁) cycle:
　　　　　인상변형이 적용됨;
　　　　　수동변형(수의적)은
　　　　　적용되지 않음

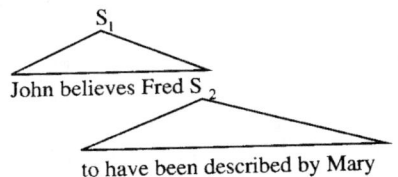

삽입절을 가진 구표지(phrase-marker)내에서의 순환 적용은 다음의 그림이 잘 설명해 준다. 1에서 5까지의 순서를 가진 규칙들은 가장 깊이 삽입된 S₃에서 먼저 적용되고, 다시 그 순서대로 S₂에 적용된다. 이 규칙들은 다시 그 상위의 S들에서도 계속 같은 순서로 적용된다.

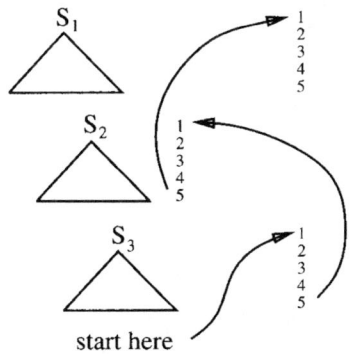

Diagram I: Cyclic Application

따라서 *Kim is believed by the Feds to be presumed to be elected.*와 같은 문장을 도출시킬때, 인상변형과 수동변형은 최 하위의 S에서 최 상위의 S까지 동일한 순서로 적용되어야 한다. 그러나 이때 S₃의 기저 목적어인 *Kim*이 어떻게 S₁의 주어가 될 수 있는가는 설명되지 않는 문제로 남게 된다.

Derivation II

(4)

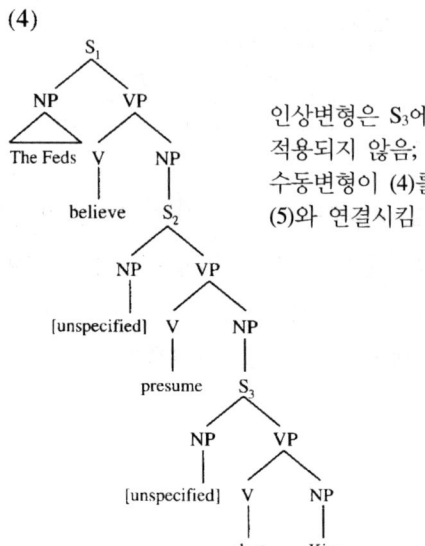

인상변형은 S₃에
적용되지 않음;
수동변형이 (4)를
(5)와 연결시킴

(5)

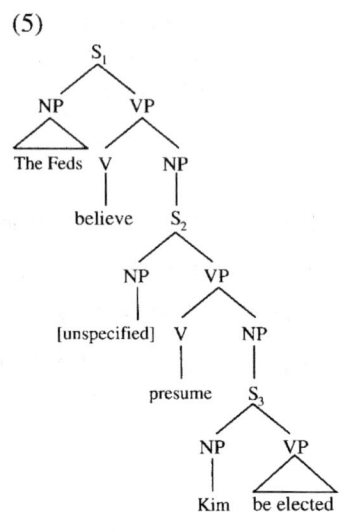

(6)

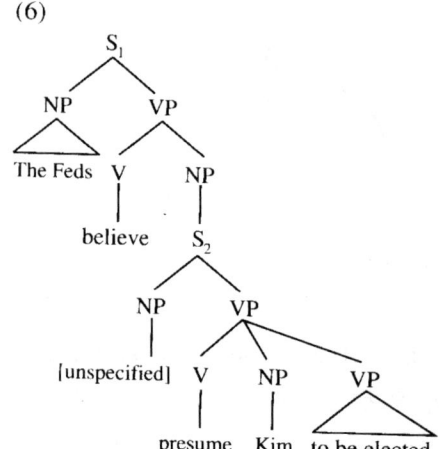

S₂에 수동변형이
적용되어 (6)을 (7)과
연결시킴

(7)

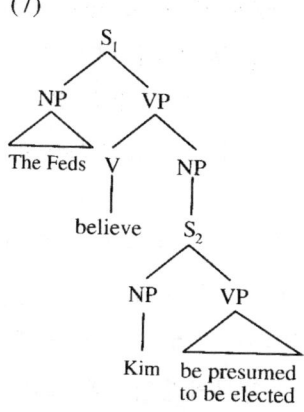

인상변형이 S1에 적용되어,
(7)을 (8)에 연결시킴

(8)

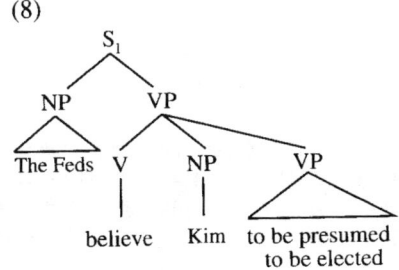

수동변형이 S₁에 적용되어,
(8)을 (9)에 연결시킴

(9)

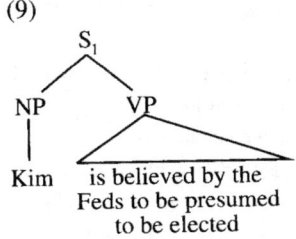

마찬가지로 *John believes himself to have proved himself to be innocent*[8]) 와 같은 문장을 도출시킬 때는 인상변형과 재귀변형이 S$_2$에 먼저 적용 되어야 한다. 그리고 그 이후 주절 S$_1$의 구조분석이 가능해진다. 즉 인 상변형이 적용되기 전에는 재귀 변형을 일으킬 수 있는 구조분석이 불 가능하다.

규칙의 순환적용은 문법의 보편적 구성 원칙이기 때문에 생득적 (innate)이라고 생각하는 경향이 팽배했다. 그러나 그 원칙이 독립적 원 칙인지 또는 다른 원칙의 결과인지는 각자의 생각에 맡겨졌다−다른 원 칙이란 규칙의 최대 적용을 선호하는 원칙 또는 확대표준이론(Extended Standard Theory)의 하위인접 이론(subjacency principle)과 같은 원칙을 지칭한다.[9] 오늘날에는 규칙의 순환 적용의 동기가 더 일반적인 원칙 의 결과물이라는 주장에 이견이 없다. 그러나 여전히 남는 중요한 문제 는 그 원칙이 무엇이냐 하는 것이다.

---

8) 이 문장이 일부 화자들에게 선뜻 받아들여지지 않는 이유는 공지시적인 재귀사의 중 복에 기인한다. (i)에서 (iii)까지의 예에서 알 수 있는 바와 같이 순수 재귀사와 강조 재귀사를 가진 문장도 두개의 순수 재귀사를 가진 문장만큼이나 좋지 않다. 그러나 (iv)와 같이 공 지시적이지 않는 두 개의 재귀사를 포함하는 문장은 아무런 문제없이 받아들여질 수 있다.

    i. ?The King himself shaves himself. (=Even the king ...)
    ii. ?Myself, I want myself towin. (=Personally, I ...)
    iii.?John stabbed himself in the back himself. (= ... with no help)
    iv. John considered himself to have persuaded Mary to bandage herself.

(v)에서 (vii)에서와 같이 두 개의 공지시적 재귀사가 각각 다른 동사에 의해 선택된다 면, 이 문장들은 더 자연스럽게 받아들여질 것이다.

    v. John considers himself the best judge of whether [he was able to amuse himself].
    vi. The king himself knows [that he is expected to shave himself].
    vii.I myself didn't want you to know [that I want myself to win].

9) 하위인접 이론에서는 어떤 요소를 하나 보다 더 많은 결속 마디(bounding node)를 건 너 한번에 이동시킬 수 없도록 규정하고 있다. 결속 마디는 NP도 포함하는 것이 더 정확한 표현이지만, 여기서는 S만을 의미하는 것으로 하겠다. 이에 대한 자세한 논의 는 Chomsky(1977)를 참조할 것.

(10)

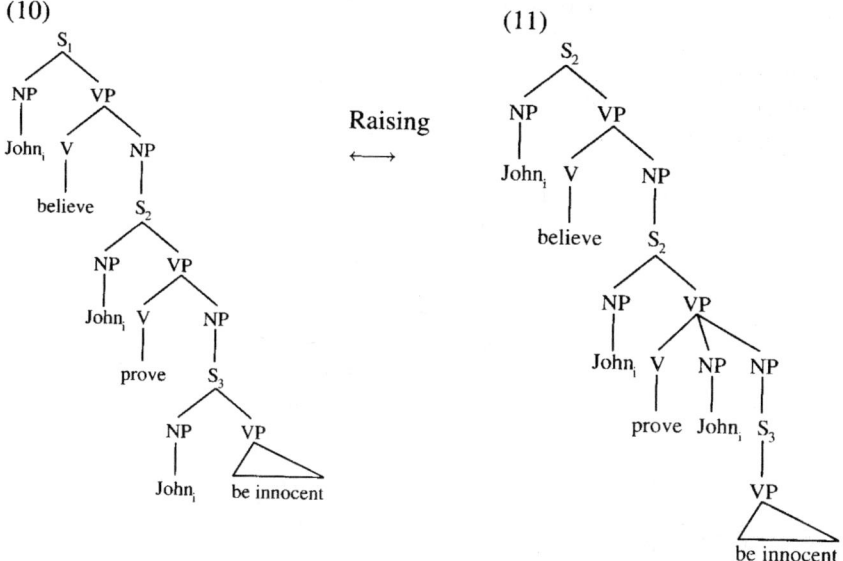

Raising
⟵⟶

(11)

(12)

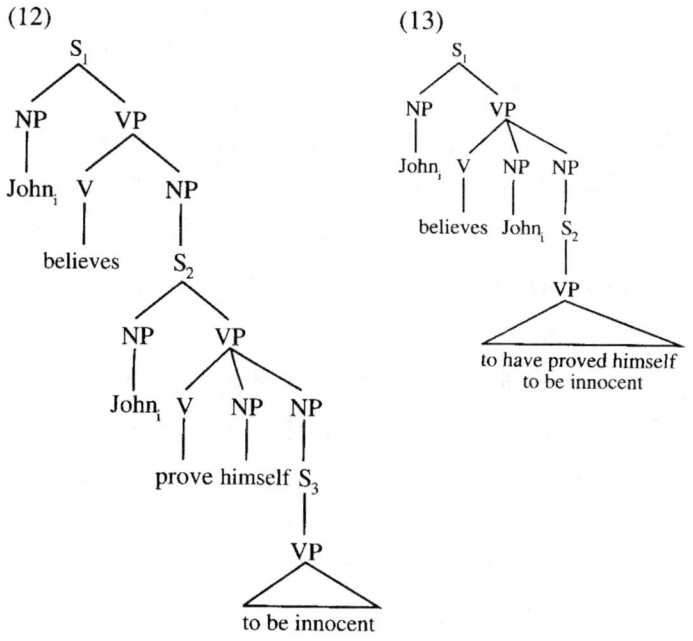

(13)

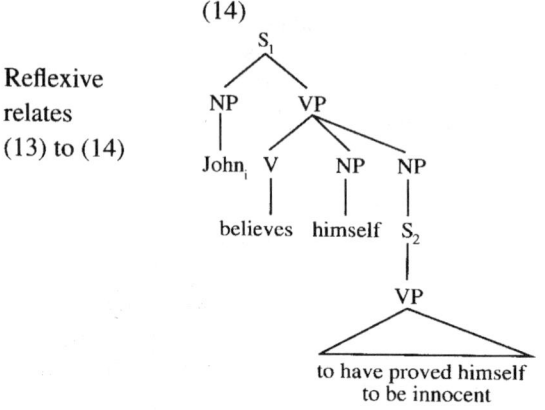

(14)

Reflexive
relates
(13) to (14)

5.8 규칙의 종류

모든 규칙들이 순차적 순환 방식을 준수해야 했던 것은 아닌 듯 하다. 표준이론 내의 일부 주장에서는 전체 구 표지를 영역으로 삼고 단한번만 적용되는 규칙들을 제시하기도 하였다. 이러한 규칙이 순환 규칙에 앞서 적용된다면, 이 규칙은 최종 순환(last-cycle)이라 불리어 졌다 −이 규칙은 순환 규칙들과 같이 작동하지만, 최종 순환에서 적용된다. 비 순환 규칙은 어떤 도출에서도 순환 규칙에 앞서 적용되지 않는데, 이를 후기 순환(post-cyclic)이라 이름 붙였다−이 규칙들은 모든 순환 규칙들이 적용된 이후에 작동한다.

후기 순환 규칙과 최종 순환 규칙들은 전체 구 표지를 적용 영역으로 삼고, 순환 규칙들이 모든 삽입절에서 적용된 이후에 작동하였다. 후기 순환 규칙과 달리 최종 순환 규칙은 이름 그대로 순환 규칙에 속하며, 최종 S에서 적용되었다. 최종 순환 규칙들의 구조분석은 수형도의 최상위절에서만 가능했기 때문에, 일부의 일반 순환 규칙들은 최종 순환 규칙 이후에 배열되기도 하였을 것이다.

반면 후기 순환 규칙은 순환 규칙들이 최고 절을 포함하여 모든 절에서 적용되기 전에는 작동할 수 없었다. 즉 어떤 순환 규칙도 후기 순환 규칙 이후에는 적용되지 않았다. 최종 순환 규칙들을 채택했던 문법에서는 규칙의 배열을 (15)와 같이 표시하였다. 이때 별표는 그 규칙이 최종 순환 규칙이라는 것을 표시한다.

(15) 1, 2, 3, *4, 5, *6, *7, 8, 9

(16)에서와 같이 후기 순환 규칙을 채택한 문법의 규칙 배열은 후기 순환 규칙을 순환 규칙들로부터 철저히 분리시킨다.

(16) 1, 2, 3, 4, 5 (순환 규칙)
     6, 7, 8, 9 (후기 순환 규칙)

일부의 언어학자들은 순환적으로 적용되어야 하는 규칙들이 존재하므로 메타 이론적(metatheoretical) 고려 하에서는 모든 규칙들이 순환적이어야 함을 강변했다. 또 다른 언어학자들은 메타 이론적 고려 하에서도 다른 순환 규칙들을 적용하는 규칙들만을 순환 규칙으로 정의해야 한다고 주장했다. 이 언어학자들은 순환 규칙들을 적용하지 않는 모든 규칙들을 후기 순환 규칙으로 정의하였다. 이와 관련한 논의는 Postal(1972)과 Chomsky(1973)를 참조할 것.

문장 대명사화 규칙(Sentence Pronominalization)과 같이 문장 표지 전체를 적용 영역으로 하는 규칙은 선순환(**pre-cyclic**) 규칙이라는 주장이 있었다(Lakoff 1966). 왜냐하면 이 규칙은 순환 규칙 이전에 적용되어야 하기 때문이다. 또한 구조분석이 가능한 어떤 도출의 단계에서도 적용될 수 있는 'anywhere rule'과 같은 규칙들이 제시되기도 하였다(Ross 1970a).

6장 통사적 제약 발견 및 개발

6.1 섬제약

표준이론의 많은 규칙들은 변수(variable)들에 적용될 수 있고, 무한히 떨어져 있는 요소들에 영향을 미칠 수 있으며, 무한의존구문(**unbounded dependency constructions**)을 생성해 낼 수 있는 것으로 간주되었다. 무한의존구문이란 서로 멀리 떨어져 있으면서도 서로에게 의존하는 요소들을 포함하는 구문을 지칭한다. 변수라는 용어는 표준이론에서 꼭 필요한 용어였다. 이는 표준이론에서 바라보는 통사 규칙의 성격과 형식상, 변수가 통사규칙의 정확한 형식화를 가능하게 해주었기 때문이다. 즉 변형 규칙에서 변수는 문법적 절차에 따라 도출되는 각 마디들의 순서를 배열해주는 역할을 수행했다. 이때 변수는 순서가 없을 수도 있다. 예를 들어, 무한 구성소 의문문의 변형 규칙은 변수를 포함해야 한다. 이는 표면구조에서는 고정된 위치를 가지고 있는 의문사가 기저부에서는 어떤 구성소에서나 만들어 질 수 있기 때문이다. 전통적인 방식에서 **WH**-이동 규칙은 대략 아래 (1)에서와 같은 모습을 가지게 된다.

1.   X   –   NP[+WH] – Y

         1   2   3

    → 2 1   0   3

위의 예에서 변수는 X 와 Y로 표시되었다. 관행적으로 변수는 라틴 알파벳의 끝 부분에 있는 대문자 알파벳으로 표시되었고, 구성소들의 순서를 나타내기 위해 사용되었다. (1)의 구조 분석에 따라 만들어진 다음의 수형도는 X와 Y가 지시하는 바가 어떻게 변화하는가를 보여준다.

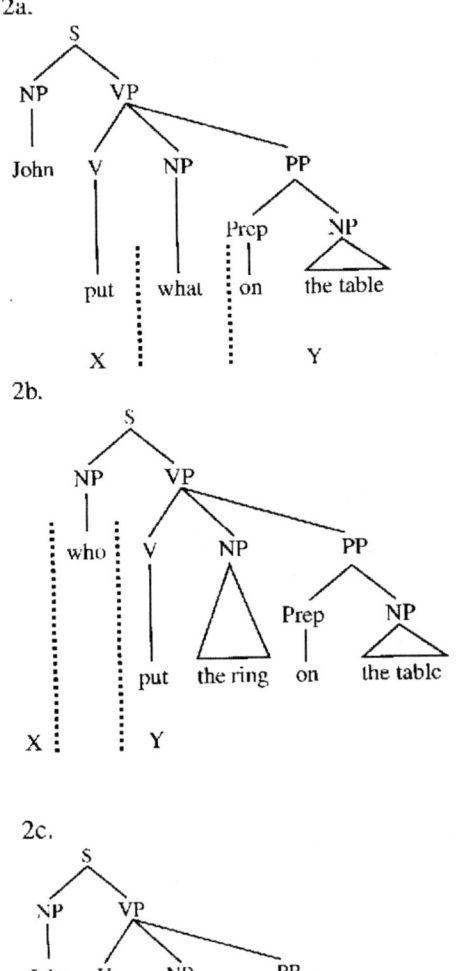

2a.

2b.

2c.

위의 수형도가 보여주는 바와 같이 (2b)의 X와 (2c)의 Y는 공순서를 지시하고 있다. 심지어 (2a)와 (2c)의 X는 구성소도 아닌 것을 지시한다.

전통적인 방식은 아니지만, 변수를 생략 변수와 필수 변수로 분류하기도 하였다. 생략 변수는 규칙에 의해 심각하게 영향 받는 요소들 사이에 위치하는 구성소들을 나열하고 그 위치를 지시하는 역할을 수행했다. 따라서 생략 변수는 그 규칙을 형식화하는데 필수적인 요소는 아니다. 즉 생략 변수 대신에 그 변수의 위치에 오는 요소들을 일일이 나열하는 방식으로 규칙을 형식화 할 수도 있었다. (3)에서 제시된 문장들은 관계절 외치와 관련되어 있는데, 이는 생략 변수를 포함하는 규칙의 예를 보여준다.

3a. A balloon blew up which I had bought.

3b. I gave a balloon to my brother which I had bought.

3c. I gave the man some balloons who was going to take the children to the zoo.

3d. I blew the balloon up which I had bought.

3e. I blew up the balloon yesterday which I bought in Vienna.

3f. He painted the house purple that used to be such a nice brown color.

절에서 하나의 NP 내부에 속하는 관계절은 절의 끝 부분에 나타날 수 있다. 그러나 하나의 간단한 절 안에서는 관계절을 포함하는 NP가 나타날 수 있는 곳이 몇 개에 불과하다. 따라서 (4)의 규칙과는 달리 반드시 변수가 필요한 것은 아니다.[1] 대신 (5)에서와 같이 그 규칙이 적용

---

1) 엄격히 말해서 (4)와 같은 공식은 NP로부터의 외치가 상위 결속(upper-bounded)되었다는 추가정보를 가질 때만 성립될 수 있다. 이는 이 공식이 외치 관계절과 핵어 사이에 오는 요소가 S 마디를 가지도록 허용하지 않는다는 것을 의미한다. 즉 이 공식이 관계절을 관계절이 속한 절 밖으로 이동시킬 수 없다는 것이다. 본 장에 등장하는 몇몇 공식들은 구조분석이 연속 분석(string analyses)이 되어야 한다는 표준이론의 규정을 위

되는 구조분석에 이접적인 나열을 허용함으로써 형식을 만들어 낼 수 있었다.

4. X - $_{NP}$[NP S] - Y
   1   2 3 4
   1   2 0 4 3

5.

$$\begin{Bmatrix} 0 \\ NP\ V \end{Bmatrix} - {}_{NP}[NP\ S] - \begin{Bmatrix} VP \\ PrepP \\ NP \\ Prtcl \\ Adv \\ AdjP \end{Bmatrix}$$

    1   2 3   4
→ 1   2 0   4 3

위의 두 가지 형식 중 비록 (4)의 형식이 좀더 간결하기는 하지만, 모두다 (3)의 문장들이 가지는 관계절 외치를 설명할 수 있다.

다른 한편 변수의 사용이 불가피한 규칙들이 있다.[2] 즉 이러한 규칙들은 변수의 사용 없이 정확히 형식화 할 수 없는 것들이다. 이러한 필수 변수를 포함하는 규칙의 예로써 WH-이동을 들 수 있다. WH-이동은 관계절, 구성소 의문문, 화제화 규칙(topicalization rule)을 설명하기 위해 제안되었다. 이러한 구문들에서는 구성소가 본래의 자리에서 벗어나 문

반하고 있으며, 각 괄호 표시도 생략하고 있다. 이유는 이러한 제약을 모두 지키도록 변형 규칙을 형식화하는 것이 오히려 지나친 난해성을 초래할 수 있기 때문이다. 실제로 이러한 난해성은 Chomsky가 변형부의 규모와 역할을 줄이는 방향으로 변형문법을 발전시키도록 하는 계기가 된다.

2) 변수의 사용이 필수적일 때는 Ross의 논문에서처럼 무한 이동이 단 한번의 작동으로 간주될 때만을 의미한다. 표준 확대 이론(Chomsky 1973, 1981)에서의 공식은 순차적 순환 적용의 방식을 이용하여 무한 이동의 효과를 결속 영역 내부에서 얻어낸다. 비변형적 문법이론에서는 이동이 없고 의존성의 무한적 성격을 다른 수단으로 설명한다 (7장 참조).

두의 위치에 나타난다. 이러한 경우에는 그 구조분석이 변화하기 때문에 어떤 유한한 요소들의 나열이 불가능하다. 관계절 규칙이 이러한 문제점을 잘 보여주는 예이다. 관계절을 변수들을 사용하여 나타내면, 아래 (6)과 같은 형식이 된다.

6. X - $_{NP}$[NP $_S$[Y - NP[+rel] - Z]] - W

     1   2   3   4   5   6

→ 1   2 43   0   5   6

규칙 (6)은 관계 대명사가 관계절 내부에 있지 않고 핵어 NP와 관계절 사이에 위치하는 경우를 제외하고는, 원래 위치하였던 구조와 인접해 있어야 한다는 것을 규정하고 있다. (6)에서 사용한 모든 변수는 필수 변수이다. 변수 X와 W는 어떤 삽입절에 있는 관계절도 (6)의 규칙을 준수할 수 있도록 해준다. 변수 Y와 Z는 관계절 내의 어떤 곳에 위치하는 관계대명사도 (6)의 규칙을 준수할 수 있도록 해준다. (6)의 규칙을 변수를 사용하지 않고 다시 형식화한다면, (7)에 있는 문장들은 설명할 수 있을 것이다. 그러한 공식은 (8)에 제시되었다.

7a. The man who Dale saw is my uncle.

7b. The man who Jan thinks Dale saw is my uncle.

7c. The man who Jan thinks saw Dale is my uncle.

7d. I know a man who Sam says Jan thinks Dale saw.

8.
$$
\begin{Bmatrix} 0 \\ NP\ V \end{Bmatrix}_{NP}\left[_{NP}\left[_{S}\begin{Bmatrix} NP\ V \\ NP\ V\ [NP\ V \\ NP\ V\ [NP\ V\ [NP\ V \end{Bmatrix} - NP - \begin{Bmatrix} 0 \\ VP \end{Bmatrix}\right]\right] - \begin{Bmatrix} VP \\ 0 \end{Bmatrix}
$$

     1   2 3   4   5   6

→ 1   2 43   0   5   6

(8)의 규칙이 (7)에 있는 문장은 설명하였을지라도, 다음 (9)의 문장들은 설명할 수 없다.

9a. The man who saw Dale is my uncle.

9b. Sara said she knew a man who Dale hired.

9c. The man who I gave a dime towas drunk.

9d. The man who I'm sure Same said Jan thinks Dale saw will be here soon.

(9)의 예문들을 설명하기 위해서는 (10)에서와 같이 다른 WH-이동 규칙이 제시되어야 할 것이다.

10.
$$
\left\{\begin{array}{l} 0 \\ NP\ V \\ NP\ V\ NP\ V \end{array}\right\} - \left[_{NP}\ NP - \left[_{S} \left\{\begin{array}{l} 0 \\ NP\ V \\ NP\ V\ NP\ V \\ NP\ V\ NP\ V\ NP\ V \\ NP\ V\ NP\ V\ NP\ V\ NP\ V \\ NP\ V\ NP\ Prep \end{array}\right\} - NP - \left\{\begin{array}{l} VP \\ 0 \end{array}\right\}\right]\right] \left\{\begin{array}{l} VP \\ 0 \end{array}\right\}
$$

1		2	3		4	5	6
→ 1		2 4	3		0	5	6

(10)에서 보다 더 많은 변수 위치들을 일일이 나열한다 해도 더 많은 변수 위치들을 요구하는 문장들은 또 발견될 수 있을 것이다. 즉, 변수가 없다면 (10)보다 훨씬 복잡한 구조들을 끊임없이 만들어 내어야 할 것이다. 따라서 필수 변수는 무한히 많은 순서의 조합들을 표시할 수 있으며, 어떤 유한한 나열의 방법으로도 대체될 수 없다. 이러한 속성을 가진 규칙들은 반드시 변수를 사용해야 한다.

그러나 변수의 사용은 새로운 문제점을 야기하기도 한다. 변수를 사용하지 않으면 규칙들이 언급해야 할 모든 영역을 망라하는 공식을 만들어 낼 수 없기도 하지만, 다른 한편으로는 변수를 사용하는 공식이 너무 강력하기 때문에 문제를 일으킬 수도 있다. 즉, 이 공식이 적용되지 말아야 할 상황에도 적용되어서 비문을 만들어 낼 수도 있는 것이다. 변수는 문법 요소들의 무작위적 순서를 표현한다. 그러므로 하나의 규칙에서 변수를 사용한다는 것은 그 규칙이 무한한 적용 영역을 가지고 있다고 주장하는 것과 같다. 그러나 수형도 속 깊이 삽입이 된 부분에 적용되는 규칙들도 실제로는 무한한 적용 영역을 가지고 있는 것이 아니다. 예를 들면, 관계절의 WH-이동이 (11a)의 구조 안에 있는 who에 적용될 수는 없다. 마찬가지로 의문 규칙이 (12a)의 구조 안에 있는 what에도 적용될 수 없다.

11a. THE MAN [I SPOKE ABOUT WHO AND HIS DAUGHTERS] IS GOING TO FRANCE

11b. *The man who I spoke about and his daughters is going to France.

12a. LOU BOUGHT A BOOK [WHICH DESCRIBED THE HISTORY OF ?WHAT]

12b. *What did Lou buy a book which described the history of?

Chomsky(1964)는 규칙의 무한한 적용 영역을 고수하면서 위에서 살펴본 문제점을 해결하려 하였다. 이에 대한 노력의 결과가 바로 **A-over-A 원칙**으로 알려지게 되는 원칙이다.

A라는 범주를 가진 X구가 같은 A범주를 가진 더 큰 구인 ZXW 내에 삽입되어 있다면, 범주 A에 적용되는 어떤 규칙도 X구에 적용될 수 없다. 그 규칙은 오직 ZXW에만 적용될 수 있다.

위의 원칙에 따르면, (13)과 같은 구조에서 A에 영향을 미치는 변형 규칙은 최상위의 사각형 안에 있는 A에만 영향을 미칠 수 있다. 원안에 있는 A와 같이 지배받는 요소에는 영향을 미칠 수 없다.

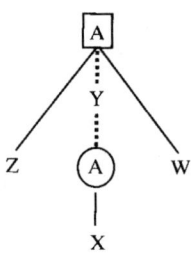

그러나 A-over-A원칙 역시 과도하게 강력한 것으로 판명되었다. 즉 그 원칙의 제약이 너무 강력해서, 문법적인 문장도 만들어 내지 못하도록 할 수 있었다. 예를 들어 (14)의 문장을 (15)와 같은 구조로 분석했을 때, 규칙은 원안에 있는 지배되는 **NP**에 적용되었지, 사각형 안에 있는 NP에 적용된 것이 아니다. 따라서 (14)의 문장이 **A-over-A**의 원칙을 위배했지만, (11b)나 (12b)와는 달리 문법적이다.

14. What are you uncertain about giving _ to John?

15.

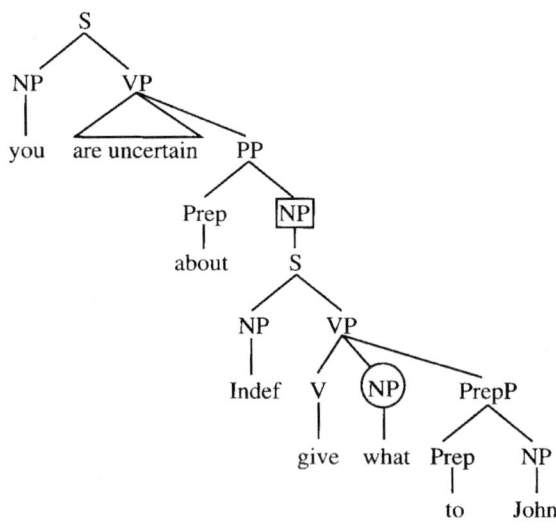

이러한 문제점은 Ross로 하여금 A-over-A의 원칙이 설명하려고 했던 현상들을 재검토하도록 만들었다. Ross의 재검토가 바로 기념비적 저작인 *Constraints on variables in syntax*(Ross 1967)이다. A-over-A 원칙과 Chomsky에 의해 제안된 다른 약한 원칙들은 규칙의 범주 표지 해석을 관장하는 원칙들 이었다. Ross는 이러한 원칙들을 통사 규칙의 필수 변수를 해석하는데 필요한 일단의 제약들로 바꾸어야 한다고 주장했다. Ross는 이 제약들 중 복합 명사구제약(Complex NP Constraints)과 등위 구조제약(Coordination Structure Constraint)은 보편적인 제약이라고 주장하였고, 다른 제약들은 특정 언어에만 나타나는 제약들이라고 주장하였다. Ross의 제약들을 아래에 설명과 함께 제시하였다.

(1) 복합명사구 제약(CNPC) : 어휘적 핵어를 가지는 NP에 의해 지배되는 S내부의 어떤 요소도 그 NP 밖으로 이동할 수 없다.

이 제약은 (16)과 같은 관계절에 적용되는데, 이때 동일한 아래첨자는 공 지시관계를 표현해 준다. 또한 CNPC는 (17)에서와 같이 fact, claim, idea 등의 명사구와 동격 관계에 있는 절에도 적용된다.

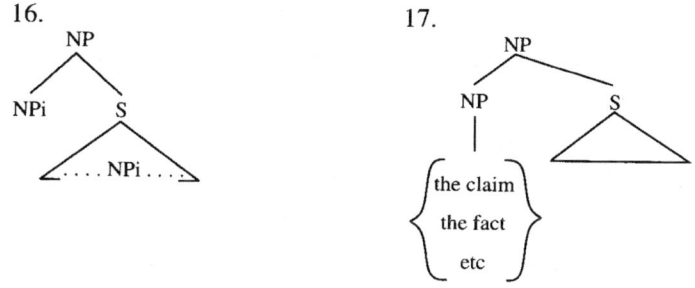

따라서 CNPC는 다음의(부분적) 도출을 막아준다(부분적 도출을 기술하는 전통적 방식에 따라, 규칙의 구조분석에 의해 만들어지는 구조는

작은 대문자로 표현했고, 화살표는 이 구조를 일련의 단어들과 연결시킨다. 이때 이 단어들의 연쇄는 규칙의 구조 속성을 표현한다.[3] X 화살표($-X \rightarrow$)는 두 구조가 문제의 규칙으로 연결되어 있지 않음을 나타낸다).

Mo met a man hwo eats ?what -X → *What did Mo meet a man who eats?

Jo believes the claim that ?who eats green tomatoes -X → *Who does Jo believe the claim that eats green tomatoes?

Bo met a player who eats marigolds -X → *Marigolds,Bo met a player who eats.

Dana heard a claim that Sam eats marigolds -X → *Marigolds, Dana heard a claim that Sam eats.

The book [Dale met the player who owns which] were good -X → *The books which Dale met the player who owns were good.

The books [Jan is suspicious of the claim that Dale wrote which] were good -X → *The books which Jan is suspicious of the claim that Dale wrote were good.

(II) **등위구조제약**(CSC): 어떤 등위구도 이동할 수 없으며, 등위구 내부의 요소도 이동할 수 없다.

John nominated ?who and dale -X → *Who did John nominate and Dale?

---

3) 화살표는 도출에서 인접한 단계들 간에 존재하는 적형성의 관계를 표시하므로, 언어 생산과 관련한 어떤 주장으로 오해해서는 안 된다.

John chose Dale and who → X → *Who did Joan nominate and Dale?

Kim dusted the tables and swept ?what −X→ *What did Kim dust the tables and sweep?

Sandy likes mike and ike −X→ *Ike, Sandy likes and Mike.

Sandy likes mike and ike −X→ *Mike, Sandy like Ike and.

Lou wanted to type letters and stamp envelopes −X→ *Envelopes, Lou wanted to type letters and stamp.

Jo met the man [Jan invited who and lowe] −X→ *Jo met the man who Jan invited and Lowe.

Jo met the man [Jan invited Lowe and who] −X→ *Jo met the man who Jan invited Lowe and.

Mo liked the beans [Jo cooked which and their uncle cooked the potatoes] −X→ *Mo liked the beans, which Joan cooked and their uncle cooked the potatoes.

전체 등위 구문에서 빠져나오는 외치는 허용된다. (across-the-board extraction):

Sam sealed the envelopes and Jan stamped the envelopes
→ The envelopes, Sam sealed and Jan stamped.

다음의 예도 동일한 현상이다:

What did Sam lick __ and Jan stamp __?

The envelopes which Sam licked __ and Jan stamped __ got lost.

(III) 문주어 제약(SSC): 어떤 요소도 최고절의 주어 위치에 있는 절 내부에서 밖으로 이동할 수 없다.

[The plumber's greedily eating ?what] annoyed Chris −X→ *What did the plumber's greedily eating annoy Chris?

[That the plumber ate ?what] annoyed Crhis −X→ *What did that the plumber ate annoy Chris?

[The plumber's greedily eating tadpoles] annoyed Chris −X→ *Tadpoles, that the plumber ate annoyed Chris.

These are the tadpoles [[Lou's eating which] annoyed Crhis] −X→ *These are the tadpoles which Lou's eating annoyed Chris.

These are the tadpoles [[that Lou ate which] annoyed Crhis] −X→ *These are the tadpoles which (that) Lou ate annoyed Chris.

논리적 주어인 절은 주어 위치에 있지 않고, 수의적인 외치 규칙에 따라 문장의 끝 부분으로 외치될 수 있다. 이때는 그 절 내의 요소가 밖으로 외치될 수 있다:

What did it annoy Chris that the plumber ate?

Tadpoles, it annoyed Chris that the plumber ate.

These are the tadpoles which it annoyed Chris that the plumber ate.

IV. **왼쪽 가지 조건**(LBC): 어떤 NP가 더 큰 NP안의 가장 왼쪽에 위치
하고 있다면, 그 NP는 상위의 NP를 벗어나서 재배열될 수 없다.

[We elected Charlie Brown's dog president −X→ *Charlie Brown's we
elected dog president

[We elected Charlie Brown's dog president −X→ *Charlie Brown we
elected's dog president

Ross의 또 다른 관찰에 따르면, 어떤 규칙이 외치나 중-NP-이동(Heavy
NP Shift)에서처럼 한 요소를 변수의 오른쪽으로 이동시킨다면, 그 규칙
은 상위-결속되어 있다. 즉, 이러한 규칙들은 그 요소를 원래 속해 있던
절의 경계를 넘어서 배열시키지 않는다. 확대 표준이론의 틀을 받아들
였던 언어학자와(Chomsky 1973과 1977의 이론을 따랐던 언어학자) 이
들의 계승자들은 모든 규칙이 결속되어 있다는 입장을 견지했다. 이는
모든 규칙들이 어떤 요소를 하나의 절 내부에 또는 바로 다음 상위의
절에만 위치시킬 수 있다는 일반화에 따른 것이다(Chomsky의 하위 인
접 조건4)). 또한 이들은 이들의 주장에 따라 기존에 이들이 가지고 있
던 이론적, 기술적 원칙들을 수정했다. 예를 들면, 이들은 무한의존구문
이 한 보문자(complementizer)위치에서 다른 보문자 위치로 차례대로 이
동하는 일종의 결속 이동에 의해 생성됨을 주장했다. 7장에서 다시 언
급될 바와 같이, 독자들은 모든 규칙들이 강하게 결속되어 있다고 주장
하는 이들 이론들을 기억해야 할 것이다.

추가적인. Morgan(1975)은 다양한 현상들을 검토하고, Ross의 제약에
서 정의된 섬(**islands**; Ross 1967)들이 언어적 능력의 비 통사적 측면을
다루고 있음을 지적한다. Grosu(1972, 1973a, 1973b, 1974, 1975) 등은 제

---

4) 이 조건에 대한 설명과 동기는 5장의 각주 9 및 Chomsky 1973, 1977과 후속 논문들을
참조할 것.

약을 통합적인 심리학으로 설명할 수 있는가의 가능성을 검토한다. Gazdar(1981)와 Flickinger(1983)는 제약의 효과가 비 변형적 생성 문법에서는 어떻게 표현될 수 있는가를 기술한다. Goldsmith(1985)와 Lakoff(1986)는 등위구조제약의 설명이 과도하게 강력함을 보여주고, 대신 관련된 제약들이 통사론적이기 보다는 화용론적임을 주장했다.

6.2 출력 조건

생성문법의 초창기에 여격 이동(Dative Movement)과 대명사화가 서로 상호 작용한다는 사실을 발견했는데, 이러한 상호작용은 (18)의 예들이 보여주는 현상에서 잘 나타난다.

> 18a. They gave the boy the book.
>
> 18b. They gave the book to the boy.
>
> 18c. They gave him the book.
>
> 18d. They gave the book to him.
>
> 18e. *They gave the boy it.
>
> 18f. They gave it to the boy.
>
> 18g. ?*They gave him it.
>
> 18h. They gave it to him.

위에서 보여주는 상호작용과 더불어, 불변화사 이동(Particle Movement)과 대명사화, 방향부사 뒤로의 도치와 대명사화 등이 보여주는 상호 작용 등에 근거하여, Ross(1967)는 새로운 주장을 하였다. Ross의 주장에 따르면, '전치사구, 불변화사, 동사 등의 앞에 위치하는 NP가 대명사면, 불변화사 이동은 의무적이며, 도치와 여격 이동은 금지된다'고 개별적으로 기술하는 것이 중요한 일반화를 놓치는 결과를 초래하게 된다.[5]

19a. I put out the cat.

19b. I put the cat out.

19c. *I put out him.

19d. I put him out.

20a. The cat went out.

20b. Out went the cat.

20c. He went out.

20d. *Out went he.

Ross에 따르면, (18e), (18g), (19c) 및 (20d)는 화자의 언어능력을 구현하는 문법에 의해서는 생성될 수 있다는 점에서 모두 문법적이다. 그러나 더 넓은 의미에서의 언어적 능력은 문법적인 문장들 간의 수용성 차이를 판단해 낼 수 있는 능력까지 포함한다. Ross에 따르면, 문법성 판단도 일반적 의미에서 규칙에 지배되며, 문법의 출력 조건의 하나이다. Ross는 (21)과 (22) 두 가지 출력 조건을 제시하였으며, 특히 두 번째 조건은 보편적 조건이라고 주장했다.

21. (= Ross' 3.41: 동사 이후 구성소에 대한 출력 조건) 영어의 동사 이후 구성소에서 선호되는 순서:

1. 직접 목적 대명사
2a. 간접 목적 대명사
2b. 지시적 형용사(*this, that* 등)와 대명사로 사용된 정수(e.g., *give me two*에서 사용된 *two*)
3. 문법관계와 무관한 고유 명사
4a. 불변화사

---

5) 또는 불변화사 이동과 여격 이동이 의무적이고 여격 이동이 전치사구를 줄이는 대신 생성시킨다고 기술하는 것도 마찬가지다.

4b. 문법관계화 무관하게 명사 후 수식어를 가진 어휘적 핵어인 NP

5. 축소된 방향 구(e.g., *let out*에서 사용된 *out*)

6. 이중 목적 타동사의 두 번째 목적어(elect him *president*에서 *president*)

7. 보충어적 형용사(e.g., *make them available*에서 *available* 또는 *paint in red*에서 *red*)

8. 간접 목적어구와 방향 구(directional phrase)처럼 기능하는 전치사구

9. 명사 후 수식어를 가진 비 복합(non-complex) NP(e.g., *something small*)

10. 복합 NP

11. 특이한 구-말단 술어(e.g., *keep someone company*에서 사용된 *company*, *bring someone to*에서 사용된 to)

22. (= Ross' 3.27: a "언어행위에 대한 일반적인 출력 조건") S[6]를 모두 지배하는 NP를 내부에 포함하고 있는 문법적 문장은 비수용적이다.

이 조건은 (23)에서 (25)까지의 문장에서 보이는 차이들을 설명하기 위해 제시되었다. 이 문장에서 (a)의 예는 NP에 의해 모두 지배되는 내부적 S(internal S)를 가지는 것으로 분석된다. (b)의 예는 NP에 의해 모두 다 지배되지는 않는 내부적 S를 가진다. (c)의 예는 NP에 의해 지배되는 주변부적인 비 내부적 S를 가지는 것으로 분석된다.

23a. *Did [that John showed up] please you? (*내부적 S*)

23b. Did [[the fact] [that John showed up]] please you? (*NP에 의해 모두 지배되지는 않는 S*)

23c. Did it please you [that John showed up]? (*비 내부적 S*)

---

6) 이때, S는 NP가 지배하는 모든 요소가 되어야 한다. Ross가 가정하고 있는 구구조 이론에 따르면, 주어 또는 직접 목적어의 문법관계를 가지는 절은 NP에 의해 지배되는 S로 취급되었다.

24a. ?*That that John showed up please her was obvious.

24b. That the fact that John showed up pleased her was obvious.

24c. That it pleased her that John showed up was obvious.

25a. ?*I want that Dale left to remain a secret.

25b. I want the fact that Dale left to remain a secret.

25c. I want it to remain a secret that Dale left.

(a)의 문장은 분명히 영어이며 간신히 해석될 수 있겠지만 비수용적이다.

일년 뒤 완성된 Permutter의 논문(출판은 1971년에 되었음)에서는 적형의 표면구조를 구성하는 요소들에 대한 조건 및 제약들이 사실상 문법의 일부임을 주장했다. 이러한 주장은 출력 조건이 문법외적[7]이라는 Ross의 주장과는 상반된 것이다. Permutter의 주장은 Chomsky(1965)의 주장과도 반대되는 견해였는데, Chomsky는 이러한 조건 및 제약들이 언어학적 메타 이론의 일부, 즉 모든 언어에서 무엇이 적형의 표면구조가 될 수 있는가에 대한 제약들임을 주장했다.

구체적으로, Permutter(1971)는 스페인어의 변형문법이 표면구조 제약 없이는 접어(clitic) 대명사를 적절히 기술할 수 없음을 주장했다. 이때 표면구조제약은 특정 패턴을 따르지 않는 접어의 순서를 포함하는 모든 문장들을 배제 시킬 수 있었다. Perummtter의 주장에 따르면, 정확한 접어의 순서를 보장해 준다고 제시되었던 구구조 또는 변형 규칙들은 아무런 근거도 가지고 있지 못하다. Permutter는 접어도출규칙과 접어

---

7) Ross는 3.41과 3.27(Ross 1967에서의 번호)이 수용성을 결정한 것이지 문법성을 결정한 것은 아니라고 주장한다. Ross는 3.27은 보편적이고, 표면구조의 적형성 개념에 대한 메타 이론적 제약이라는 점에서 문법외적이라고 제안했다. 반면에 3.41은 영어에 한정되는 특수한 규칙으로써 문법적인 것과 수용적인 것이 융합된 제약으로 다루어졌다. 그럼에도 불구하고 Ross(1967)의 각주 8에서는 그가 Chomsky(1965: 12절)에서 정의된 용어를 사용하고 있다고 주장하였다.

재배열 규칙에 더하여 필터가 필요함을 주장했다.

Permutter는 영어와 불어의 문법도 (26)에서와 같은 표면구조 제약을 가져야 한다고 주장했다.

26. (= Perlmutter에서는 4장 (9))
    명령문을 제외하고, 주어를 포함하지 않는 S를 가지는 문장은 비문법적이다 (1971: 100)

(Schmerling(1973)은 이러한 주장에 대한 반례들을 논의했는데, 이러한 반례들은 주로 구어체 영어에서 추출되었다.)

Ross의 주장과 Permutter의 주장사이에 차이점은 Ross의 제안에 의해 배제된 문장들이 문법적이지만 비수용적이었기에 배제되었고 언어행위, 화용론, 문체 등에 의해 설명되었다면, Permutter의 제안에 의해 배제되는 문장들은 비문법적이어서 비수용적이라는 것이다. 그러나 원어민 화자의 문법 판단의 수용성이 문법이론을 시험하는 실증적 기초를 형성하기는 하지만 비수용성의 원인에 대한 어떤 통찰력도 제시할 수 없다. 따라서 특정 표면 여과 장치가 문법의 일부인지 또는 특정 상황에 적용되는 문법 외적 제약인지는 직접적으로 확인 할 길이 없다. 또한 어떤 대안이 하나의 일관된 문법이론을 창출하는데 더 기여할 수 있는가 또는 무엇이 보편 문법의 정확한 기술을 허용하는가에 대한 문제도 답하기 어려운 질문이다.

일부 언어학자들(cf. Green 1981, 1982b)은 표면필터에 의해 배제되는 구문이 상황(state of affair) 또는 사건(event)을 자연스럽게 기술하는 경우가 있다면, 이 필터는 잘못된 것이며 이 구문은 문법적인 것으로 간주되어야 한다고 주장했다. 어떤 구문의 몇몇 예들이 비 수용적이라고 판단된다면, 이 구문들의 비수용성은 우발적인 문법외적 제약에 의해 발생한 것임이 틀림없다. 일부 다른 학자들(cf. Chomsky 1969, 1977)의 이론은 비문법적이지만 수용적인 문장의 가능성을 논하였다. 이들의 이론에는 두 가지 방법, 즉 우발적으로 수용적인 문장을 문법적이지만 때론 비수용적이라고 간주하는 것과 이를 비문법적이지만 때론 수용적이라고 간주하는 방법이 있었다.

Baker(1970)에서 다루었던 대명사화, Green & Morgan 1976의 관용구, Green 1974의 5장에서 다루었던 어휘 항목 등 다양한 현상들이 여러 종류의 표면필터들에 의해 설명되어졌다. Chomsky & Lasnik(1977)은 적법하게 도출된 that이 WH 요소에 의해 더 이상 채워지지 않는 장소의 앞에 오는 경우를 배제시키는 필터를 제안했다. 이들은 또한 이중으로 채워진 COMP 마디와 [NP to VP]로 분석되는 구성소를 금지시키는 제약도 주장한바 있다. 표면필터의 역할은 생성문법에서 점점 더 증대되어 왔다. 반면에 개별규칙과 규칙들의 상호작용에 대한 제약은 Ross와 Permutter가 1960년대 말 필터의 개념을 처음 소개하면서 생각했던 것보다 훨씬 더 작은 역할을 수행하게 되었다. 이러한 문법이론의 진화는 지배 결속 이론(Government & Binding framework; Chomsky 1981 및 후속 논문들)과 통사론의 구구조적 접근(Gazdar, Klein, Pullum, & Sag 1985; Pollard & Sag 1987, 1994)에서 더욱 명백해 진다.

6.3 도출과정의 제약

Lakoff(1970)가 지적한 바와 같이 구구조 규칙과 변형 규칙(심층 및 표면 구조제약)은 국부적 원칙이다 — 구구조 규칙은 적형성의 조건을 국부적 하위 수형도의 구 표지, 즉 직접지배 또는 직접 선행하는 구성소에 한꺼번에 적용시킨다. 변형 규칙은 제약을 도출에서 인접한 구 표지 쌍에 적용시킨다. 그러나 Lakoff는 이를 넘어서, 변형 규칙은 도출의 두 가지 단계 이상의 언급을 요구할 때가 있으며, 인접하지 않은 구 표지에도 규칙을 적용 시킨다는 주장을 피력했다. Lakoff의 지적처럼 변형 규칙은 속성상 총체적이다. 또한 변형 규칙은 국부적 원칙으로 정의되지 않거나 명쾌히 정의되기 힘든 것이다. 예를 들면, Lakoff는 Postal (1970)의 관찰을 인용했는데, 이 관찰에 따르면 동일명사구 삭제 규칙이 어떤 측면에서는 순환 규칙처럼 행동한다. 동일 명사구 삭제 규칙은 *John is eager [ ] to compete*과 같은 문장에서 *to compete*과 같이 통제되는 동사구를 발생시키는 규칙이다. 이러한 규칙이 Postal(1970)에서 순환적으로 보였던 이유는, 이 규칙의 구조 분석이 다른 순환 규칙 즉 수동변형 및 인상변형과 feeding과 bleeding의 관계를 모두 가지고 있었기 때문이다(cf. Chapter 5). 또 다른 측면에서의 Postal의 관찰에 따르면, 동일 명사구 삭제 규칙은 일종의 후기-순환 규칙에 가까운 것이다. 삭제된 NP에 대한 제약은 그 삭제된 NP가 대명사라는 가정으로부터 예측 가능하다. Postal은 대명사가 후기-순환 변형을 거쳐 생성된다고 주장했다(이러한 주장은 대명사의 선행사와의 형상적 관계에 대한 사실을 인용하면서 만들어 졌다). 결과적으로 동일구는 후기 순환 규칙을 따르기 위해서 후기 순환적(또는 최종 순환적)이어야 한다. 동일구가 최종 순환적이라는 가정은 동일구의 순환성을 입증하는 자료들을 설명할 수 없을 것이다. 또한 정의상 하나의 규칙이 순환적이면서 동시에 후기 순환적일 수 는 없기 때문에 Postal은 동일구가 두 규칙을 결부하고 있다고 주장할 수밖에 없었다. Postal의 설명에 따르면, 순환 규칙은 이 현상에서 [+종말(DOOM)]이라는 특수한 자질을 가진 보충어의 주어를 다음 절에 오는 NP와 공지시적인 것으로 표시하고, 후기 순환 규칙은 종말적인 대명사를 삭제한다.

또 다른 유명한 예의 하나로, King(1970)은 기저구조에서 be의 활용형 바로 뒤에 오는 구성소가 도출의 과정에서 다른 위치에 나타나게 되면 be의 활용형이 축약될 수 없음을 지적했다. 따라서 is, am 및 are는 (27a)에서 (27e)의 예들에서는 자유롭게 축약될 수 있지만, be의 활용형 뒤에 와야 할 구성소가 그 장소에 존재하지 않게 되면 축약될 수 없다. 후자의 경우는 VP-삭제, 부사구 전치, WH-관계사 이동, 비교 삭제 또는 WH-Q 이동 등의 다섯 가지 규칙들에 의해 발생한다.

27a. Sandy's voting for Chris, and I'm voting for her too.
27b. I'm here.
27c. It's that way in real life.
27d. They're very lucky tonight.
27e. The concert's here at 2:00.

28a. Sandy's voting for Chris, and I am/* I'm [ ] too.
28b. Here I am/*I'm [ ].
28c. That's the way it is/*it's [ ] in real life.
28d. They're luckier than we are/*we're [ ] tonight.
28e. Tell me where the concert is/*concert's [ ] at 2:00.

축약이 국부적 규칙으로 분류되기 위해서는, 위의 다섯 가지 규칙이 적용될 때 어떤 기록을 남겨야 하였을 것이다. 즉 이들 규칙들이 적용된 곳에 어떤 표시를 남겨서 그 표시가 축약의 적용을 막도록 만드는 것이다. 마찬가지로 총체적이고 초도출적인 제약들도 다양한 규칙들을 기술하는데 사용할 수 있다. 이러한 제약들은 변형 규칙 기술을 위한 최고의 문법 틀이 무엇이냐에 대하여 다양한 의견을 가졌던 많은 저자들에 의해 사용되기도 하였다(cf. Lakoff 1972).

Lakoff(1970, 1971)는 규칙의 적용에 따른 표시의 사용은 인위적인 임시가설이라고 주장했다. 이는 문법의 모든 규칙이 도출에 대한 적형성 제약으로 간주되어야 한다는 자신의 주장에 근거한 것이다. 이는 또한 Ross의 변수에 대한 제약, Postal의 Cross-over 원칙[8], Ross와 Permutter의

---

8) 아주 간략히 표현하면, 이 원칙은 한 문장에서 공지시적 NP들 간에 선행관계가 어떤 도출

표면구조에 대한 제약 등이 도출에 대한 제약임과 같은 원리이다. 예를 들면, Lakoff의 제안에서는 동일구가 두 규칙이 될 수 없고 대신 순환 환경을 가진 하나의 후기 순환 규칙이 되어야 할 것이다. 이에 따라서 규칙은 세 개의 구 표지를 수반해야 하는데, 이는 다음과 같이 요약될 수 있다:

한 쌍의 구 표지 P_i와 P_{i+1}이 적형이 되려면 다음을 충족시켜야 한다:

a. P_{i+1}은 P_i와 동일하다, 단 P_i 안에 있는 어떤 NP_p가 P_{i+1} 안에는 없을 때는 제외한다.
b. NP_p와 P_i 안에 있는 선행사는 특정한 대용어 조건을 충족시켜야 한다.
c. NP_p의 선행사를 포함하는 최하위절 S에서 순환의 마지막 단계를 표시하는 구구조 표지 P_j에서는 NP_p는 주어이며, 이의 선행사는 특정의 다른 조건들을 충족시킨다.

총제적 도출 제약이론이 형성된 이후에는 더 많은 다른 예들이 언급되었다(Green 1971, Chomsky 1973: 243). 비록 어떤 이유에서인지 많은 언어학자들이 그 제약들을 총제적 제약이라고 부르기를 꺼려했을지라도 말이다. 더 많은 예들이 언급되면서 문법규칙에 대한 성격과 배열에 대한 많은 의문이 제기되었다. 이러한 의문들이 가지는 공통된 주제는 언어학 이론의 기술적 한계를 제약하는 것이었다. 이는 Chomsky의 설명적 타당성에 대한 고려에서 비롯된 것이기도 하다. 그러나 총제적, 초 변형적 규칙들은 이론을 제약하는 것을 최고의 주제로 부각시켰다. 확대 표준이론(EST)에서는 이동 규칙의 흔적이론(Chomsky 1975)이 총체적 규칙의 대안으로 제시되었는데, 이 방식에서는 도출의 과정을 기

때문에 깨어지게 된다면(예를 들어,이동 규칙이 어떤 NP를 공지시적 동일절 내 요소를 건너뛰어 이동시킨다면), 그 도출에 의해 생성되는 문장은 비문법적이 된다는 것이다.

록하는 특정한 표시가 사용되었다. 이 이론의 주장은 이동되어 빈 자리에 공범주 NP(흔적, t 또는 e로 표시되었음)가 남는다는 것이다. 따라서 삭제된 장소는 다른 규칙이나 제약이 작동하는데 영향을 미칠 수 있었다. 이러한 방식에 따라 문법규칙은 이동의 역사와 관련 없이 흔적을 직접적으로 언급할 수 있었다. 흔적이론은 Chomsky의 몇몇 논문들과 다른 저작들(Chomsky 1977, 1981 및 Chomsky & Lasnik 1977)에서 가다듬어졌고, 이후 지배 결속이론의 초석이 되었다.

확대 표준이론은 초창기의 몇몇 제안들에 근거하여 성립되었는데, 이러한 제안들은 기저부를 제약하는 다른 방식으로 자연언어의 가능 문법에 대한 개념을 제한하자는 것이었다. 이것이 X'(X-bar)이론이며, Chomsky (1969)에 의해 처음 제안되었고, Jackendof(1977)에 의해 정교히 다듬어졌다.[9] 이 이론에서는 주요 범주(즉 S, NP, VP, AP, PP)들의 최대 투사(maximal projection)들이 모두 유사한 내부 구조를 가진다. 즉 이 범주들은 모두 어휘 핵과 구 보충어들로 이루어져 있다. 이들의 내부 구조는 두 가지 직접 지배 규칙으로 분리되는 템플릿으로 표현된다.

$$X'' \rightarrow \text{Spec, } X'$$
$$X' \rightarrow X, \text{(보충어)}$$

다음에서: 1) X는 N, V, A, P, S 중 하나이다.
　　　　　2) X'는 X''의 핵어이며, X는 X'의 핵어이다.
　　　　　3) 핵어는 어머니(mother)와 동일한 범주 속성을 가진다.
　　　　　4) 보충어는 X'' 범주를 가진다.

지정어(specifiers)는 조동사, 지시사(determiners) 및 보문자(complementizer) 등의 범주를 가지며, 그 선택은 핵어의 범주가 가지는 속성에 의존한다.

---

9) Jackendoff(1974)는 이러한 생각을 쉽게 풀이한 지침서이다.

기술적 장치의 한계를 제한하려 했고, 이후 확대 표준이론으로 통합되었던 또 다른 제안이 있었다. 이는 바로 Emonds(1970, 1976)의 root와 구조 보존 규칙에 대한 이론이다. Emonds는 변형 규칙이 기본적으로 구조 보존적임을 지적했다. 이 지적은 그 규칙이 생성시키는 구조들이 독립적으로 필요한 구구조 규칙에 의해 만들어지는 구조와 대체적으로 같다는 관찰에서 비롯되었다. Emonds에 따르면, 이러한 속성은 언어에 있어서 필수적인 것이고 두 가지 다른 타입에 속하지 않는 모든 규칙은 구조 보존적이다. 이 두 가지 다른 타입이란 root 변형 규칙과 국부적 변형 규칙을 의미한다. root 변형 규칙은 구 표지의 최고 S(또는 root), 등위 root의 conjunct daughter 및 직접 인용에만 적용되는 규칙이며, 국부적 변형 규칙은 (a) 엄격히 인접한 두 구성소간에 적용되고 (b) 그 외의 다른 조건에 제약 받지 않는 규칙을 의미한다. 주어-조동사 도치와 구성소 의문문 WH-이동 규칙들이 root 변형 규칙으로 분류된다. Do-삽입(do-support), 양화사 floating(quantifier floating) 및 불변화사 이동은 국부적 변형 규칙의 예이다. 순환적이어야 하는 모든 규칙들이 구조 보존적이라고 주장되었다. Emonds의 이론은 문법의 한계를 규정하려는 강력하고 선명한 동기를 가진 제약들을 제시했지만, 이 이론의 이론적 경험적 측면은 많은 비판을 받아야 했다. 이러한 비판은 Hooper(1973), Hooper & Thompson(1973) 및 Green(1976) 등에 의해 제기 되었다.

확대 표준이론을 발전시키는 과정에서 흥미롭게도 Chomsky는 보편문법에 의해 규정되는 구구조 규칙과 변형문법은 극소수이며, 극도의 일반성을 갖추어야 한다는 입장을 취하게 된다. 이러한 입장에서는 보편 문법이 보편적 제약이라는 추가 장치에 의해 보충되며, 이러한 제약들은 아마도 생득적 제약일 것이다. X-bar 이론은 가능한 구구조 규칙을 제약한다. 또한 구구조 보존 제약 및 A-over-A 제약과 더불어 많은 일반적 제약들이 가능한 변형 규칙을 제한했고, 이러한 제약들은 매개변수적이어서 언어에 따라 조금씩 다르게 기술 될 수 있었다. 예를 들어 Chomsky(1973)에서 제시된 바와 같이 하위 인접 조건은 하나보다 많은 NP와 S를 건너뛰는 이동을 금지한다. 시제문 조건은 한정 동사(finite verbs)를 가진 절들로부터의 추출을 금지시켰다. 명시주어조건은 어휘적 또는 비 대용적(non-anaphoric) 의미를 가진 주어 다음에 오는 요소가 절 밖의 요소와 관련하여 어떤 규칙의 영향을 받는 것을 금지시킨다. 확대 표준이론 이후의 계승 이론들에서는 이러한 조건들이 더 이상의 개별적인 원칙들이 아니라 결속, 투사, 고유지배 등의 이론내적 개념을 기술하는 문장들에 통합된다.

관계문법(Relational Grammar) 또한 보편 문법의 제약적인 이론을 정의하려고 노력했다. 관계문법은 1970년대 말 Postal과 Permutter의 공개 강의들에서 형성되었다(Permutter & Postal(1983a) 및 Johnson & Postal(1980)을 참조할 것). 관계문법이 표준문법과 가장 큰 차이점을 보이는 것은 자연언어의 통사적 기술을 추구하는 통사이론의 기본적 요소와 가능한 형태와 통사규칙의 통사적 기능을 제약하는 실질적 제약의 기초가 문법 범주가 아니라 문법관계에 있다고 보는 것이다. 한 예를 들어보면, 관계 계승 법칙(Relational Succession Law)은 한 NP가 다음 상위절로 인상될 때, 인상되기 전에 속했던 절에서 가졌던 문법관계를 항상 유지한다는 제안을 담고 있다

본 절에서 서술되었던 이론적 혁신들은 사실 모두 하나의 이론, 즉 표준이론을 수정하려는 시도 속에서 제안된 것들이고 그 본질상에서는 1965년에 이루어졌던 내용과 큰 차이를 가지지 않는다. 오늘날 생성문법이라는 이름 하에서 존재하는 대안적 이론들은 위에서 제시된 내용과는 사뭇 다른 내용들을 가진다. 또한 이 이론들은 Aspects의 이론과도 다르지만, 서로 간에도 큰 차이를 가지고 있다.

7장 문법이론

이 장에서는 1960년대의 표준이론과 이 이론에서 발전한 세 가지 중요한 이론인 현대 구구조 문법이론과, Chomsky의 지배결속이론, 그리고 관계문법을 살펴본다. 전자의 두 이론은 계속 발전해 가고 있으며 변화해가고 있기 때문에, 이들 이론에 관한 개괄적인 사항만 살펴보기로 한다. 특히 통사적 표상, 여과장치, 문법적 관계, 무한의존관계와 생략현상, 그리고 통사적 표상과 의미적 표상과의 관계만 살펴보기로 한다.[1]

이들 세 이론 모두 1970년대 변형문법인 표준이론에서 발전했다. 이들 이론 모두 1장에서 기술한 생성문법의 기본적인 가정을 받아들이고 있지만, 5장에서 기술한 표준이론과는 많이 다르다. 상대적으로 적은 수의 구구조 규칙을 포함한 기저부, 다소 많은 수의 규칙을 포함한 변형부, 다양한 표상에 적용되는 여과장치, 그리고 명시적인 가설이라기보다는 프로그램화된 의미 해석 체계 등에서 많은 차이가 있다. 이들 세 이론 모두 언어는 아주 짧은 시간 안에 한정된 자료로 배운다는 사실을 설명하려는 표준 언어이론의 목표를 받아들이고 있다. 또한 세 이론 모두 모든 언어에 공통된 내재적인 보편 문법은 개별 언어의 원리와 변항을 필요로 한다는 것을 인정한다.

---

1) GB 이론과 GPSG에 관한 자세한 논의는 Sells(1995) 참조. 여기서 논의하는 이론적 개요는 Gazdar, Klein, Pullum, & Sag(1985), Bresnan(1982a), Pollard & Sag(1987, 1994), Borsley & Borjars(2002), Chomsky(1981, 1986b, 1995), Johnson & Postal(1980), Perlmutter(1983), Perlmutter & Rosen(1984) 등 참조.

7.1 현대구구조 문법이론

확대표준이론의 변형 규칙이 할 수 있는 일에 관해 제약을 가하고 결국은 변형부가 할 수 있는 일을 한 가지로 국한시키는 과정에서, Kaplan & Bresnan(1982) 등은 모든 자연언어에 있는 문장 구성소간의 관계를 설명하기 위해서 하나 이상의 통사적 구조가 필요하다는 주장을 재검토하기 시작했다. 그 결과 구조적으로 중의성이 없는 문장을 위해서는 하나의 통사적 구조만 허용하는 비변형이론을 개발하게 된다. 이러한 문법이 어휘기능문법(Lexical Functional Grammar, Kaplan & Bresnan 1982), 일반구구조문법(Generalized Phrase Structure Grammar, Gazdar, Klein, Pullum, & Sag 1985), 핵어중심구구조문법(Head-driven Phrase Structure Grammar, Pollard & Sag 1987, 1994) 등이다. 이러한 이론들은 구나 문장에 대한 통사, 의미부에 대한 각각 독립적 표상을 제공할 때 하나의 계층(level)은 하나의 기술적 표상만 가진다고 가정한다. 이러한 관점은 음운부, 통사부, 의미부의 정형성의 조건과 다양한 표상을 가정할 뿐만 아니라, 심층구조, 표층구조와 같이 여러 통사적 계층을 가정하는 표준이론과 다르다.

이러한 단층(monostratal) 이론은 때론 제약기반 혹은 통합문법이라 부른다. 그 이유는 통사적 구조의 속성들의 통합(unification)과 같은 집합에 대한 연산 작용처럼 수학적 작용에 의해서 결정된다고 보기 때문이다(GKPS 1985, Pollard & Sag 1987). Montague 문법에서 발전한 범주문법도 비변형 단층이론이다. Dowty(1982)와 Moortgat(1988)은 범주문법을 잘 소개하고 있다. 범주문법 이론 중 일부도 통합기반이다. 범주문법은 통사적 구성소에 관한 것보다 투명한 의미합성성 원리를 준수하는 것에 더 관심을 가지며, 모든 구성소의 의미는 부분의 의미에 의존한다고 본다.

GPSG는 Dowty, Wall & Peters(1981)에서 기술한 모델이론적 의미론을 따른다. GPSG에서 범주는 생성음운론에서의 음소처럼 자질과 값의 집합으로 정의한다. 확대표준이론과 같이 GPSG는 범주를 정의하는 데 있어서 X-bar이론을 따르지만, 표준이론과는 달리 기저부가 다양한 통사적 자질로 풍부하게 구성되어 있다. 그리고 통사적 단계가 하나밖에 없기 때문에 변형 규칙이 존재하지 않는다(Gazdar 1981, 1982, GKPS 1985). 그리고 자질들의 결합이 가능한 범주에 대한 보편적 제약과 개별 언어적 제약들이 존재하지만, 도출과정에 대한 제약이나 여가 장치도 없고 심층구조에 대한 제약도 없다. 즉 도출 과정은 없고 단지 하나의 단계만 있다. GPSG의 주된 문법적 도구는 다음과 같다.

- 직접 지배규칙(ID 규칙) : 구성소 범주에 관한 정의
- 메타규칙 : 직접지배 규칙을 추가적으로 만들어 냄.
- 자질 공기(feature co-occurrence) 제약 : 특정 자질 범주들이 결합하는 것을 금지
- 자질 구현 원리 : ID 규칙에서 명시되지 않는 구성소의 자질에 관한 제약
- 어순제약 : 딸 구성소들의 순서를 규정

범주를 자질로 정의하면 가능 범주는 수천 가지가 된다. 그러나 자질 공기제약과 자질구현원리들은 특정 자질-값이나 모-딸의 결합을 제한한다. 예를 들어 보면 아래 ID 규칙은 N은 -값, V는 +값, BAR 값은 2, SUBJ 값은 -인 모범주는 하위범주화 정보 SUBCAT이 2인 핵어와 NP 딸을 가진다는 것을 보여준다.

1. [N-, V+BAR 2, SUBJ-] → H[SUBCAT 2], [N+, V-, BAR 2]

핵자질원리(Head Feature Convention: HFC)는 H로 표시되는 핵딸의 핵자질이 자신의 모범주의 핵자질과 동일하다는 것을 요구한다. 이 원

리는 결국 핵어가 동사 [N−, V+]임을 요구하게 되지만, 자질공기 제약이 BAR 값이 0이 되도록 요구한다. 이는 결국 모범주의 BAR 값은 2이지만 핵어의 BAR 값은 0이 되도록 한다. 그 결과 핵어는 구범주가 아니라 어휘범주가 된다. (1)과 같은 규칙은 순서쌍으로 구성된 집합이 일반적인 명시이기 때문에 범주의 유형을 기술하고 있다. (1)에 있는 규칙은 3인칭 단수 VP와 1인칭 복수 VP, 3인칭 복수 NP 딸, 1인칭 단수 딸 등을 허용한다. HFC는 핵딸의 인칭, 수가 모범주 VP의 인칭 수 자질과 일치하도록 한다.

어순 규칙은 범주 유형에 관계없이 준수되는 규칙이기 때문에 모든 언어에서의 자매 범주들의 어순은 자유롭거나 아니면, 제약을 가지고 있다는 주장을 받아들인다.

메타규칙은 다른 ID 규칙으로부터 만들어진다. 예를 들어 수동태 형성 메타규칙은 NP를 지배하는 모든 VP 규칙은 이에 상응하는 VP를 가지는 데 이 VP는 (1) VFORM 값으로 PAS 값을 가지고 있고, (2) 이 NP는 없고, (3) by-구는 선택적이고, (4) 나머지 명시된 부분은 그대로 유지된다. 핵어자질제약은 딸들이 <VFORM, PAS> 자질을 가지도록 보장해준다.

그러므로 몇몇 보편 자질구현 원들은 메타규칙과 LP규칙, 그리고 ID 규칙들이 언어가 허용하는 구조를 기술하기에 충분한 정형의 국부구조를 정의하게 된다.

무한의존구문은 1960년대 단층문법에 반박하는 주된 논점이었다. 즉 아래 (2)번처럼 타동사가 목적어 NP를 취하지만 이 NP가 목적어 자리가 아닌 외부 환경에서 나타나는 경우를 설명하기 위해서는 이동 규칙이 필수적이라고 생각했다.

2. The history book, Sandy said Kim put __ in the closet.

구구조이론에는 이러한 현상은 절이 부가적인 NP와 결합하는 ID 규칙과 NP가 있어야하는 곳에 흔적이 일어날 수 있는 VP 규칙을 설정하여 설명한다. 그렇다면 이 부가적인 NP와 흔적 NP가 일치하는 것을 보장할 필요가 있다. 이를 보장해는 주는 것은 자질 SLASH 자질이다. 이 자질은 나무구조에서 존재하지 않는 정보를 상속시키는 효과를 가지고 있으며 "/"로 표시한다. 예를 들어 VP[SLASH NP]는 바로 아래의 딸에서나 혹은 더 깊이 내포된 구조에서 NP 하나가 빠진 것을 의미한다. SLASH 자질은 나무구조 최하단 마디에서 출발한다. NP 흔적은 NP [NULL +, α, SLASH [NP α,]] 자질로 명시되어 있는데, 여기서 α는 자질들의 집합이다. 이 자질은 나무구조의 최상의 마디에서 충전소(filler)를 만났을 때 없어지게 된다. 즉 S → NP, VP에 해당되는 ID 규칙과 함께, X → XP, S/XP 규칙도 있다. 이 규칙은 하나의 구성소가 없는 문장과 이 구성소의 충전소가 결합하여 정형의 문장이 된다는 것이다. 보편문법 중 하나는 구 유형이 명시하지 않는 한 구범주 자신의 SLASH 값은 딸들의 SLASH 값과 동일하도록 허용한다. 그러므로 이 자질은 위 범주로 상속되고 또 상속된다. 모든 자질 구현은 국부적이다. 즉 자질 구현원리는 모범주와 딸범주 사이이 상대적 관계를 규정하고, 구조표상에서의 각 국부조직과 그리고 모든 범주들은 문법 내의 모든 제약을 준수해야한다.[2]

GPSG에서 내연적 논리내의 의미표상은 한 구성소의 의미는 이 구성소의 부분들이 가지는 의미에 달려있다는 합성성 원리와, 통사적 범주에서 결정할 수 있는 구의 의미적 유형, 그리고 보충어와 결합하는 핵어 요소의 유형에 따른다.

---

[2] 이론마다 구체적인 도구는 다루지만, 기본적으로는 이와 비슷한 결과를 가져온다.

GPSG는 Dowty(1982)를 따라, 동사 구성소의 문법적 관계는 논항들이 의미적으로 함수와 결합하는 상대적 어순에 의해 결정된다. 그러므로 술어 표현의 주어는 함수의 마지막 논항으로 결합하는 요소이며, 목적어는 마지막에서 두 번째로 결합하는 요소, 그리고 간접목적어는 마지막에서 세 번째 요소이다. LFG에서는 문법적 관계가 문장의 의미적 표상을 결정하는데 기여하는 원초적인 통사요소로 취급한다.

변형문법에서의 생략은 단층이론에서는 음운적으로 공요소라는 것을 의미한다. 동사 try, persuade, seem의 부정사구 보충어는 S가 아니라 동사구 VP이며, 이 동사구 VP는 의미상의 주어를 가지는 것으로 본다.

HPSG는 (Pollard & Sag 1987, 1994) 구의 핵어 요소에서 중요한 정보가 투영된다는 사실에서 이름이 유래되었다. HPSG는 제약기반이며 자질구조를 도입한다는 점에서 GPSG와 유사하다. ID/LP 규칙과 같은 GPSG의 중요한 규칙들을 받아들이지만, 어휘부와 의미부의 역할을 더 중요시하며 ID규칙의 역할을 줄인다. 구성소구조는 위계구조로 구조화되어 있는 어휘부가 가지고 있는 하위범주화정보에 의해서 결정된다 (Davis & Koenig 2000). 이러한 위계구조는 언어에 따라 다를 수 있고, 구범주에 대한 위계구조도 존재한다.

HPSG에서의 자질구조는 유형(type)의 개념으로 결정되며, 각 유형은 자질과 그 값으로 정의되어 있다. 유형들은 다층상속위계(multiple inheritance hierarchy)를 이룬다. 상속위계를 이룬다는 것은 하위 유형이 상위 유형이 가지는 속성들을 상속한다는 것이다. 단 하위 유형의 특정 자질이 상위 유형의 자질과는 다르다는 것을 명시된 경우를 제외하며, 상위 유형의 비당연(non-default)값과 상반되는 값을 가지지는 않는다. 위계구조에서는 한 유형이 여러 유형으로부터 상속을 받을 수 있기 때문에 다층

상속이 된다. 즉 VP는 일치와 논항구조 위계에서 각각 값을 상속받아, 3인칭 단수 VP가 된다. 유형 정의와 유형 위계나 GPSG의 자질공기제약, ID규칙, 메타규칙 역할을 수행한다.

HPSG에서의 문법관계는 Keenan & Comrie(1977)의 사격성위계(obliqueness hierarchy)에 의해서 결정된다. 즉 어휘요소가 요구하는 논항들의 목록 순서는 주어가 가장 사격성이 낮고, 직접목적어는 그 다음으로 낮은 순서이다. 이러한 분석은 GPSG나 LFG에서의 문법적 관계와 비슷한 개념을 사용한다.

HPSG와 GPSG의 가장 중요한 차이점은 통합(unification) 개념의 확장이다. HPSG에서 통합은 다양한 보편적 원리뿐만 아니라 어휘 요소들이 가지고 있는 자질들은 다른 자질들과 통합할 필요가 있다. 통제 동사구 VP와 무한의존구문을 분석은 기본적으로는 GPSG와 동일하지만 구체적인 작동 원리는 다르다. 이 이론에 관한 보다 자세한 소개는 Sag & Wasow(1999), Green(2002)에서 찾을 수 있다.

7.2 지배결속이론

지배결속이론(Government & Binding: GB)은 (3)에 제시한 것과 같이 여러 계층 표상을 가진 변형이론이다. 변형은 통사적 계층인 S-구조를 D-구조와 그리고 논리형태 LF로 연결하는 층위들을 결정한다.

3.

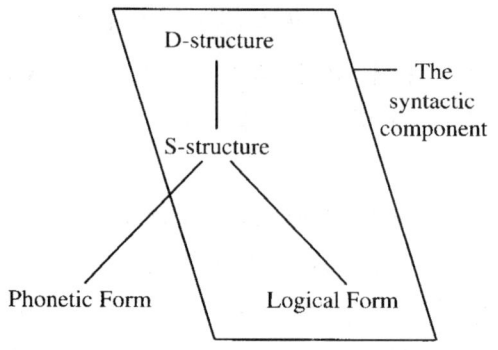

표준이론의 표면구조와 거의 동일한 음성부 PF는 통사적 계층으로 고려되지 않는다. S-구조와 PF를 연결하는 규칙은 통사적 단위에 적용되지만, 통사부의 다른 구성소를 제약하는 원리에는 적용되지 않는다. 확대표준이론과 GB이론의 발전에 기여한 두 가지 제안은 병렬구조에 관한 X-bar 이론과 구조보전제약(Structure-Preserving)이며, 6장에서 논의되었다. 표준이론에 비해, GB는 변형부를 축소시키고 원리와 표상계층을 여과하는 역할을 강화하였다. 각 계층은 "모든 통사적 계층의 표상은 어휘요소의 하위범주화 조건을 만족한다"는 투사원리(Projeciton Principle)에 의해 제약을 받는다.

변형부는 모든 구성소 α에 적용되는 Move-α라는 하나의 규칙으로 축소된다. 즉 이 규칙은 모든 구성소는 구성소구조에서 허가되지 않는 장소에서도 나타날 수도 있다는 것이다. 변형 규칙은 어떠한 구성소가 어디에 어떠한 조건으로 나타나야 하는지를 명시하지 않는다. D-구조와 S-구조, 그리고 LF 위치 사이의 관계를 제약하는 것은 원리(principles)라 불리어지는 여과장치와 총체적 제약들이다. Move-α는 S-구조와 논리구조 LF를 결정하기 위해서 구조적 표상에 순환적으로 적용한다. Move-α의 각 경우들은 아래와 같이 공지시하는 흔적으로 이동된 요소와 이동후의 요소사이의 관계를 나타낸다.

4.

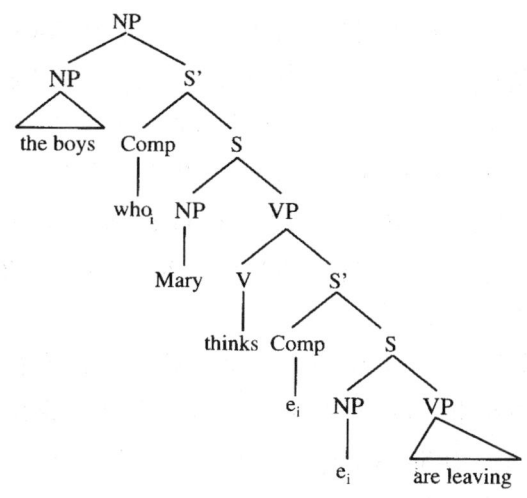

스타일 이동 규칙, 생략규칙, 여과장치, 음운 규칙들은 S-구조를 음운 부형태 PF로 투영한다. 양화사 상승규칙(Quantifier Raising)과 다양한 해석규칙들은 S-구조를 LF 형태로 투영한다.

문법적 관계는 표준이론과 같이 형상적으로 정의한다. 주어는 VP의 자매 관계에 있고 S에 직접지배를 받는다. 행위자, 피행위자, 목표와 같은 의미역은 문법적 관계와 직접 연결된 것은 아니다(Gruber 1965, Jackendoff 1972). 의미공준(Theta Criterion)은 각 논항이 하나의 의미역만 가지며, 각 의미역은 하나의 논항에만 부여된다는 것을 명시한다. 투영원리(Projection Principle)는 확대투영원리로 확장되어 의미역에 적용된다. 그 결과 의미공준은 D-구조에만 적용되는 것이 아니라, 모든 계층에 적용되어 결국 규칙이 의미관계를 변화시킬 수 없게 한다.

GB에서는 이동규칙이 생략을 정의하지 않기 때문에 통사부에서 생략현상이 적용되지 않는다. 동일성 조건에서의 생략현상은 자유롭게 공범주 NP를 허가하고 공범주원리(Empty Category Principle)와 결속원리를 준수하지 않는 수형구조는 여과하는 효과를 가져온다. ECP는 공범주 NP가 어휘 핵어 N, V, A, P의 자매이도록 명시하며, 공지시하는 비

논항 선행사가 특정 국부영역 내에 있도록 해 준다. 이러한 두 조건은 적정지배(proper goverment) 관계를 정의한다. 결속원리는 기저에서 생성된 공범주 NP를 포함하여 공지시된 모든 NP와 이동된 NP와 공지시되며 이동규칙에 의해서 생성된 흔적에 적용된다. 결속원리의 조건은 재귀대명사가 적절한 지배범주(governing category) 안에서 공지시된 선행사를 가지도록 요구한다. Pollard & Sag(1994)는 GB 결속이론의 문제점을 논의하고 있다.

표준이론에서는 많은 규칙들이 순환적으로 적용되어야하지만, 모든 규칙이 순환적이지는 않기 때문에 각 규칙마다 순환성을 명시해야한다. GB의 인접조건(Subjacency)은 이동 규칙이 하나의 결속마디 내에서만 적용되고 다시 순환적으로 적용된다는 것을 명시한다. 이는 결국 이동이 한정된 범위 내에서 이루어지도록 규정한다. 이러한 조건의 효과는 이동 규칙 Move-α가 NP를 COMP자리로 이동하도록 허용하고 이 자리에서 다시 상위 COMP 자리로 이동하고 다시 계속해서 이처럼 이동할 수 있도록 해준다.

여과장치는 GB에서 중요한 역할을 한다. 투영원리의 여과 장치 역할과 더불어 인접조건, 결속원리, 공범주원리도 있고 또한 모든 명시적 NP들이 개개언어의 추상적 격부여 원리에 따라 격을 할당받도록 하는 격원리(Case Principle)도 있다. GB 분석에서 수동동사의 특징 중의 하나는 목적어에 격을 부여할 수 없다는 것이다. 그 결과 격여과 장치가 목적어를 주어 위치로 옮기게 된다. 이동된 NP는 INFL에서 격을 부여받게 된다. 추상적 격은 형태적 격과 일치할 필요는 없다.

장벽이론(Chomsky 1986b)는 소위 말하는 "무한(unbounded)" 추출 의존 현상을 제약하기 위해서 필요한 국부성의 개념을 발전시키기 위해 도입되었고, 이 개념은 격 부여와 결속이론에도 확대되었다.

최소주의(Minimalist Program, Chomsky 1995)에는 여러 계층들이 PF와 LF 두 계층으로 축소되었다. 이는 통사적 제약들을 의미와 음운부의 기능적 조건에서 도출하려는 데서 출발하였고, 제약들인 이 두 계층 중 하나 혹은 모두에 적용되는 것으로 보려한다. 이러한 "경제성 조건"의 결과 구성소들은 자유롭게 움직이지 못하며, 제약들만 만족시키게 되었다. X-bar 규칙과 지배는 더 이상 이론이 핵심부가 아니다. 초기 최소주의는 초도출제약이 중요한 역할을 한다. 즉 도출은 구조와 도출의 길이를 가능한 한 최소화하는 것에 초점을 두었다.

7.3 관계문법(RG)

관계문법은 다양한 층위의 통사적 도출을 하나의 표상에서 기재한다는 점에서 표준문법과 유사하지만, 문법적 관계인 주어, 직접목적어, 간접목적어 등을 간접적으로 정의하는 것이 아니라 원초적 요소로 본다는 점에서 차이가 있다. RG에서는 인접 층위를 연결하는 규칙들은 문법관계의 용어(term)로 정의한다. 이러한 용어관계는 "1"로 표기되는 주어, "2"로 표기되는 직접목적어, 그리고 "3"으로 표기되는 간접목적어, 그리고 장소, 방향, 수혜자, 도구와 같은 사격 관계와 의문사를 위한 Q', 관계대명사를 위한 Rel', 주제화의 Top, 부가적인 의미적 음운적 부담을 가진 OW과 같은 추가적 관계들이 있다. 또한 특정 문법 용어관계로 명시된 문법관계가 존재하는데 이들은 chomeurs 관계와 emeritus 관계이다. 여기서 chomeur은 불어의 "실업자"를 의미하며, 문법에서는 다른 요소와 관련하여 특정 문법관계를 가지곤 했던 문법적 관계를 기술한다. 즉 주어 직접목적이 구성소에 따라서 1-chomeurs, 2-chomcurs, 3-chomeurs라 표기한다.

RG는 다음과 같은 특징을 가진 것으로 요약할 수 있다.

1) 문법적 관계는 다른 요소에 의해서 정의되는 것이 아니는 원초적
   인 요소이다.
2) 문법적 관계는 주어-직접목적어-간접목적어-사격목적어의 순
   서의 보편적 위계에 따라 서로 관련되어 있다.
3) 문법적 관계는 통사적 표상과 직접 관련되어 있다.

두 요소 사이에 관련된 문법적 관계는 연결선과 관계와 충위로 표시
되어 있다.

(5a)   (5b)

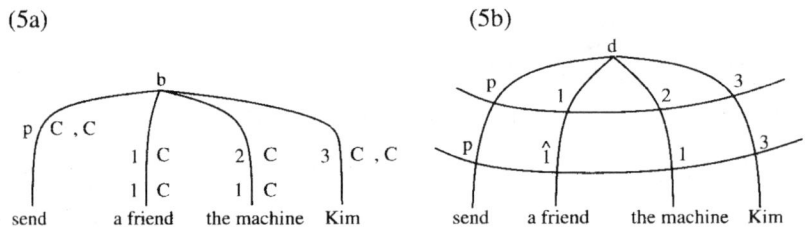

RG의 두 가지 중요한 동기는 (a) 문법적 현상에 관한 언어학 전반에
걸친 일반성 추구와 (b) 언어 내적 현상을 설명하기 위해서 문법적 관
계를 직접 설명해야하는 필요성에서 비롯되었다. 그러므로 관계문법이
발전하게 된 동기는 특정 규칙이 주어와 목적어를 직접 언급해야 할 필
요성이다. 예를 들어 (6a, 6b)는 보문절의 주어를 생략하는 전형적인 경
우이며, (6c, d)는 보문절의 주어를 타동사의 목적어 혹은 자동사 구문
의 주어를 타동사의 목적어로 만든다. (6e)와 (6f)는 각각 복합 NP이동
과 Tough 구문이며, 이들 구문은 비주어 요소에 영항을 끼치는 것으로
생각할 수 있다. 어떠한 면에서는 이과 같은 규칙을 표준이론에서 명시된
어순과 구조적 제약 내에서의 규칙을 형식화 할 수 있다. 그러나 그 결과
는 종종 더 많은 무작위적 규칙을 요구하게 되는 결과에 도달한다.[3)]

---

3) 자세한 논의는 Postal(1974) 참조.

6a. Kim is eager [ ] to please Sandy.

6b. Kim persuaded Sandy [ ] to leave.

6c. Kim expects Sandy [ ] to have passed the test.

6d. Sandy seems [ ] to have won the match.

6e. They attributed [ ] to arson the blaze which destroyed half a block of downtown Champaign.

6f. Sandy is easy for Kim to please [ ].

다른 관심있는 발전은 실질적인 보편성(substantive universal)에 관한 문제이다. 보편성은 틀에 짜여진 보편성이 아닌 언어의 보편적 속성을 의미하는데, 많은 언어가 표준이론에서 정의하는 형태적 혹은 형식적 공통점이 없어도 언어 사이의 직관적 유사 규칙을 가지고 있는 사실을 설명하기 위한 것이다. 예를 들어 많은 언어들이 규칙에 있어서는 차이가 있지만 "수동태"라는 개념이 있다. 아래 (7)에서 표기한 전통적 표준이론에서는 영어 수동태구문을 위한 변형 규칙과 유사성이 존재한다.

7.　　　X　－　NP　－　V　－　NP　－　Y
　SD :　1　　　2　　　3　　　4　　　5
　SC :　1　　　4　be 3＋en　by 2　5

어순은 물론 영향을 받지 않고, 동사의 형태와 주어의 형태만 변화가 있다. 표준이론은 2와 4로 표기된 명사구의 상대적 위치, be, en, by의 존재 여부를 크게 중요시 하지 않는다. 그러나 만약 영어어의 수동태 규칙이 (8a,b)의 관계 용어로 기술된다면, 수동태 규칙은 여러 언어에 적용되는 보편적인 규칙으로 볼 수 있다. 물론 아래에 기술한 것처럼 원래의 주어가 사격성 목적어로 하향조정 된다는 것을 알 수 있다.

8a. Direct object → subject

8b. 2 → 1

　기본적 절이 가지고 있는 층위의 수, 절의 구성소 수, 문법적 관계를 해결해 주는 규칙의 수, 다른 구성소간의 상호 작용들의 문법적 관계에 의해서 결정된다.

　문법적 관계는 어휘 술어에 관련된 논항 표현과의 관계이며, 문법관계를 변화시키는 규칙은 절 내에서 일어나거나 기껏해야 인접한 두 절에 영향을 끼칠 것이다. RG의 관찰 중 하나는 문법관계를 변화시키는 규칙은 변형문법에서 순환적으로 적용되는 문법규칙에 상응하는 규칙이라는 것이다.

　다양한 언어에 대한 RG 분석은 상대적으로 적은 수의 규칙만 필요하며, 단지 어휘적 요소가 어떠한 규칙을 촉발하는지의 여부만 차이가 있다. 이는 실질적인 제약들이 문법관계를 변화시키는 규칙 수를 제한하기 때문이다. RG 문법이나 Arc-Pair 문법 등에서는 이러한 규칙수를 명시하고 있다(Johnson & Postal 1980). 몇몇 규칙들을 살펴보자. 관계계승법(Relational Succession Law)은 상위 절로 상승하는 명사구가 이전의 문법관계를 유지하도록 명시한다(Perlmutter & Postal 1983b). 사격성 법칙(Oblique Law)은 만약 명사적 요소가 다른 층위에서 사격성 관계를 가지고 있으면, 초기 층위에서도 이러한 사격성을 가지고 있도록 요구한다. 즉 사격성은 변화될 수 없다는 것이다. 이는 주어와 같은 문법관계가 도구와 같은 사격성으로 하향하는 규칙은 없다는 것을 의미한다.

　Keenan & Comrie(1977)은 문법관계가 관계화에 중요한 역할을 담당한다는 것을 보여주었다.4) 그러나 문제는 RG가 무한의존구문에 관해서

---

4) Keenan & Comrie(1997)은 관계화 될 수 있는 NP의 문법적 관계들이 위계구조를 이룬다는 여러 증거들을 제시하고 있다. 위계구조에 따르면 주어가 가장 쉽게 관계화가 되고, 그 다음은 직접목적어, 간접목적어, 사격성목적어, 소유격 명사구, 비교급의 목

는 크게 논의한 적이 없다는 것이다. 비록 Johnson & Postal(1980)에서 어느 정도 논의를 하고 있지만 공소(gap)와 충전소(filler)와의 관계에 대해서 특별히 논의하고 있지 않다.

초기 RG 문법에서는 동일명사구 삭제와 같은 규칙은 표준이론처럼 동일성 조건에서 통사적 생략으로 다루었다. 최근에는 한 문법요소가 다른 두 개의 술어와 문법관계를 동시에 가지고 있다는 것을 설명함으로써 설명하고자 한다. 이러한 점에서 RG는 도출이론보다는 제약기반 이론과 유사하다.

7.4 전망

이 장에서 현대 문법이론들의 기본적인 면들만 간단하게 살펴보았다. 이들 문법들은 현재 많은 발전을 거듭하고 있기 때문에, 자세하게 논의하는 것도 무리이다.

이들 이론들 간에 건설적인 경쟁은 보다 나은 언어이론을 만들어 갈 수 있을 것이다. 서로의 이론들이 가져오는 일반성과 결과에 더 많은 관심을 가지고, 서로의 장단점을 비교해 나가는 것이 바람직할 것이다.

적어 순이다. 즉, 만약 언어는 주어만 관계화를 할 수 있든지, 아니면 주어나 목적어만 관계화할 수 있다. 그러나 직접목적어만 관계화 하거나 주어와 간접목적어를 관계화 할 수 있는 언어는 없다는 것이다.

부록 : 통사적 기술을 위한 지침

[들어가기]

이 부록은 변형문법을 다루는 문헌들에서 논의되어 왔던 많은 현상 및 구문들을 포함하고 있다. 이 현상들의 이름은 기존 문헌들에서 전통적으로 불리어 왔던 방식에 따라 기술되었다. 이 부록에서 다루고 있는 대부분의 구문들은 한 언어에 한정된 것이 아니고 다른 언어들도 대응되는 구문들을 가지고 있다.

이 부록에 수록된 규칙들을 잘 숙지해 둘 필요가 있다. 그 이유는 이들 규칙들이 비록 오래전에 기술된 것들이지만, 최신의 문헌들도 논의를 전개할 때 독자들이 이미 옛 규칙들을 알고 있는 것으로 전제하고 있기 때문이다. 이러한 경향은 심지어 변형의 원칙을 채택하지 않는 문법이론들에서도 일반적으로 나타난다. 현재의 생성문법 이론들은 변형규칙들을 채택한다 하더라도 최소한의 변형 규칙을 가지려고 노력하고 있다. 이러한 이론들에서는 옛 이론들에서 변형 규칙에 의해 처리되었던 구문들을 다른 비변형적 원칙들로 설명하고 있다. 그러나 이러한 이론들에서도 변형 규칙과 결부된 구문들이 여전히 중요한 현상으로 취급되며, 이 현상들의 이름도 변형 규칙에서 전통적으로 불리어 왔던 대로 사용된다.

이 부록의 많은 설명들은 간소화되어 있다. 특정한 관점 하에서 논의된 현상들이 특정 규칙이나 조건들에 의해 설명된다는 식의 논쟁은 이 부록에서 생략되었고, 복잡한 조건이나 설명 등도 이 부록에 실리지는 않았다. 대신 이 부록에서 제시한 규칙들에 의해 설명되는 현상들은 생성 문법 학자들에게는 익숙한 것들이다. 설사 이 부록에 수록된 설명들이 전적으로 정확한 것이 아니라 할지라도 최소한 좀 더 심화된 연구를 위한 지침으로써 그 역할을 수행할 수 있을 것이다.

이 부록이 각각의 구문과 현상들을 위해 수록한 참고자료들이 완전한 참고자료의 목록이라고 할 수는 없다. 그러나 이러한 구문들을 논의한 변형문법 내에서 영향력 있는 논문과 책들을 가능한 한 수록하려 노력하였다. Berman & Schmering(1973), Gazdar, Pullum, & Klein(1978) 및 Smith & Johnsen(1981) 등도 한계는 있지만, 좀 더 상세한 참고자료들을 제시하고 있다. 또한 Quirk, Greenbaum, Leech, & Svartvik(1972)도 다양한 영어의 구문들에 대하여 이해하기 쉬운 방식으로 풍부한 정보들을 제공한다.

이 책의 목적이 각 구문들에 대하여 선명하면서도 비형식적인 설명을 제공하는 것이므로, 전통적인 변형 문법적 공식들은 사용하지는 않았다. 공식의 사용은 구문의 구조를 전적으로 연쇄(string)라는 명제 하에서 기술하는 것이므로 모호하기도 하면서 너무 제한적이다.[1] 여러 가지 다른 방식이 있다는 것을 설명하기 위해 동일 명사구 삭제 규칙의 예를 들어보자. 동일 명사구 삭제 규칙은 공식적으로 (1)과 비슷하게[2]

---

1) 모호하다는 것은 특이한 주석(ad hoc annotation)을 달지 않고는 구조분석의 모든 관련된 구조적 성격을 명시하기 힘들고, 다양한 가능성이 존재하기도 하기 때문이다. 더욱이 공식의 사용은 변형 작동의 비 중의적 명시를 허용하지 않는다. 언어학자들은 한때 변형 작동의 세부사항들을 일으키는 어떤 보편석 속성들을(universal properties)을 발견할 것이라고 생각하기도 했지만, 그러한 일은 결코 일어나지 않았다. 또한 전통적 형식화는 너무 제한적이기도 하다. 이는 절 경계, 문법관계, 격등을 배제하고 통사 범주와 변수에 대한 언급만을 허용하기 때문이다. 이에 대한 논의는 Borkin(1971), Akmajian & Henry(1975), McCawley(1978a) 등에서 찾아 볼 수 있다. 일부 현재의 연구들은 여전히 이러한 상세한 세부사항들이 언급될 필요가 없다고 가정한다. 이는 세부사항들이 보편적 제약들의 결과로 발생한다고 생각하고 있기 때문이다. 그러나 대부분의 경우에 이러한 종류의 제약들은 여전히 숙제로 남겨져 있다.

우리는 구문들을 변형 문법의 비형석 요약에 의한 방법으로도 기술하지 않았다. 이는 이 방법이 1장에서 기술된 바와 같은 악성의 은유가 될 수도 있기 때문이다. 또한 이 부록을 더 유용하게 만들기 위해서, 도출의 적형성 조건이라는 명제 하에 기술하는 방법도 택하지 않았다. 비록 그 방법이 가장 적은 오류를 허용할지라도. 대신 현상과 구문들은 가장 이론 중화적 명제 하에서 기술되었다. 때로는 이 현상에서 관련된 구조가 원래의 구조와 어떻게 다른지를 기술하기도 한다.

2) 비슷한지 아닌지는 기저 규칙, 변형 규칙, 제약의 집합에 의존한다. 이들 중 어느 하나

기술될 수 있을 것이다(특이한 수식들을 가지고 있음에도, 여전히 완성적이지 않고 부정확하게 명시되어 있음).[3] (1)에서 가장 위의 줄은 구성소구조의 구조분석을 나타낸다. 두 번째 줄은 그 분석을 지표화한 것이다. 셋째 줄은 그 규칙이 정의하는 변화를 명시한다.

(1) 형식적 기술:
   동일 명사구 삭제 규칙:

	X	NP	AUX	V	(NP)	Y	NP	AUX	Z
SD:	1	2	3	4	5	6	7	8	9
SC:	1	2	3	4	5	6	0	8	9

조건: 7은 2 또는 5와 동일하다.
       4는 동일구를 지배한다.

위의 분석에서 몇몇 속성들을 좀 더 살펴볼 필요가 있다. 첫째, (1)의 조건들의 목록은 이미 임시가설이다. 이는 이 조건들이 목표했던 것을 설명하려고 설계된 것이 아니기 때문이다(Perlmutter 1971의 123-134를 참조할 것).

둘째, 필요한 동일성(identity)에 대한 성격이 명시되지 않았다. 초창기의 논문들(e.g., McCawley 1971b, Morgan 1970)은 이것이 단순한 형식에 대한 동일성이 아니라고 주장했다. 이러한 결론은 전제로 하고 있는 공지시가 지시 지표와 같은 표현들을 필요로 하는 통사적 속성이라는 가정에 근거한다. 지금에 와서는 동일성의 문제가 화용론적 성격을 가지고 있다는 것에 대체적인 동의가 이루어져 있다. 이러한 동의는 동일성

가 변해도 규칙의 경험적 정확도가 영향을 받게 된다.
3) 비완성적이고 부정확하다함은 형식적 표상을 해석하기위해 어떤 규약을 사용하였는가에 따라 결정된다. 모든 규약들이 그 스스로 비완성적이고 오직 부분적으로 경험적으로만 정당화될 수 있기 때문에, 이에 대한 자세한 논의는 하지 않도록 하겠다.

의 문제가 상황에 따른 유용성에 영향을 미칠 수 있지만, 문법성과는 무관하다는 가정에 따른 것이다(Green 1981을 참조할 것).

셋째, 구성소 7이 2와 동일한지 5와 동일한지가 구조에 따라 결정된다고 생각했다(cf. Rosenbaum 1967)에서의 최소 거리 원칙(Minimal Distance Principle)).

넷째, "4가 동일구를 지배한다"와 같이 말함으로써 삭제 규칙이 특정 동사의 존재에 의존한다고 설명하는 것은 별로 도움이 되지 못할 뿐 아니라, "4가 지배 집단의 구성원이다" 또는 "4가 [＋동일구(equi)]의 표시를 가진다"라고 말하는 것과 같은 것이다. 이러한 형식화는 더 세련된 것처럼 보이지만 실제로는 더 구체적인 설명이 아니다. 차라리 동사들을 나열하는 것이 덜 세련되어 보이겠지만 더 구체적일 수 있다.

동일 명사구 삭제 규칙은 (2)에서처럼 비형식적으로 정의되어 왔다.

> (2) 비형식적 기술 : 동일 명사구 삭제 규칙은 보충어 절의 주어 명사구를 삭제한다. 이때 이 명사구는 주절의 한 명사구와 동일하고, 삽입 절을 취하는 주 동사는 지배 집단의 구성원이다. 이러한 동사의 예는 want, hope, expect, persuade 및 promise 등이다.

(실제로는, 전통적인 공식이 "－의 주어"와 같은 문법관계를 직접적으로 지시하도록 허용하지는 않는다; cf. Postal 1976) 동일 명사구 삭제 규칙은 (3)과 같이 정의 될 수도 있고, 비형식적으로는 (4)와 같이 기술될 수 있다.

> (3) 비교적 오류가 없는 구체적 기술 :
> PM_i를 포함하는 $\langle PM_0 ..., PM_n \rangle$과 같은 도출($PM_0$은 기저구조이고, PM_n은 표면구조임), 즉 보충어절의 주어 NP_k가 다음 상위절 내부의 한 NP와 동일하고, 상위절의 동사가 특정 집단(want, hope, expect 등)

에 속할 때, 인접한 구표지 쌍 $<PM_i, PM_{i+1}>$에서 PM_{i+1}이 주어 NP_k에 상응하는 마디가 없다는 것을 제외하고는 PM_i와 동일하면 이 구표지 쌍은 적형이다.

(4) 여기서 채택된 비형식적 설명 :
보충어절 S를 취하는 주 동사가 try, want, hope, expect 등과 같은 동사들을 포함하는 지배 집단의 구성원이면, 보충어절의 주어 명사구는 누락될 수 있다. 이때 보충어 절은 마치 주절의 공지시적인 NP에 의해 결속되는 명사구를 포함하고 있는 것처럼 해석된다.

여기에서 구문들을 기존의 변형 규칙이라는 명제 하에서 기술하는 것은 기존의 문헌들이 기초하고 있는 이론들에 대한 상세한 지식이 없이도 그 문헌들을 참고할 수 있도록 하기 위함이다.

각각의 규칙 또는 구문에 대한 기술은 설명을 동반하고 있다. 이 설명은 규칙의 구조분석(규칙의 입력부)을 충족시키는 예에 대한 체계적 기술로 이루어져 있다. 각각의 구조분석은 양방향 화살표로 표시되어 규칙의 구조변화(규칙의 출력부)를 표현하는 일련의 기호들로 연결된다. 오른쪽 방향 화살표 대신 양방향 화살표를 사용하는 이유는 독자들에게 도출의 비 방향성을 상기시키기 위함이다. X 화살표(←X→)는 두 구문이 문제의 규칙에 의해서 연결되지 않는다는 것을 표시하기 위해 사용되었다.

개념과 정의(Convention and Definition)

아래 또는 여타 다른 곳의 예들에서 사용된 소문자 알파벳의 아래 첨자는 의도된 또는 의미상의 지시(reference)가 같다는 것을 표시한다.

규칙 지배. 규칙 또는 현상이 특정 어휘 항목들(보통은 특정 범주(대부분은 동사)의 소집합)과 결부된 환경으로 제한되어 있다면, 이 규칙과 현상은 "**지배되었다**(governed)"라고 정의된다. 이러한 집합은 의미 또는 화용론적 관점에서만 정의 되는 경우가 많다.

> 참고문헌: G. Lakoff 1965, R. Lakoff 1968, Green & Morgan 1976, Green 1981.

수의성과 의무성. 이러한 용어들은 변형 규칙의 비구조적 조건을 명시하기 위해 사용된다. **수의적** 변형 규칙에서는 이 변형 규칙의 구조분석을 충족시키는 구 표지 PM_i를 포함하는 도출에서 인접한 구 표지 PM_{i+1}이 규칙의 구조변화에 명시된 성격을 가지고 있을 수 있다. 반면, **의무적** 변형 규칙은 PM_{i+k} (k≥1) (즉, 도출의 뒷부분에 있는 구-표지)가 구조변화에 명시된 속성들을 꼭 가져야 한다는 것을 규정한다.

통어(COMMAND). 원래 이 용어가 정의하는 바에 따르면, A를 지배(dominate)하는 가장 가까운 S마디가 B를 지배할 때, 마디 A가 마디 B를 통어한다고 정의한다. 이때, A와 B는 서로 지배하는 관계에 있지 말아야 한다. 아래의 수형도에서, A는 B, C, D, S_3, E, F를 통어하고, S_2, G, H, I, E, I, J 등은 통어하지 않는다.

　B는 A, S_2, G, H, I, J를 통어하고, C, D, S_3, E, F 등은 통어하지는 않는다.

G는 H, I, J를 통어하고, 다른 것은 통어하지 않는다.

C는 D, S₃, E와 F를 통어할 뿐 아니라, A와 A가 지배하는 모든 마디를 통제하지만, B는 통어하지 않는다.

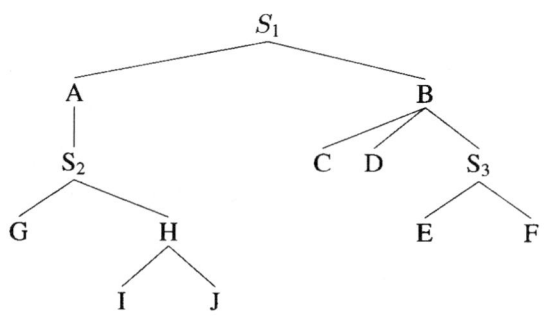

더 최근의 이론들에서는, 원래 정의에서 사용된 S 대신 분기 마디 또는 최대 투사(NP, VP, PP, AP, S 등등) 등을 사용하여 통어의 개념을 일반화 하고 있다(C-command 또는 M-command가 바로 그 예들임).

참고문헌: Langacker 1966, Ross 1967/83, Reinhart 1983

변수(VARIABLE). 어떤 통사규칙들은((1)과 같은 예에서) 구조분석 단계에서 변수를 사용하여 형식화 하였다. 변수는 관행적으로 라틴 알파벳의 끝머리에 있는 대문자 글자들로 표시한다. 어떤 경우에는 범주의 유한한 목록들을 변수가 오는 자리에 대체할 수 있으므로, 변수가 단순히 설명적 편의를 위해 사용되는 경우도 있다. 그러한 변수들은 생략 변수라고 불리기도 한다. 변수가 두 요소들 간의 무한적 의존성(unbounded dependency), 즉 범주의 무작위적이고 긴 연결 순서를 표현할 때도 있다. 이러한 경우에는, 변형 규칙이 변수 없이 형식화될 수 없다. 이러한 변수들은 필수 변수라고 부른다.

별표(ASTERISK): 별표는 다음에 오는 표현이 비문법적임을 표시한다. 어떤 저자들은 별표를 가진 구문이 문법적인가 아닌가에 대한 입장을 취하지 않고 단순히 비수용적임을 표시하기 위해 별표를 사용하기도 하므로 주의해야 한다.

다른 표시들: 퍼센트('%')는 어떤 표현의 수용성 또는 문법성이 개인에 따라 다르게 나타난다는 것을 의미한다. 감탄 부호('!')는 그 표현이 매우 드문 상황에서의 전제를 바탕으로 하고 있음을 가리킨다. 앰퍼샌드('&')는 한 문장이 특정 방식으로 중의적 해석을 가진다는 것을 지적하기 위해 사용된다.

단문 현상(Single-Clause Phenomena)

NP이동 구문

1. 수동태. 수의적이며, 지배됨(governed).
능동 타동사 절은 수동형으로 전환 될 수 있는데, 수동형은 능동형과 다음과 같은 차이를 가진다.
(a) 능동 절의 주어는 동사 위에 오는 **PP**내의 *by*의 목적이이다.
(b) 직접 목적어 구는 주어가 된다.
(c) *be* 동사가 동사 앞에 배치된다.
(d) 능동 동사는 과거 분사형으로 전환된다.

> Chris SAW LOU ↔ Lou was seen by Chris.
> Chris GAVE A BOOK TO LOU ↔ A book was given by Chris to Lou.

Chris GAVE LOU A BOOK ↔ Lou was given a book by Chris.
LOU HAS A HAMMER ←X→ *A hammer is had by Lou.
MANY PEOPLE BELIEVE THAT CHRIS IS A DEAN ↔ That Chris
is a dean is believed by many people.
MOST PEOPLE BELIEVE CHRIS TO BE A DEAN ↔ Chris is
believed to be a dean by most people.

예를 들면, 이 규칙은 *take*와 같은 동사를 가진 구문의 수동형에는 적
용되지만, cost와 같은 동사를 가진 구문에는 적용되지 않는다. *rumor*와
같은 몇몇 동사들에는 수동 규칙이 의무적이기도 하다. GB 전통하에서
수동태는 A-이동(논항 위치로의 이동)의 중요한 예가 된다.

참고자료: R. Lakoff 1971, Siegel 1973, Chomsky 1973, Johnson 1974,
Green & Morgan 1976, Perlmutter & Postal 1977, Davison
1980, Green (출판 예정).

2. 중-NP-이동(Heavy NP Shift), 수의적, 지배되어 있지 않음(ungoverned).
어떤 문장이 매우 길고 상황적으로 중요한 목적어 NP를 가지고 있다
면, 이 NP는 더 사격성이 높은 보충어 뒤, 즉 절의 끝 부분에 놓여질
수 있다.

THEY ATTRIBUTED THE FIRE THAT STARTED LAST NIGHT IN
THE BARN ACROSS THE ROAD TO ARSON ↔ They attributed to
arson the fire that started last night in the barn across the road.

짧고 간단한 NP나 주어 NP에는 위의 규칙이 적용되지 않는다.

I ATTRIBUTED THE FIRE TO ARSON ←X→ *I attributed to arson
the fire.

THE FIRE THAT STARTED LAST NIGHT IN THE BARN ACROSS
THE ROAD WAS ATTRIBUTED TO ARSON ←X→ *Was attributed
to arson to the fire that started last night in the barn across the road.

위의 구문들은 상위-결속(upper-bounded)되어 있다. 즉 이동된 NP는
절을 벗어나 더 멀리 위치할 수 없다.

THAT I DISTRIBUTED PICTURE POSTCARDS MADE BY JOHN J.
JINGLEHEIMER-SMITH TO THEM WAS NOT PUBLICIZED ↔ That I
distributed to them picture postcards made by John J. Jingleheimer-Smith
was not publicized.
←X→ *That I distributed to them was not publicized picture postcards
made by John J. Jingleheimer-Smith.

조동사 뒤에 오는 주어는 이동할 수 없다. 그러나 목적어 위치에 있는
논리상 주어(logical subject)는 가능하다:

ARE JOHN J. JINGLEHEIMER-SMITH AND HIS FAITHFUL DOG
SANDY PRESENT ←X→ *Are present John J. Jingleheimer-Smith and
his faithful dog Sandy?

THEY BELIEVE JOHN J. JINGLEHEIMER-SMITH AND HIS
FAITHFUL DOG SANDY TO BE PRESENT ↔ They believe to be
present John J. Jingleheimer-Smith and his faithful dog Sandy.

이러한 예들이 보이는 바와 같이, "무거움"은 통사구조의 기능이라
할 수 없다. 또한 상대적이거나 절대적인 음운적 요소도 아니다. 매우
긴 이름도 "무겁다"라고 계산될 수 있다. Postal(1974)는 하나의 양화사
가 NP를 무겁게 만들어서 절 뒤에 위치시킬 수 있음을 보여준다.

And he put in charge of the CIA George Herbert Walker Bush.
Harry gave to Hermione the entire sheaf.

이러한 현상은 많은 언어들에서 발견되기도 하지만, 종종 영어와는 다른 제약들을 가지기도 한다.

참고문헌: Postal 1974.

다른 재배열 구문(Other Reordering Constructions)

3. 불변화사 이동(Particle movement). 목적어가 비 대명사적 NP일 때, 불변화사 이동이 동사-불변화사 조합에 적용되지 않는 수가 있다는 점을 감안하면, 일반적으로 수의적이며, 지배됨(governed).

동사와 전치사로 구성된 타동사가 있다면(다른 곳에서 사용되는 전치사와 구분하기 위해 이 구문에서는 **불변화사**(particle)라고 칭함), 직접목적어는 불변화사 뒤에 위치할 수 있다.

DALE LOOKED UP THE NUMBER ↔ Dale looked the number up.

불변화사-타동사는 동사＋전치사구의 연속과 구분되는데, 이는 첫째, 진짜 전치사는 목적어 뒤에 나타날 수 없기 때문이며, 둘째, 불변화사는 선도(Pied Piping) 될 수 없기 때문이다(즉 그 목적어가 의문문이나 관계절의 초점을 가질 때, 불변화사와 함께 문두에 올 수 없다). 따라서:

DALE TURNED OFF THE LIGHT ↔ Dale turned the light off.
DALE TURNED OFF THE EXPRESSWAY ←X→ *Dale turned the expressway off.

Dale sat in a chair. (전치사)
In what did Dale sit?

Dale phoned in an order. (불변화사)
*In what did Dale phone?

NP가 비강세 대명사라면, 이동되지 않은 불변화사 뒤에 올 수 없다.

*I looked up him   (Cf.: I looked him up.)
*I put away it   (Cf.: I put it away.)

pull off(= '운반하다(carry out), do(하다)')와 같은 불변화사 동사들은 목적어가 대명사일 때만 불변화사가 NP 목적어 뒤에 오도록 허용하는 것 같다.

THE GENERALS PULLED OFF A COUP ←X→ *The generals pulled a coup off.

THEY PULLED OFF IT ↔ They pulled it off.

불변화사가 동사로부터 떨어질 수 없는 동사-불변화사 조합도 존재할 수 있다. 이러한 불변화사 구문은 다소 영어에 국한되는 측면을 가진 몇몇 안 되는 구문 중 하나이지만, 독일어의 "분리 접두(separable prefix)" 동사와 유사한 측면을 가지기도 한다.

참고문헌: Fraser 1973, Jacobson 1987, Ojeda 1987, Sadock 1987

4. 접사 건너뛰기(Affix hopping). 지배되지 않았음. 의무적.

변형문법 중에 *Syntactic Structure*와 Aspects 등에서 제시된 이론 하에
서는, AUX(조동사) 구성소가 Modal(*will, may, can, shall, must* 등의 법
동사를 지배함), Perf(*have -en*) 및 Prog(*be -ing*)라는 표시를 가진 마디들
을 수의적으로 지배할 수 있다. AUX는 시제(Tense)를 지배함으로써, 현
재 나 과거 둘 중 하나를 의무적으로 지배하게 된다. 이러한 모든 규칙
들은 다음 한 줄의 구구조 규칙에 의해 포착될 수 있다:

Aux → Tense (Modal) (Perf) (Prof)

이에 따라 표준이론에서 접사 건너뛰기 또는 접사 이동(Affix Shift)으
로 알려진 변형 규칙은(지배 결속이론에서는 R 규칙, 핵어 이동(head
movement), 동사 이동 등으로 알려져 있음) 접사가 표면구조에 올바르
게 부착되도록 하기위해 필수적이다. 이 규칙은 일반적으로 다음과 같
이 형식화된다:

$$X - \left\{ \begin{array}{c} \text{Tense} \\ \text{-en} \\ \text{-ing} \end{array} \right\} - \left\{ \begin{array}{c} \text{V} \\ \text{Modal} \\ \text{have} \\ \text{be} \end{array} \right\} - Y$$

1	2	3	4	$\Longrightarrow$
1	0	3+2	4	

위의 규칙은 특이한 모습을 가지게 되는데, 이는 이 규칙에서 시제,
-en, -ing, 또는 V, Modal, *have, be* 등의 구성원들이 같은 범주를 가지지
않기 때문이다. 이 규칙이 말하는 바는 {Tense, *-en, -ing*} 등 "접사"라는
특이한 이름을 가진 집합의 한 구성원이 {V, Modal, *have, be*}라는 집합
의 구성원을 선행하는 수형도가 있을 때, 그 수형도가 도출에서 동일한

구 표지를 가진 요소에 인접해 있어야 한다는 것이다. 다만 이때 각각의 접사는 뒤따르는 동사 요소의 오른쪽 자매 위치에 나타나야 한다.

> KIM pres HAVE -EN WRITE A LETTER ⟷ Kim have＋pres write
> ＋en a letter.

> Kim pres MAY HAVE BE -ING WATCH TV ⟷ Kim may+pres
> have be+en watch+ing TV.

> 참고문헌: Chomsky 1957, 1965; Ross 1969d, McCawley 1971a, Pullum
> & Wilson 1977, Gazdar, Pullum & Sag 1982, Koopman
> 1984, Pollock 1989.

5. 형용사 전치(Adjective Proposing). 일반적으로 의무적이며, 지배됨. 내부에 NP와 형용사구를 포함하는 NP는 내부 NP의 명사 핵어 앞에 오는 형용사구의 형용사 핵어와 인접한 구표지 안에 나타날 수 있다.

> [THE MAN WHO IS TALLEST WILL WIN ⟷]
> THE MAN TALLEST WILL WIN ⟷
> The tallest man will win.

> [THE MAN WHO IS EASIEST TO PLEASE IS CHRIS ⟷]
> THE MAN EASIEST TO PLEASE IS CHRIS ⟷
> The easiest man to please is Chris.

NP가 보통명사 대신 *someone, no one, every body,* 의문사 who 등의 비한정(indefinite) 대명사를 핵어로 가지면, 형용사가 NP를 선행할 수 없다.

SOMEONE UNKNOWN COULD WIN ←X→ *Unknown someone could win.

WHO SMARTER THAN THAT WOULD RUN ←X→ *Smarter who than that would run?

수동 분사와 진행 분사(progressive participles) 등은 핵어 명사 앞 또는 뒤에 나타날 수 있는데, 이때 분사들은 보충어나 첨가어(adjuncts)를 가지지 않는다.

THE MAN WHO WAS MURDERED WAS FROM BEAN BLOSSOM, INDIANA ← .. →
The murdered man was from Bean Blossom, Indiana.

THE KITTEN WHICH IS SLEEPING IS FOR YOU ← ... →
The sleeping kitten is for you.

위를 아래와 비교해 볼 것:

*The sleeping kitten since 9:00
*The nominated man by Terry

동격어구(appositive: 비-제한적(non-restrictive))로부터 도출된 형용사와 제한적 관계절은 전치될 수 있다:

THE UNDERGRADUATES WHO ARE INDUSTRIOUS WILL OUTPERFORM THE LAZY ONES
← ... → The industrious undergraduates will outperform the lazy ones.

THE UNDERGRADUATES, WHO ARE INDUSTRIOUS, WILL OUTPERFORM THE ALUMNI

← ... → The industrious undergraduates will outperform the alumni.

대부분의 화자들에게서 *afraid, content, ill* 등의 형용사들은 명사 앞에 나타날 수 없다. 따라서 이 규칙은 어휘적으로 지배된다.

DELBERT IS THE BOY WHO IS SCARED ← ... →
Delbert is the scared boy.

DELBERT IS THE BOY WHO IS AFRAID   ...X
*Delbert is the afraid boy.

A MAN WHO IS CONTENTED IS HARD TO FIND ← ... →
A contented man is hard to find.

A MAN WHO IS CONTENTED IS HARD TO FIND ← ....X →
*A content man is hard to find.

유사한 구문들이 다양한 언어에서 발견된다. 불어에서 이러한 구문이 가지는 제약들은 불어와 영어가 가지는 분명한 통사적 차이를 보여주기도 한다.

참고문헌: G. Lakoff 1965

6. 양화사 float(Quantifier float) 수의적임. 지배되어 있지 않음.
이 규칙은 아래에 그려진 형태의 명사구를 가진 구조를 동일한 구조로 연결시킨다. 이때 Q는 *each, all, both* 등을 의미한다. 다만 이 규칙이 적용되면, Q가 이 구조에서 훨씬 더 오른쪽에 위치하고 전치사가 사라지게 된다.

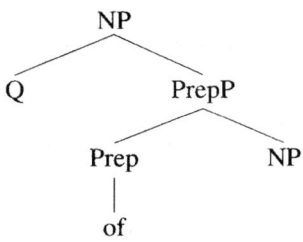

그러나 Q는 be를 제외하고는 주 동사의 오른쪽에 나타날 수 없다.

BOTH OF THE BOYS CAN OBVIOUSLY EAT KIMCHEE ⟷
The boys both can obviously eat kimchee.

Also: ⟷ The boys can both obviously eat kimchee.
Even: ⟷ The boys can obviously both eat kimchee.
But: ←X→ *The boys can obviously eat both kimchee.

ALL OF MY RELATIVES ARE FARMERS ⟷
My relatives all are farmers.
Alos: ⟷ My relatives are all farmers.

I EXPECT BOTH OF MY CLIENTS TO BE FARMERS ⟷
I expect my clients both to be farmers.
Also: ⟷ I expect my clients to both be farmers.

I WANT ALL OF MY CLIENTS TO BE FARMERS ⟷
I want my clients to be all farmers.

지배 결속이론의 전통 하에서는 이러한 현상이 NP가 양화사구(QP) 밖으로 이동하는 작동에 의해 만들어 지는 것으로 분석했다.

참고문헌: Postal 1974, Sag 1977, Sportiche 1988.

7. 여격 이동(Dative movement; dative shift). 수의적. 지배되지 않았음. 행위의 목표와 수혜자를 표시하는 NP는 (a, b)에서처럼 동사 바로 뒤에 나타나는 직접 목적어가 될 수도 있고, (c, d)에서처럼 논리적 목적어를 뒤 따르는 to나 for의 목적어가 될 수도 있다.

   a. Chris gave Dale a book.
   b. Chris gave a book to Dale.
   c. Dale bought Chris a book.
   d. Dale bought a book for Chris.

문법의 관계에 기초한 이론(relationally-based theories)에서, 여격 이동은 간접 목적어의 직접 목적어 상태로의 전환으로 풀이된다. 이때 NP 들의 순서는 규칙 그 자체의 의해 명시되지 않는다. 여격이동이 적용되는 구문은 'give', 'bring', 'send', 'tell', 'make', 'choose' 등의 의미를 가진 동사들을 포함하지만, *donate, contribute, mention* 등의 동사는 포함하지 않는다. 여격 이동은 *give someone a pain* 등과 같은 관용적 표현을 제외하고는 수의적이다.

변형 문법이론에서 *to* 여격 이동과 *for* 여격 이동이 같은 현상인가에 대한 뜨거운 논쟁이 있었다. GB이론의 전통 하에 있는 이론들을 포함하여 최근의 이론들에서는, 이 두 가지 여격 이동이 모두 각각 생성되는 것으로(기저-생성되는 것으로) 취급된다, 또한 *to*-여격 이동의 지배를 받는 동사는 *for* 여격 이동의 지배를 받는 동사와 여격 목적어에 대한 함의(entailment)가 다른 것으로 취급된다.

화용론적으로 위 두 가지 부류의 동사들이 가지는 전치사 없는 구문에서, 화자가 전제하는 바는, 주어와 간접 목적어가 지시하는 바가 기술되는 사건의 시간과 상호작용 한다는 것이다.

> Win this one for the Gipper. (최근에 사망한 동료를 지칭하면서)
> *Win the Gipper this one.

> 참고문헌: Fillmore 1965, Postal 1971(Ch. 15), Green 1974(Ch. 3),
> Johnson 1978

도치 구문(Inversion Constructions)

8. *Be*-도치(Be-inversion). 수의적. 지배되지 않았음.

*be*의 주어가 *be* 뒤에 나타날 때, *be*의 보충어는 주어 위치에 나타난다. 보충어는 수동태 또는 진행형의 VP와 AP, PP 또는 술어적 명사구(의사분열문 WH-표현 등을 포함함, 163쪽 27번 참조) 중 하나가 될 수 있다.

A COUPON GOOD FOR 1$ OFF ON YOUR NEXT PURCHASE WILL BE ENCLOSED WITH YOUR BEAUTIFUL PRINTS ⟷
Enclosed with your next purchase will be a coupon good for $1 off on your next purchase.

SKOWRONSKI IS STEALING IT ⟷ Stealing it is Skowronski.

THE GOOD MANNERS YOU SHOWED BY WRITING TO THANK

ME ARE EQUALLY IMPORTANT ⟷
Equally important are the good manners you showed by writing to thank me.

SAMMY SOSA IS ON DECK FOR THE CUBS ⟷
On deck for the Cubs is Sammy Sosa.

HENRY FORD'S NEPHEW WAS CHIEF EXECUTIVE OFFICER THEN
⟷ Chief executive officer then was Henry Ford's nephew.
(Cf. *Chief executive officer (then) refused to negotiate with the union.)

WHAT ATE THE EGG WAS AN OWL ⟷ An owl was what ate the egg.

WHAT CHRIS SAAW WAS HIMSELF ⟷ Himself is what Chris saw.

참고문헌: Stockwell, Schachter & Partee 1973; Hankamer 1974; Green 1976, 1977.

9. 의문문의 주어-조동사 도치(Subject-Auxiliary Inversion in question). 수의적, 지배되지 않았음.
직접 의문문에서 주어는 주절의 첫 조동사를(be, can, have, do 등) 뒤 따라 올 수 있으며, 이때 주절의 주어는 의문사가 아니다.

SANDY CAN SWIM? ⟷ Can Sandy swim?

WHO? SANDY IS BITING __ IN THE NECK ⟷
Who is Sandy biting in the neck?

WHO? CAN SWIM ←X→ *Can who swim?4)

WHO? SANDY WILL SAY __ LEFT ←→ Who will Sandy say left?

절이 조동사를 가지고 있지 않을 때, 주어는 :"*Do*-첨가(Do-suport)"의 *do*를 뒤따른다(다음 절의 13번 참조). 이때 do는 다른 굴절 조동사처럼 행동한다.

SANDY PLAYS THE TRUMPET ←→
SANDY DOES PLAY THE TRUMPET ←→
Does Sandy play the trumpet?

WHO? SANDY PICKED ←→
WHO? SANDY DID PICK ←→
Who did Sandy pick?

이후의 GB 이론 하에서는, 이 현상이 "핵어 이동"의 이론에 의하여 기술되었다.

일부 방언에서는 특정 조건하에 삽입 의문문이 직접 의문문처럼 도치될 수 있다. 그러나 억양(intonation)이 의문문에서처럼 올라가지 않고 평서문에서처럼 내려간다.

I WONDER [SANDY CAN SWIM] ←→ I wonder can Sandy swim.

ASK THEM [WHEN THEY WILL STRIKE] ←→ Ask them when will they strike.

---

4) 이 단어의 연쇄는 echo 의문문으로써는 적형이다. echo 의문문은 이전에 발화된 것을 정확히 반복하지만, 한 구는 관련된 속성과 비교 강세(contrastive stree)를 가지는 WH-구에 의해 대치된다(자세한 논의는 Sadock 1969를 참조할 것).

도치가 없는 삽입 yes-no 의문문에서 *if*나 *whether*는 삽입 의문문을 선행한다.

I WONDER [SANDY LEFT] ⟷ I wonder if/whether Sandy left.

[THEY LEFT] IS NOT CLEAR ⟷ Whether they left is not clear.

참고문헌: Green 1981.

10. 부정 부사 이후의 조동사 도치. 의문적, 지배되지 않았음(?)
주어와 첫 조동사는(또는 첨가된 *do*) 부정 빈도 부사나 정도 부사 뒤에 올 때 도치된다(부사 전치에 의해 분석되기도 함).

I HAVE NEVER BEEN THERE ⟷
NEVER I HAVE BEEN THERE ⟷ Never have I been there.
RARELY SANDY STAYS AWAKE IN CLASS ⟷
Rarely does Sandy stay awake in class.

부정부사가 아닌 부사(non-negative adverb)와 다른 종류의 부정 부사는 도치를 허용하지 않는다.

SOMETIMES I EAT WHEATIES ←X→
*Sometimes do I eat Wheaties.

UNFORTUNATELY HE IS TOO LATE ←X→
*Unfortunately is he too late.

고풍의 영어에서는 이러한 도치가 긍정 빈도 부사와 정도 부사에 의해 일어나기도 한다. 더 고풍의 영어에서는 양태 부사(manner adverb)에 의해서도 일어난다.

OFTEN I VISITED THE INHABITANTS OF THAT GLOOMY VILLAGE ⟷

Often did I visit the inhabitants of that gloomy village.

PARTICULARLY HE LIKED ITS DESCRIPTIONS OF RECENT ACQUISITIONS ⟷

Particularly did he like its descriptions of recent acquisitions.

UNHAPPILY HE WALKED HOME ⟷ ?Unhappily did he walk home.

nor, neither, hardly ... when, no sooner ... than 등의 부정 표현과 *not a word, under no circumstances, only NP* 등의 부정 NP 뒤에 일어나는 도치가 동일한 현상인지 아닌지는 확실하지 않다. 이러한 모든 구문들과 주어-조동사 도치에서는 대명사 주어를 다른 주어와 동일하게 취급한다.

참고문헌: Green 1977, 1982a, 1985

11. 장소, 방향 부사 또는 구 뒤에서의 주동사 도치(Main verb inversion after locative and directional adverbs and phrases). 수의적. 지배되었음(?).
방향 부사 또는 부사구(*Up, Out; Into NP*), 장소 부사 또는 부사구(*Here, There, In NP*)가 절의 머리부에 위치할 때, 주어와 동사는(모든 종류의 조동사를 포함하여) 도치될 수 있다. 이때 do-첨가는 일어나지 않는다.

THE CAVALRY RODE INTO THE VALLEY ⟷
INTO THE VALLEY THE CAVALRY RODE ⟷
Into the valley rode the cavalry.

[...] UPON WHICH A BALD EAGLE RESTING ON A NEST OF
CRISCROSSED BATS WAS DEPICTED. ⟵⟶
[...], upon which was depicted a bald eagle resting on a nest of
criscrossed bats.

위의 현상들이 모두 같은 현상인지는 분명하지 않다. 이는 위의 현상
들이 상이한 제약과 지배 집단들(governing classes)을 가지고 있기 때문
이다. 예를 들면 *be*가 주동사일 때 도치는 의무적이다.

*In the garden a white rabbit was.
In the garden was a white rabbit.

이러한 구문은 부정 표현 이후의 도치와는 구분되는데, 이는 규칙의
주축(pivot)이 첫 조동사가 아니라 주동사와 모든 조동사들을 포함하기
때문이다. 또한 이 제약이 대명사 주어의 도치는 촉발시키지 않는다.

INTO THE VALLEY THEY RODE ⟵X⟶ *Into the valley rode they.

이 구문은 논리상의 주어와 동사구 수식어 등이 본래의 자리가 아닌
곳에(non-cannonical position) 나타날 수 있도록 허용한다. 따라서 이 구
문은 구어체나 문어체 모두에서 광범위하게 사용되어 문두(clause-
initial)와 문미(clause-final) 위치가 가지는 강조의 의미를 전달한다.

참고문헌: Green 1977, 1982a, 1985a, 1985b; Birner 1992, 1994; Birner
& Ward 1998.

12. 직접 인용을 가진 도치(Inversion with direct quotations). 수의적.
지배되어 있지 않음(?).

말을 전달하는 동사의 주어는 동사 뒤에 위치할 수 있으며, 이때 목적어 격의 인용문이 주어를 선행하며 주어는 대명사일 수 없다. 이때 *do* 첨가는 일어나지 않는다.

"FARQUHAR'S FLUMMER!" THE OLD MAN SHOUTED ⟷
"Farquhar's flummer!" shouted the old man.

"YOUR HAIR'S ON FIRE!" HE SHOUTED ←X→
*"Your hair's on fire!" shouted he.

현대 문어적 영어에서 주어와 인용 동사가 도치되는 경우는 직접 인용구가 주어와 말을 전달하는 동사를 선행할 때뿐이다. 그러나 그 이전에는 이러한 조건이 꼭 필요한 것이 아니었다.

Quoth the raven, "Nevermore."

고풍의 대화 또는 격의 없는 대화(casual speech)에서 대명사 주어가 인용구의 앞, 뒤 어느 위치에서나 도치되기도 한다.

Says he: "I'm gonna beat you to a pulp."
"You & which army?" says I.

참고문헌: Banfield 1973; Hermon 1979; Green 1980, 1982a, 1985.

삽입 규칙(insertion rules)

13. *do*-첨가(do-support)
조동사 없이 쓰일 수 있는 구문도 주어가 조동사 뒤에 나타나야 하는 상황 하에서는 조동사로써 적절한 형태의 *do*를 가져야 한다. 이것이 *do*

를 첨가하는 *do*-첨가의 결과인지 또는 비조동사(non-auxiliary) 앞에서 삭제되는 기저부의 *do*인지는 표준이론의 문법학자들 간에도 논란의 대상이었다. "*do*-첨가"의 몇몇 예들은 다음과 같다:

Did Sara swim the English Channel?
Only once did he try to trick us.
Thus did the hen reward Beecher.
Sandy knew the answer, and so did Crhis.
Sandy knew the answer, and Chris did too.
Margaret knew the answer, as did Sara.

참고문헌: Green & Morgan 1976, Akmajian & Henry 1975, Ross 1972a,
Akmajian & Wasow 1975.

14. 존재 *there*-삽입(Existential there-insertion). 수의적, 지배되지 않았음. *be*의 비한정 주어(indefinite subject: e.g., *a boy, three houses...* 그러나 *thy boy* 또는 *those three outhouses* 등은 아님)가 *be* 뒤에 위치할 수 있다. 이때 허사(expletive) *there*는 전형적 주어 위치에 나타난다.

A SALESMAN IS AT THE DOOR ⟷ There is a salesman at the door.
SIX PEOPLE WERE NAMED TO A COMMISSION TO STUDY THE PROBLEM ⟷
There were six people named to a commission to study the problem.

여기서 *be*가 주동사인지 조동사인지의 문제는 중요하지 않다.

참고문헌: Borkin 1971, Milsark 1974, Napoli & Rando 1978.

15. 발표적 *there*-삽입(Presentational *there*-삽입). 수의적. 지배되지 않았음.

이 현상은 *there*-삽입과 유사하지만, 더 많은 종류의 동사들이 이 규칙에 참여하고, 한정명사구나 비한정 명사구 모두가 이 규칙에 적용을 받는다. 더욱이 전형적 주어 NP는 전체 VP 뒤에 오지 단순히 동사 뒤에 오지는 않는다.

A LARGE PACKAGE MARKED "PERISHABLE" WILL ARRIVE BY FEDEX. ⟷
There will arrive by FedEx a large package marked "PERISHABLE."

THE LINGUIST WE HAD BEEN SPEAKING OF SAT IN THE CORNER ⟷
There sat in the corner the linguist we had been speaking of.

존재 *there*-삽입과 달리, 이 현상은 장소 및 방향 보충어가 VP의 일부인 경우로만 제한된다.

THE LINGUIST WE WERE SPEAKING OF REALIZED ITS SIGNIF-ICANCE IMMEDIATELY ←X→
*There realized its significance immediately the linguist we were speaking of.

TWO OR THREE NERVOUS PARENTS PACED IN THE ANTEROOM ⟷ There paced in the anteroom two or three nervous parents.

TWO OR THREE NERVOUS PARENTS PACED THE FLOOR ←X→
*There paced the floor two or three nervous parents.

동사가 장소나 방향과 밀접히 관련되어 있으면, 이 구문이 더 좋은 문장으로 들린다.

There lay/?slept/??dreamed in the corner a raggedy young man.

참고문헌: Aissen 1975, Hankamer 1977.

복사 규칙(Copying Rules)

16. 동사 일치(Verb agreement). 의무적임. 지배되지 않았음.

한정동사의 굴절은 주격 논항이나 절대격(absolutive) 논항의 수와 인칭을 표시한다(다른 언어에서는 목적어나 첨가어와 일치하기도 함).

I BE WRITING ⟷ I am writing.
HE BE WRITING ⟷ He is writing.
THEY BE WRITING ⟷ They are writing.

일부 언어에서는(예를 들면 Portuguese), 비한정 형태에서의 굴절도 같은 기능을 할 수 있다.

주어의 수가 어떻게 처리되는가는 간단한 문제가 아니다. 의문과 의심들은 특히 다음의 경우에 일어난다.

To the states BELONG the power to regulate education of the young.
Either three men or a woman BE in the room.
There BE a man and three children in the room.

생성문법의 초창기부터 동사 일치의 분석을 위하여 자질(feature)을 사용하였다. 또한 표준이론의 문법학자들은 동사 일치가 순환 규칙인지 아닌지에 대하여 논쟁하기도 했다.

참고문헌: Morgan 1972b, 1972c, 1984, 1985; Pullum 1984; Pollard & Sag 1994; Chomsky 1995, Morgan & Green (출판예정)

17. 부가의문문(Tag question). 수의적(?), 지배되어 있음(?).

이 현상은 현대 변형 문법의 태동과 함께 연구되어 왔던 주제이다. 특히 이 현상은 명령문에서 기저부에 *you*나 *will*과 같은 요소가 존재한다는 주장을 펴기 위해 이용되기도 했다. 이 현상에 대한 변형적 기술은 모든 평서문과 명령문에 상응하는 부가의문문이 존재할 수 있다는 것이었고, 이러한 기술에서 부가의문문은 첫 조동사의 복사물(또는 적절한 시제와 수의 정보를 가진 *do*)과 주어를 적절히 기술할 수 있는 대명사를 오른쪽에 위치시킨다는 것을 제외하고는 원래의 평서문이나 명령문과 동일하다. 이때 부가된 조동사가 부정일 때는 본 동사가 긍정이고, 긍정일 때는 본동사가 부정이다.

JOAN IS SMART ⟷ Joan is smart, isn't she?

YOU CAN ANNOUNCE THAT SANDY ISN'T HERE ⟷
You can announce that Sandy isn't here, can't you?

SANDY AND CHRIS HAVEN'T ARRIVED YET ⟷
Sandy and Chris haven't arrived yet, have they?

I CHEERED YOU UP ⟷ I cheered you up, didn't I?
COME IN ⟷ Come in, won't you.

그러나 위의 일반화는 다음과 같은 문장들을 설명할 수 없다:

I guess it'll be OK, won't it?
Shut up, will you.
Turn the record over, could you.
Sandy's a narc, is he?
*Here comes the bus, doesn't it?
I don't suppose the Yankees will win, will they?

비록 많은 언어들이 위의 현상과 비슷한 담화적 목적을 수행하는 관용적 구문(또는 불변화사)을 가지고 있지만, 부가의문문 자체는 영어에 고유한 현상이다. 부가의문문은 상이한 운율(prosody)을 사용하여 확인을 위한 질문, 또는 청자에게 동의를 구하기 위해 사용된다.

참고문헌: Bolinger 1967; Postal 1969; R. Lakoff 1969, 1972a, 1972b, 1973; Borkin 1971; Green 1975.

18. 우측 변이(Right dislocation). 수의적. 지배되지 않음.
NP는 원래의 위치 대신 절의 마지막 위치에 나타날 수 있으며, 이때는 상응하는 한정 대명사가 있어야 한다.

THE COPS SPOKE TO THE JANITOR ABOUT THE ROBBERY YESTDERDAY.
⟶ They spoke to the janitor about the robbery yesterday, the cops.
Or: ⟶ The cops spoke to the janitor about it yesterday, the robbery.

THAT THE COPS WILL SPEAK TO THE JANITOR ABOUT THE ROBBERY TOMORROW GOES WITHOUT SAYING

⟶ That they will speak to the janitor about the robbery tomorrow, the cops, goes without saying.

But: ←X→ *That they will speak to the janitor about the robbery tomorrow goes without saying, the cops.

참고문헌: Ross 1967/83.

삭제 규칙(Deletion Rules)

19. 행위자 삭제(Agent-deletion). 수의적. 지배되지 않았음(?)

수동태의 논리상 주어는 명시되지 않을 수 있다. 현대 문법이론에서는 단순히 이 구문이 행위자를 가지고 있지 않다고 간주한다. 그러나 전통적인 변형 문법에서는 수동문의 *by*와 행위자 NP를 생략하는 규칙이 존재했으며, 이때 삭제된 행위자 NP는 *someone* 또는 *something*과 같은 비한정 대명사이다.

CHRIS WAS RUN OVER BY SOMEONE/SOMETHING <---->
Chris was run over.

이 규칙은 몇몇 동사(e.g., *rumor*)의 수동형이 행위자를 처음부터 허용하지 않는다는 점에서 지배된 규칙으로 간주할 수도 있다. 이 규칙을 사용하게 되는 동기는 행위자 구를 명시하지 않고자 하는 의도에서 시작한다(이에는 행위자의 신분을 무시하고자 하는 의도, 행위자에 책임을 지우지 않으려는 의도, 행위를 개인적인 것으로 만들지 않으려는 의도 등이 있음). 많은 언어들에서, 수동 동사의 행위자가 결코 표현되지 않는 경우도 발견된다.

참고문헌: Leskosky 1973, Gazdar 1982.

20. 생략규칙(Truncation). 수의적. 지배되어 있음.

격의 없는 대화에서 특정 문두 주어 대명사와 조동사, 때론 지시사 등이 다소 복잡한 조건의 적용을 받아 나타나지 않을 수 있다. 이들의 부재에는 종류의 제한(identity requirement)이 없다.

ARE YOU GOING TO THE PARTY ⟷ You going to the party?

Or: ⟷ Going to the party?

WILL YOU BE GOING TO THE PARTY ⟷ You be going to the party?

But: ←X→ *Be going to the party?

And: ←X→ *Will you going to the party?

I HAVE GOT TO GO NOW ⟷ Got to go now.

But: ←X→ *Have got to go now.

MY/THE CAR'S IN THE SHOP ⟷ Car's in the shop.

참고문헌: Schmerling 1973, Cote 1996.

21. 목적어 삭제(Object deletion). 수의적, 지배되어 있음.

일부 타동사는 목적어 없이도 사용될 수 있는데, 이때는 이 목적어의 의미가 주어진 상황(context)에서 나타나는 동사의 의미에 의해 예측가 능하다. 따라서:

I'VE ALREADY EATEN [A MEAL] ⟷ I've already eaten.

THEY DON'T DRINK [ALCOHOLIC BEVERAGES] ⟷
They don't drink.

CHRIS READ [BOOKS] FOR 3 HOURS LAST NIGHT ⟷
Chris read for 3 hours last night.

HAVE YOU EVER RAISED [CROPS] ←X→ *Have you ever raised?

GHOSTS FRIGHTEN [PEOPLE] ←X→ *Ghosts frighten.

오늘날에 와서는 많은 학자들이 이 현상이 정말 통사적 현상인가에 대한 의문을 가지고 있다. 그러나 변형문법의 초창기에는 이 현상이 통사적 현상이라는 것이 당연시 되었다. 목적어의 해석은 화용론적으로 결정되는 듯한데, 이는 다음과 같은 문장에서 비한정 보충어 동사구의 비명시 주어가 해석되는 방식과 같다.

Kim suggested __ putting pickles in the ice cream.
__ Amusing Dana's father will be difficult.
It would be unwise __ to tickle Dana's father.
Kim chose a book __ to read to their children.

이 현상은 다른 타동사들에서는 발견되지 않는다는 점에서 어휘적이다.

참고문헌: Lees 1960, Chomsky 1965, Newmeyer 1969, Gazdar 1981, Bach 1982, Cote 1996, Williams 1995.

공지시 규칙(Coreference Rules)

22. 절쌍 재귀사(Clause-mate reflexiviation). 지배되어있지 않음. 의무적. 두 공지시 NP가 단순한 동일절 내에 있다면(공시적: 이들이 서로 통어관계에 있다면), 뒤에 오는 NP는 선행하는 NP와 인칭, 수, 성이 일치하는 재귀사 형태를 가진다.

Chris likes himself/*themselves.

John$_i$ talked to Mary$_j$ about himsel$_i$/herself$_j$.

*John$_i$ thinks that Mary likes himself$_i$.

변형문법의 초창기에는 재귀 대명사를 자질변화 변형 규칙으로 설명
하였다. 1970년대 이후에는 재귀 대명사를 다른 어휘 항목과 마찬가지
로 생성되는 것으로 간주한다. Chomsky(1981)에서는 이러한 점을 결속
이론(Binding Theory)의 핵심으로 채택하였다.

참고문헌: Lees & Klima 1963, Morgan 1970, Postal 1971, Kuno 1972,
Jackendoff 1972, Harris 1976, Chomsky 1981.

추가 정의들

결속됨(BOUNDED). Ross(1967)는 한 요소를 오른쪽으로 재배열하는
변형 규칙들(중-NP-이동(Heavy-NP-Shift)과 우측 변이(Right Dislocation)
와 같은 규칙)은 모두 상위 결속(upper-bounded)되어 있다고 주장했다.
이는 한 요소가 절의 경계를 넘어 벗어날 수 없기 때문이다. 그러나
WH-관계사 배치(WH-rel positioning)나 부사 전치(Adverb Preposing) 등
과 같은 좌측 "이동"은 상위 결속될 수도 있고 되지 않을 수도 있으며,
원칙적으로 구조의 하위에 있는 한 요소를 여러 절 상위의 "착륙지
(landing site)"로 직접 연결시킨다. 이동된 항목의 기저부 위치와 표면부
위치사이에 있는 구성소들의 연쇄가 무작위적으로 길수가 있기 때문에,
기저부와 표면부의 위치 간 의존성은 "무한(결속)(unbounded)"적이라고
불린다. 무한 의존성을 기술하는 규칙의 형식화는 필수 변수의 사용을
요구하고, 이 규칙은 변수위에 적용된다고 정의하였다. 그 이후 언어학
자들(e.g., Chomsky 1977)은 모든 변형 규칙이 결속되어 있다는 입장을
취하게 되며, 이는 이 규칙들이 요소들을 절 내의 위치 또는 다음 상위

절의 위치로만 연결시킨다는 주장에 근거한다. 이러한 입장은 무한 의존성이 보문자 위치에서 보문자 위치로의 연속된 결속 이동(successive bounded movement)으로 발생한다는 가정을 통해 정립되었다. 7장에서 제시된 바와 같이 비변형적 이론들은 무한 의존성을 일련의 연결된 국부적 의존성(a series of linked local dependencies)이라는 명제 하에서 기술한다.

Chomsky-부가(Chomsky-Adjunction). 마디 A가 마디 B에 Chomsky-부가 되어 있으면, A는 B의 유일한 자매이고, A와 B를 동시에 지배하는 마디가 B와 동일한 통사범주를 가진다. 예를 들면, 마디 A를 (a)와 같은 구조에서 S 왼쪽에 Chomsky-부가시키면, (b)와 같은 구조를 얻는다.

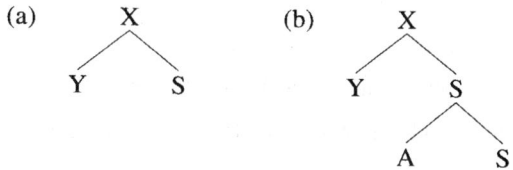

선도 규약(PIED PIPING CONVENTION). 많은 언어들에서 NP, PP의 범주를 가진 X_2가 관계사 또는 의문사 x_1을 가질 때, X_2 그 자체가 관계사 또는 의문사로 취급된다. 이는 x_1과 X_2 사이에 개입되는 모든 마디가 NP또는 PP이기 때문이다. 이동적 환경에서의 은유적 표현으로써, Ross(1967)가 이런 상위의 구조를 흡수하는 현상을 선도라고 부른 것은 어쩌면 자연스러운 것일지도 모른다.

REPORTS$_i$ [THE GOVERNMENT PRESCRIBES THE HEIGHT OF THE LETTERING ON THE COVERS OF WHICH$_i$] ARE INVARIABLY BORING

⟷ Reports which the government prescribes the height of the lettering on the covers of are invariably boring. (선도현상이 없음)

OR: ⟷ Reports the covers of which the government prescribes the height of the lettering on are invariably boring. (1 NP의 선도)

OR: ⟷ Reports the height of the lettering on the covers of which the government prescribes are invariably boring. (3 NPs의 선도)

선도는 관계절 원칙과 다른 원칙들과의 상호작용을 통해서 사실상 의무적이 될 수 있다. 예를 들어, 전치사가 목적어 없이 나타날 수 없는 불어의 경우에서는 선도 형태만이 문법적 문장을 만들어 낼 수 있다. 심지어 전치사가 혼자 남을 수 있는 영어에서 조차도 선도가 어떤 조건 하에서는 필수적이 된다. 다음의 예가 이러한 사실을 보여준다.

The time at which you depart is 11:00.
*The time which you depart at is 11:00.
The manner in which he spoke shocked many people.
*The manner which he spoke in shocked many people.

복합절 현상(Multiple-Clause Phenomenon)

공지시 규칙(Coreference Rules)

1. 대명사화 규칙(Pronominalization). 의무적. 지배되어 있지 않음.

명사구 NP_a는 동일 문장내의 동일한 인칭. 수. 성을 가진 한정 대명사의 선행사가 될 수 있으며, 이때 NP_a는 NP_p를 선행해야 한다. 선행사 NP, 즉 NP_a가 공지시적 대명사 NP_p 뒤에 올 수도 있는데, 이때는 NP_p가 NP_a를 통어(command)하지 말아야 한다.

예:

Sam$_i$ brushed his teeth after he$_i$ got up.
(*Sam*이 *he*를 선행한다.)

*He$_i$ brushed his teeth after Sam$_i$ got up.
(*He*가 *Sam*을 선행하며 통어한다.)

After Sam$_i$ got up, he$_i$ brushed his teeth.
(*Sam*이 *he*를 선행한다.)

After he$_i$ got up, Sam$_i$ brushed his teeth.
(*He*가 *Sam*을 선행하지만 통어하지는 않는다.)
Sam$_i$ thinks he$_i$ is late.
(*Sam*이 *he*를 선행한다.)
*He$_i$ thinks that Sam$_i$ is late.
(*He*가 *Sam*을 선행하며 통어한다.)
The claim that Sam$_i$ is ugly worries him$_i$.
(*Sam*이 *him*을 선행한다.)

The claim that he$_i$ is ugly worries Sam$_i$.
(*He*가 *Sam*을 선행하지만 통어하지는 않다.)

대명사와 선행사는 선행사와 대명사간의 조건이 충족되는 한 무작위로 떨어져 있을 수 있다.

Sam$_i$ thinks it is possible that Dale told me that you thought it would be easy to reach him$_i$.

일부 언어들은 영어에서라면 대명사가 있어야 할 곳에 명사구 생략을 적용함으로써 이러한 관계를 표현한다. 이러한 언어들은 때로 "공(zero or null)" 대명사를 가진 "pro-탈락(pro-drop)" 언어라 불리기도 한다.

일부 초기 이론들(e.g., Langacker 1966, Ross 1969)은 대명사화 규칙을 변형 규칙으로 다루었는데, 이때 완전한 NP가 기저부에서 대명사위치에 존재하는 것으로 가정했다. Ross(1969b)는 대명사화 규칙이 순환적(5장 참조)이라고 주장했는데, 이는 다음의 예와 같은 문장들이 가지는 예상 밖의 비수용성을 설명하기 위함이었다.

*Realizing that Oscar$_i$ had bad breath didn't bother him$_i$.

또 다른 문장의 예상 밖의 비수용성과 관련하여 대명사화 규칙이 후기 순환적(post-cyclic)이라는 주장이 제기되기도 했다(Lakoff 1976, Postal 1970).

Who from Flora$_i$'s hometown did Sam think she$_i$ would marry?

이러한 문제들의 해결책으로 "대명사화 규칙이 변형 작동"이 아니고 구조 표현과 관련한 제약이라는 패러다임을 바꾸는 제안에 대한 동의들이 있었다. GB이론의 전통 하에서 대명사화와 관련된 사실들은 결속원칙 B(Binding Principle B)에 의해 설명된다.

비한정 대명사 *one*은 선행하는 비한정 NP$_a$를 선행사로 취해야 한다. 대명사 *one*은 NP$_a$의 명사적 핵어와 같은 의미(sense)를 가진다(같은 지시를 가지는 것은 아님).

When Sandy found a music box that played Feelings, Chris looked on eBay for one.

비한정 대명사는 선행사와의 통사적 관계에서 한정 대명사보다 더 제한적이다.

??When one became available, Lou bought a Corgi.

A nurse said that one [nurse] would take us to the recovery room.

참고문헌: Langacker 1966; Ross 1969b; G. Lakoff 1968, 1976; Postal 1970, McCawley 1968a, Karttunen 1971, Jackendoff 1972, Kuno 1972, 1975; Kantor 1977, Chomsky 1981, Pollard & Sag 1994.

2. 문장 대명사화(Sentence pronominalization: S-deletion). 의무적. 지배되어있지 않음.

하나의 명제가 절이나 비한정(non-finite) VP로 표현되면, 이를 이차적으로 지시하는 요소는 지시적 대명사 *it*의 형태를 가질 수 있다.

LOU SAID THAT MAX LEFT, BUT I DON'T BELIEVE THAT MAX LEFT ⟷

Lou said that Max left, but I don't believe it. [that Max left]

Chris won't win the race, since the fortune-tellers have predicted it. [that Chris will win...]

Jo wants to climb the pole, but Lou thinks it will scare their mom. [Jo climbing the pole]

*it*은 문장 선행사가 피상적으로 부정일 때도, 긍정의 명제를 지시할 수 있다.

Chris won't win the race, even if the fortune-tellers have predicted it. [that Chris will win...]

대명사는 선행사에 선행 또는 후행할 수 있다.

Although Chris didn't believe it, I told him that the library was closed.
Chris didn't realize it, but he had created a whole new field.

참고문헌: G. Lakoff 1966, 1969; Hankamer & Sag 1976.

3. 동일 명사구 삭제(Equi-NP-Deletion: "big" PRO의 통제)

비한정 보충어 절의 주어 NP는 표현되지 않을 수 있으며, 이때 주절
에 있는 NP와 공지시적인 것으로 해석된다. 보충어 절은 주절의 공지
시 NP 뒤에 오고, 동일구는 명제 논항을 취하는 약속(commitment), 영
향(influence), 감정의 태도(emotional orientation)를 의미하는 동사에 의해
지배된다(e.g., *promise, try; order, persuade; want, hate*).

I TRIED [I GO]$_S$ ⟷ I tried to go.

[CHRIS$_i$'S BEING FIRED]$_S$ ANNOYED CHRIS$_i$ ⟷ Being fired annoyed
Chris.

SANDY PERSUADED CHRIS$_i$ [CHRIS$_i$ GO] ⟷ Sandy persuaded Chris
to go.

CHRIS$_i$ PROMISED [CHRIS$_i$ GO] ⟷ Chris promised to go.

I WANT [I GO]$_S$ ⟷ I want to go.

I INSIST [I GO]$_S$ X *I insist to go.

동일 명사구 삭제 구문에 대한 분석은 GB 통제 이론(Control Theory)의
핵심이다. 설명되어져야 할 사실들은 초창기의 생성문법에서 다루어진

것보다 훨씬 더 복잡한 듯하다. 보충어절이 주절의 통제자(controller) NP를 선행할 때, 동일구는 비 지배되는 듯 보이며, 표현되지 않은 주어에 대한 해석을 위한 특별한 통사제약이 존재하는 것 같지도 않다.

> Letting the cat walk on the table always bothered Chris. [누구나 *let* 의 주어가 될 수 있다.]
> Letting the cat walk on the table implied there were other options. [누구나 *let* 의 주어가 될 수 있다.]

통제자가 선행할 때, 공지시 NP는 표현되지 않는다(동사가 *want*나 *expect* 등의 인상(raising)동사 또한 허용하는 경우가 아니면). 통제자가 뒤에 오는 경우는 공지시 NP가 표현될 수 있다.

> 참고문헌: Rosenbaum 1967; Morgan 1970, Postal 1970, 1974; Borkin 1972, Green 1973b, Fodor 1974, Manzini 1983, Sag & Pollard 1991, Pollard & Sag 1994, Williams 1995.

4. 초-동일구(Super-equi). 수의적. 명백히 지배되어 있지 않음.

비한정 보충어의 표현되지 않은 주어는 어떤 상위절 S(즉 변수를 넘어서)에 있는 NP와도 공지시적으로 해석된다. 다시 말하면, 선행사 NP는 직접 상위절에 있을 필요가 없고, 선행사 NP와 비한정 동사사이에 많은 절들이 끼어 있을 수 있다.

> CHRIS$_i$ BELIEVED [IT WAS POSSIBLE [IT WOULD BE NECESSARY [FOR CHRIS$_i$ TO TIE HIS OWN SHOELACES]]]
> ⟷ Chris believed it was possible that it would be necessary to tie his own shoe laces.

참고문헌: Grinder 1970, 1971; Kimball 1971, Neubauer 1972, Green 1973b, Clements 1974, Hayes 1976b, Kuno 1974.

5. 목적 부정사(Purpose infinitive)

목적 부정사는 논항 NP와 공지시적으로 해석되는 공소를 항상 가지고 있다:

Kim bought War and Peace$_i$ to read __$_i$ to the kids.

Kim bought a book$_i$ for Sandy to read __$_i$ to the kids.

Kim hired a student$_i$ __$_i$ to file the offprints.

That book$_i$ is available to read __$_i$ to the kids.

목적 부정사는 술어를 수식하는지 지시적 표현을 수식하는지에 따라 다른 성격을 가진다. VP의 해석에 영향을 끼치는 목적 부정사는 소유의 의미를 함의하는 술어들에 의해 지배된다.

I bought it to read to the children.

*I saw it to read to the children.

The oxygen is there to revive astonished clients with.

*The oxygen is odorless to revive astonished clients with.

주어 공소(gap)가 주어가 아닌 공소와 함께 있으며, 주어 공소는 화용론적으로 통제된다. 즉 주어 공소는 선행하는 NP와 공지시적일 수도 있지만 다른 담화적 선행사(discourse antecedent)를 가질 수도 있다:

Chris$_j$ bought a book$_i$ __ to distract him$_i$ with __$_j$.

[i.e., for someone indicated in the context to distract him with]

명사 표현들을 수식하는 부정사들은 선행하는 **NP**와 공지시적인 공소를 가진다는 측면에서 부사적 목적 부정사와 유사하지만, 사격성의 공소를 가지고 가시적인(overt) 관계 대명사를 허용한다는 점에서 다르다:

Kim saw a fountain in which to cool her toes__.

A book with which to distract the kids __would make a nice gift.

*Kim knows a man (for) who to amuse Sandy.

*Kim saw a book which to read __to Sandy.

Kim saw a fountain (for Sandy) to cool her toes in __.

Kim lost the book to read __ to the children.

참고문헌: Baxter 1999.

절-자격 교체(Clause-Membership Alternation)

6. 주어 인상(Subject raising). 수의적. 지배됨.

a. 주어 인치로의 인상(SSR, A-인상)

아래 도표가 설명하는 바와 같이, 문장 직접 목적어를 가지지 않는 동사가 취하는 절 주어 논항의 주어가 동사의 주어 논항 위치에 나타날 수 있다. 주어가 인상된 절 논항은 절의 끝 부분에 부정사 VP로 나타난다. 이러한 구문에 대한 첫 변형 분석은(Rosenbaum 1967) 인상 이전에 절 주어의 외치[5]가 일어나는 것으로 간주하는 것이었다. 이를 Rosenbaum은 it-교체로써의 인상(Raising as it-replacement)이라 칭하였다.

---

5) 다음의 15번 항목을 참조할 것.

[CHRIS WIN] IS LIKELY ⟷ Chris is likely to win.

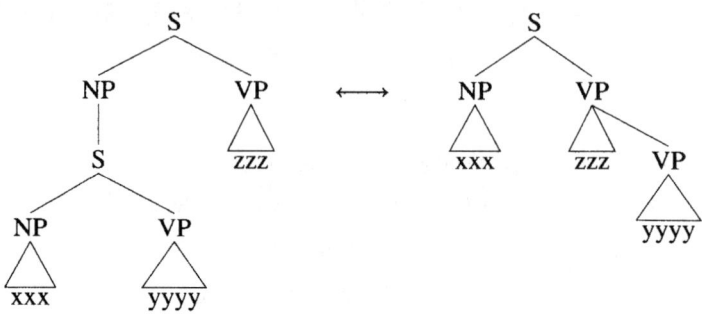

주어 위치로의 인상은 *be likely, be certain, seem, happen* 등과 같은 동사에서는 비지배되어 있고 수의적이나, *tend, begin*과 같은 동사에서는 의무적이며, *be possible, be obvious* 등에서는 일어나지 않는다. GB 전통 하에서는 이 현상이 일종의 A-이동(A-movement)으로 간주되었다.

화용론적으로, 부정사구에서 기술하는 사건(event)이 규정하는 세상에서, 주어 논항이 지시하는 바가 경험자 NP가 지시하는 바와 상호작용한다는 전제가 있다.

It seems to me that Napoleon loved peace.
!Napoleon seems to me to have loved peace.

It struck me that Julius Caesar was anti-deomcratic.
!Julius Caesar struck me as anti-democratic.

b. 목적어 위치로의 인상(SOR, B-인상)
타동사의 전치사적 목적어 보충어의 주어는 동사의 직접 목적어로 나타날 수도 있다.

CHRIS WANTS [I GO] ⟷ Chris wants me to go.

CHRIS$_i$ BELIEVES [CHRIS$_i$ BE SHY] ⟷ Chris believes himself to be shy.

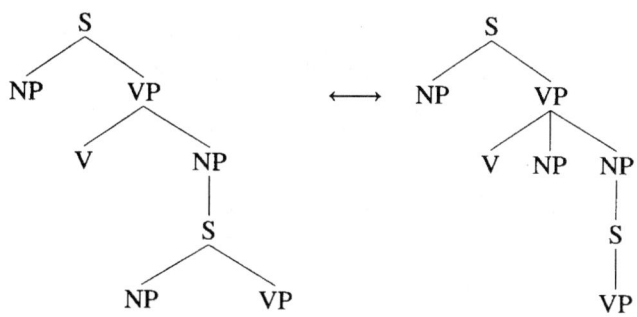

목적어로의 인상은 소망(wanting), 사고(thinking) 등의 의미를 가진 동사들에 의해 지배된다. 이러한 인상은 대부분의 경우 수의적이지만, *consider*와 같은 동사에서는 의무적이다. 이러한 구문에 대한 **GB** 분석(Chomsky로 거슬러 올라가서)은 동사 뒤 **NP**가 목적어가 아니고 예외적으로 목적격이 할당된 주어라는 것이다.

화용론적 전제에서, 기술된 사건에 의해 정의된 세상에서, 목적격 **NP**가 지시하는 바는 주어 **NP**가 지시하는 바와 상호작용한다.

Patton found that Napoleon was a vicious man.

!Patton found Napoleon to have been a vicious man.

I will ask that Chris leave.

(=X=) I will ask Chris to leave.

참고문헌: Rosenbaum 1967; McCawley 1970, Andrews 1971, Chomsky

1973, 1981; Postal 1974, Borkin 1974, Sheintuch 1976, Steever 1977, Schmerling 1978, Marantz 1991.

7. *Tough*-이동, 수의적, 지배됨.
특정 술어의 명제적 주어 보충어 안에 있는 비주어 논항은 술어의 주어로 나타날 수 있으며, 절 보충어의 나머지 요소들은 지배하는 구의 자매위치에 나타난다. 다음의 수형도들이 이를 설명한다.

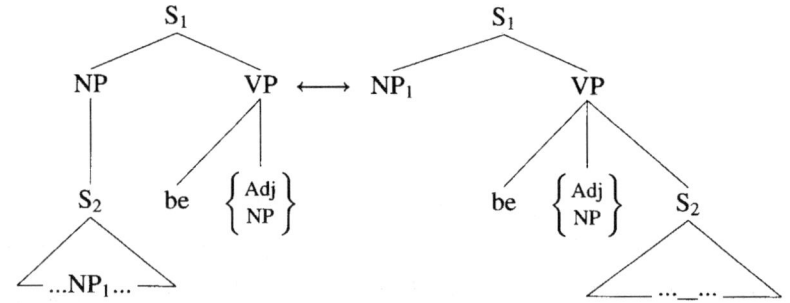

Rosenbaum(1967)의 분석에서 주어 보충어의 외치는 그 보충어절로부터의 비주어(non-subject) 인상과는 별개의 작동이다.

이 규칙을 지배하는 조건은(governing term) *impossible, easy, hard, nice* 등의 평가 형용사(evaluative adjective) 또는 *chore, fun, cinch, drag, a joy* 등의 명사이다. *possible, task*와 같은 비-평가적 술어들은 *tough*-이동을 허용하지 않는다.

[FOR ME TO LOOK AFTER SAM] IS JOY ⟷
Sam is a joy for me to look after.

[TO SEE [THAT JOE LIKES YOU]] IS EASY ⟷

That Joe likes you is easy to see.

[FOR ME TO TALK TO CHRIS] IS IMPOSSIBLE ⟷
Chris is imposible for me to talk to.

표적 NP(target NP)는 보충어 명제 내에 깊이 삽입될 수 있는데, 이때 는 사이에 오는 절들이 모두 비 한정적이어야 한다.

Chris is easy to arrange to talk to __.
Lou is hard to persuade anyone to try to arrange to talk to __.
*Chris is easy to see that Lou admires __.

화용론적으로, 이 구문은 진실-조건적 의역(truth-conditional paraphrase) 과는 다르다. 이는 tough 집단의 술어들에 의해 표현된 속성이 술어의 도출 주어가 가지는 고유한 속성이기 때문이다.

It is hard to play sonatas on this violin.
Sonatas are hard to play on this violin.
This violin is hard to play sonatas on.
The dirt on my glasses makes it impossible to read my notes.
The dirt on my glasses makes my notes impossible to read.

참고문헌: Rosenbaum 1967, Ross 1967/83, Morgan 1968, Partee 1971, Berman 1973, Nanni 1980.

8. 부정어 인상(Negative transportation 또는 Negative raising). 수의적. 지배되어 있음.
해석상에서 삽입절과 결합하는 부정 연산자(negative operator)는 통사 적으로 지배집단 내의 술어들을 핵어로 하는 삽입 VP에 소속될 수 있다.

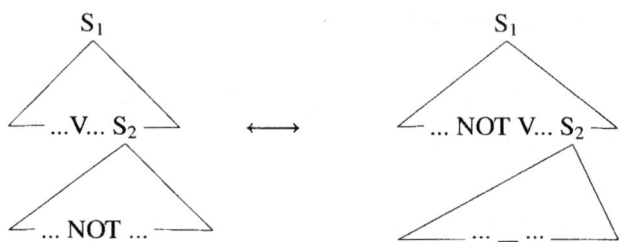

CHRIS THINKS LOU DOES NOT HAVE AN IOTA OF COMMON SENSE ⟷

Chris doesn't think Lou has an iota of common sense.

위를 아래와 비교해 보라:

*Lou has an iota of common sense.

*Chris doesn't realize Lou has an iota ofcommon sense.

S_1에서의 지배 술어는 마음의 상태를 나타내는 비-사실(non-factive) 술어이어야 한다: *think, want, expect, intend, likely, seem* 및 다른 동사들. 그러나 *know, hear, say, probable* 등은 아님.

참고문헌: R. Lakoff 1969; Horn 1971, 1975, 1979, 1989; Green 1974, Halpern 1976

의문 규칙(Question Rules)

9. 구성소 의문문(WH-이동). 삽입절에서는 의무적. 지배되어 있지 않음. 의문 대명사는 통사적으로 가능한 의문절의 도입부에 Chomsky 부가될 수 있다.

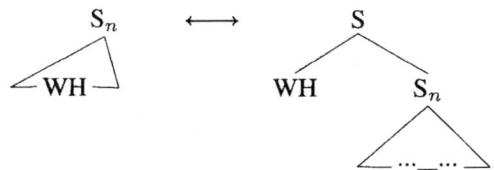

의문절은 (a) 직접 의문문의 주절이거나 (b) 간접적으로 의문의 해석을 가지는 동사의 주어 또는 목적어인 하위 절이다.

DANA HIT WHO? IN THE NOSE ⟷ Who? Dana hit in the nose

JO ASKED DANA HIT WHO? IN THE NOSE ⟷
Jo asked who Dana hit in the nose.

JO CLAIMED DANA HIT WHO? IN THE NOSE ←X→
*Jo claimed who Dana hit in the nose.

I AM CURIOUS ABOUT [DANA HIT WHO?] ⟷ I am curious about who Dana hit.

[DANA HIT WHO?] IS OBVIOUS ⟷ Who Dana hit is obvious.

WH-관계절과(다음 12를 참조할 것) 더불어 이 구문은 *that*이나 *if* 등과 같은 보문자가 나타나는 곳의 구조에 일단의 (의문) 대명사가 있는 것으로 기술된다. 이 구문은 무한 의존성을 가지고 있고, 선도가 나타날 수 있다.

I KNOW [JAN TOLD SANDY [KIM SAID [YOU TRIED TO DO WHAT? LAST SUMMER IN A GOLF CART]]] ⟷ I know what Jan told Sandy Kim said you tried to do last summer.

I WILL ASK [THESE BOOKS WERE WRITTEN BY WHO?]
⟷ I will ask who these books were written by __.
or ⟷ I will ask by whom these books were written __. (선도)

참고문헌: Baker 1968, 1970a, Bach 1971, Langacker 1974, Bresnan
1972, Kuno & Robinson 1972, Chomsky 1986b.

10. Sluicing. 수의적. 지배되어 있지 않음.

간접 의문 보충어는 의문사 하나로만 구성될 수 있으며, 이때 상황이 완전한 의문절을 재구성 할 수 있는 정보를 제공해야 한다. 이 간접 의 문문은 이전의 담화에서 발생한 절에 상응해야 하는데, 의문 대명사와 상응하는 마디는 비한정 명사구이다.

THE PAPER SAID THE MAN WAS SELLING SOMETHING.
ALTHOUGH IT WAS UNCLEAR [HE WAS SELLING WHAT?] ⟷
The paper said the man was selling something, although it was unclear
what.

SOMEBODY SAW SANDY, BUT I DON'T KNOW [WHO? SAW
SANDY] ⟷ Somebody saw Sandy, but I don't know who.

SANDY WANTED SOMEONE TO LEAVE; GUESS [HE WANTED
[WHO? TO LEAVE]] ⟷ Sandy wanted someone to leave; guess who.

상응하는 비한정 절은 같은 문장 내에 있을 필요가 없으며, 같은 화 자에 의해 발화될 필요도 없다:

A : Sandy wanted someone to leave.

B : Wil you tell me who? (='Will you tell me who Sandy wanted to leave?')

Sluicing은 담화구조에 의해 발생되며(구조분석의 영역이 담화구조임), 문장 단계의 규칙에 의존하는 구문이 아니다. 다음에 논의될 담화 삭제 현상을 참조할 것. Sluicing은 담화와 관련된 특정인이 간접 의문문의 대답을 알기 원한다는 가정을 전제로 한다. 따라서:

! Somebody took my book, and I can tell who.

Somebody took your book, and only I know who.

이와 상응되는 구문들이 몇몇 유럽 언어들에서도 발견된다.

참고문헌: Ross 1969a; Green 1981, 출판 예정

관계절 구문(Relative Clause Construction)

관계절의 분석은 핵어 N과 N의 자매 위치에 있는 S를 포함하는 NP에 대한 분석을 의미한다. 이때 S는 전체 NP, 즉 지배하는 NP와 공지시적인 NP를 내부에 포함한다. 다음의 수형도에서 원속의 N'는 핵어이다.

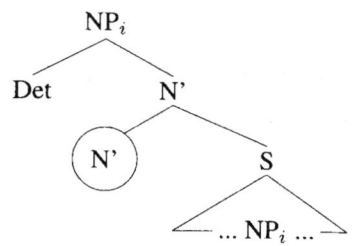

이 구문에서 계속되는 논란은 관계절이 N'의 부가어인가 또는 NP의 부가어 인가하는 문제이다.

11. 관계 공소(NP 삭제). 지배되어 있지 않음.
제한적 관계절은 관련된 관계 대명사 없이도 가능한데, 이때는 지배하는 NP와 공지시적인 NP의 공소를 내부에 가지고 있다는 예측이 가능하다.

I CAUGHT THE KITTEN$_i$ [(THAT) CYNDY BROUGHT HOME WHICH$_i$] $\longleftrightarrow$ I caught the kitten (that) Cyndy brought home.

이 구문은 많은 언어들에서 발견된다. 이러한 언어들에서 관계절은 일반적인 하위절을 이끄는 보문자(영어에서는 *that*)로 시작하기도 한다. 영어 관계절 구문에서 *that*이 보문자인가 관계 대명사인가는 계속되는 논란의 대상이다. *that*이 대명사가 아니라 보문자라면, 관계 대명사가 있을 때, 보문자가 올 수 없다는 원칙이 있어야 한다.

THE MAN$_i$ [THAT CHRIS HIT WHO$_i$] IS SICK
$\longleftrightarrow$ THE MAN WHO [THAT CHRIS HIT] IS SICK
$\longleftrightarrow$ The man who Chris hit is sick.

이 구문의 다른 분석은 관계 대명사가 보문자의 위치에 나타난다는 것이다.

THE MAN$_i$ [THAT CHRIS HIT WHOi] IS SICK $\longleftrightarrow$
The man who Chris hit is sick.

두 분석 모두 NP의 선도가 WH-관계절에서만 나타난다는 사실을 설명할 수 있다.

I FOUND THE RESTAURANT$_i$ [THAT THEY ATE AT WHICH$_i$]
←X→ *I found the restaurant at that they ate __.

두 분석 모두에서 *that*은 보문자이지, 관계 대명사가 아니다. 따라서 환치(displacement)와 같은 규칙은 적용되지 않고, 선도만이 가능하다.

삭제 분석은 WH-단어와 *that* 둘 다를 가진 문장을 배제시켜야 하는데, 이는 관계 대명사가 있을 때 삭제 규칙이 의무적이라는 가정에 의하여 가능하다. 대치 분석(replacement analysis)은 WH 단어와 *that* 둘 다 나타나는 순서가 불가능한 이유를 WH 구가 *that*의 위치에 나타난다는 분석을 통해 설명한다.

WH 구가 없는 관계절에서 *that*의 출현은 일반적으로 수의적이다.

I found the restaurant (that) they ate at.

"Bare" 관계절이 비수용적일 때는 사라진 공지시 NP가 관계절 내의 최상위절의 주어인 경우이다. 따라서 사라진 공지시 NP가 목적어일 때는 Bare 관계절이 수용적이다.

The man [Chris called __] is here.

사라진 공지시 NP가 하위 S의 주어인 경우에도 Bare 관계절은 수용적이다.

The man Harry thinks [__ saw Chris] just arrived.

문제의 경우는 사라진 공지시 NP가 관계절의 최상위 S의 주어일 때이다:

> *The man [__ saw Chris] is here.
> The man who saw Chris is here.
> The man that [__ saw Chris] is here.

일부 방언에서, 의미적으로 비한정적인 명사구는 최상위의 주어 없이 bare 관계절에 의해 수식 받을 수 있다.

> Anyone wants to play football with have to maintain at least a C average. The man runs for president had better be rich.

관계절 보문자의 삭제는 중국어를 포함하여 많은 언어들에서 발견된다.

> 참고문헌: Morgan 1972a; Perlmuter 1972; McCawley 1978b, 1981; Gazdar 1981; Sag 1997.

12. WH-핵어 관계절(WH 이동). 의무적. 지배되어 있지 않음.
관계 대명사는 공소를 가진 관계절의 왼쪽 자매 위치에 Chomsky 부가될 수 있다. 이러한 관계절은 제한적이거나 비제한적으로 사용된다.

> [THE MAN$_i$ [CHRIS PHONED WHO$_i$] IS SICK] ⟷
> The man who chris phoned is sick

> [SMITH$_i$ [DALE WAS VISITING WHO$_i$] JUST WON THE LOTTERY]
> ⟷ Smith, who Dale was visiting, just won the lottery.

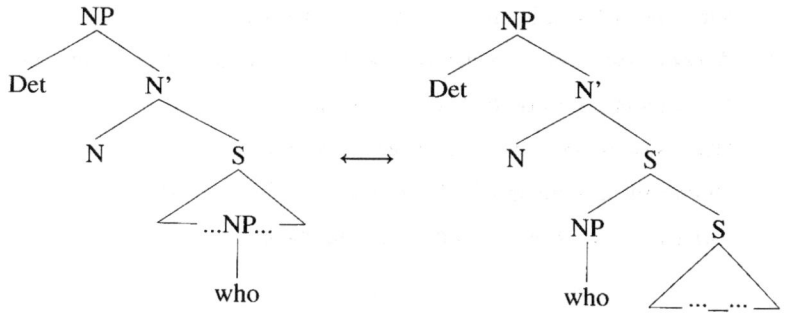

이 구문은 무한결속구문이다. 관계대명사는 핵어 명사구와 무한히 많은 절들을 사이에 놓고 떨어져 있을 수 있다.

> [THE MAN$_i$ [DALE THINKS [LOU SAID [THE FBI BELIEVES CHRIS
> WANTED [TO KIDNAP WHOi]]]] ORDERED CHOP SUEY ⟷
> The man who Dale thinks Lou said the FBI believes Chris wanted to
> kidnap ordered chop suey.

이러한 구문은 많은 언어들에 일반적으로 존재한다.

> 참고자료: Ross 1967/83, Sec 4.3; Morgan 1972a 및 *The Chicago Which
> Hunt*에 수록된 다른 논문들; Bresnan 1972; McCawley
> 1978b, 1981; Kayne 1994, Sag 1997.

13. 관계 부정사. 지배되어 있지 않음.

관계 부정사는 선행하는 NP와 공지시적인 공소를 가진다는 점에서 목적 부정사와 유사하다. 그러나 사격성의 공소를 가진 관계 부정사는 목적 부정사와 달리 명시된 관계 대명사를 가져야 한다.

Kim saw a fountain in which to cool her toes __.
A book with which to distract the kids __ would make a nice gift.
*Kim knows a man (for) who to amuse Sandy.
*Kim saw a book which to read __ to Sandy.
 Kim saw a fountain (for Sandy) to cool her toes in __.
 Kim lost the book to read __ to the children.

선도는 의무적이다.

*Kim saw a fountain which to cool her toes in __.

관계 부정사가 목적 부정사와 다른 점은 제한적 관계절처럼 명사 표현을 수식하고 고유 명사나 한정 대명사의 핵어와는 나타날 수 없다는 것이다. 또한 관계 부정사는 가시적 주어(overt subjects)를 허용하지 않는다.

*I saw it to read __ to the children.
*I saw a fountain in which for Sandy to cool her toes __.

참고문헌: Green 1973a, 1992; Berman 1974c; Bach 1982; Ladusaw & Dowty 1985; Sag 1997; Baxter 1999.

14. 축약된 관계절(Reduced relative clause: WH +be 삭제; WH-is 삭제 또는 WHiz-삭제라고도 불림)
관계절은 형식과 관련없이 be의 술어적 보추어로만 구성될 수 있다.

THEY WANT TO HIRE SOMEONE WHO IS SMALL ⟷
They want to hire someone small.

A VASE WHICH WAS FROM INDIA WAS BROKEN ←→
A vase from India was broken.

BESSIE, WHO IS OUR RED COW, DIED ←→
Bessie, our red cow, died.

CHRIS SMITH, WHO IS 31 AND BALDING, TURNED THE CORNER
INTO WORDSWORTH LANE ←→
Chris Smith, 31 and balding, turned the corner into Wordsworth Lane.

THE MAN WHO IS EATING THE POTATOES ROBBED THE BANK
←→ The man eating the potatoes robbed the bank.

THE MAN WHO WAS THOUGHT TO HAVE ROBBED THE BANK
HAS DISAPPEARED ←→ The man thought to have robbed the bank
has disappeared.

이러한 영어 구문에 허가되는 명사 보충어는 비제한적 관계절의 억
양과 해석을 가지며, 만약 그렇지 않다면 억양과 해석이 제한적이다.

*The woman a trial lawyer is carrying a canvas briefcase.
The woman, a trial lawyer, is carrying a canvas briefcase.

참고문헌: Borkin 1971, Sag 1997.

절 위치 교체(Clause Position Alternations)

15. 외치(Extraposition). 일반적으로 수의적이나 몇몇 동사들에는 의무
적이며, 지배되어 있음.

동사가 *that*절과 부정사구의 형태를 가진 절 주어를 하위 범주화 할 때, 이 동사의 주어 위치에는 대역 대명사(dummy pronoun) *it*이 오고 절 끝머리 위치에는 절 논항이 온다.

> [THAT DANA IS HERE] IS OBVIOUS ⟷
> It is obvious that Dana is here.

> [FOR JO TO CRY] WOULD UPSET LOU ⟷
> It would upset Lou for Jo to cry.

외치된 절이 주어로 기능하지 않고, 절 주어가 전제로 하고 있는 사실 성격도 결여하고 있다는 것은 많은 언어학자들에 의해 언급되었다 (Morgan 1975, Horn 1986).

> Q: Why did you stay home on Monday?
> A: It is obvious that I though it was Sunday.
> (A: !That I thought it was Sunday is obvious.)

일부의 화자들에게서는 동명사(gerunds)도 외치될 수 있다.

> [SWIMMING IN THE NUDE] IS FUN ⟷
> It's fun swimming in the nude.

외치의 변형 규칙은 *seem*과 *occur* 같은 특정 동사들에서 의무적이라고 주장되기도 하며, 이는 다음의 문장 쌍과 같은 자료에 근거한 주장이다.

> *That Dana is innocent seems.
> It seems that Dana is innocent.

*That Dana might leave occurred to Lou.

It occurred to Lou that Dana might leave.

사실상, 이러한 동사들은 외치 대신 주어로의 인상을 허용하기도 하며(cf. *Dana seems to be innocent*), 다른 동사들에서는 외치가 일어나지 않기도 한다.

That Smith could have locked the house from inside and climbed out the open window occurred to only one of the jurors.

That they could have gone to Paris, picked up the package, and flown right home again never occurred to us.

유사한 현상들이 몇몇 서유럽 언어들에서 발견된다.

절은 그 절을 논리상의 주어로 포함하고 있는 절의 경계를 넘어서 외치될 수 없다. (1)의 구조는 (2)와 같은 표면구조를 가질 수 있다: *That it surprised you that Dana admired Lou is obvious.* 그러나 (3)의 구조를 가지는 **That it surprised you is obvious that Dana admired Lou*와 같은 표면구조는 가질 수 없다.

(1)

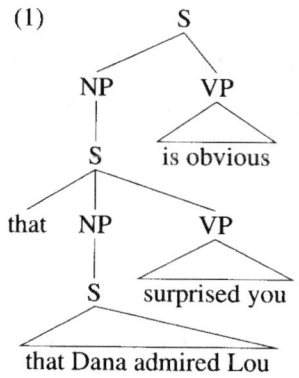

(2)

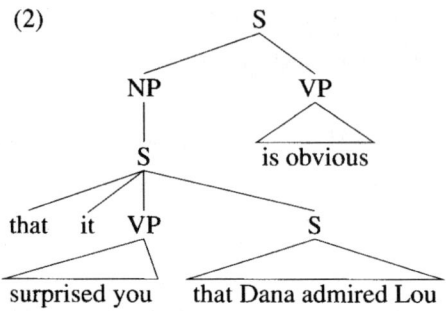

(3)

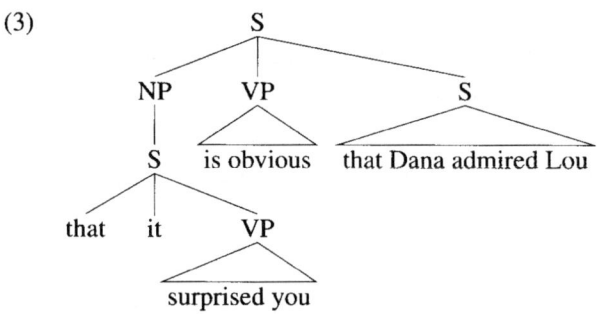

*I resent it that/whether he never calls me*에서 보이듯이 목적어 절도 주어절과 마찬가지로 외치될 수 있다. 그러나 그러한 문장 안에 나타나는 it이 외치의 증거인가 하는 문제는 의문의 여지가 남아있다.

참고문헌: Ronsebaum 1967, Ross 1967/83, Morgan 1968, 1975; Kiparsky & Kiparsky 1970, Jacobson & Neubauer 1974, Green & Morgan 1976, Chomsky 1977, Horn 1986.

16. 절-인상(Sentence-raising, S-lifting 또는 Slifting). 수의적. 지배되어 있음.

대화나 믿음 등을 지칭하는 동사(e.g., *think, seems, bet, guess, promise, say, suppose* 등)의 목적 보충어로 사용된 한정절은 전치될 수 있으며, 이때 보문자 없이 전체 절에 Chomsky 부가된다.

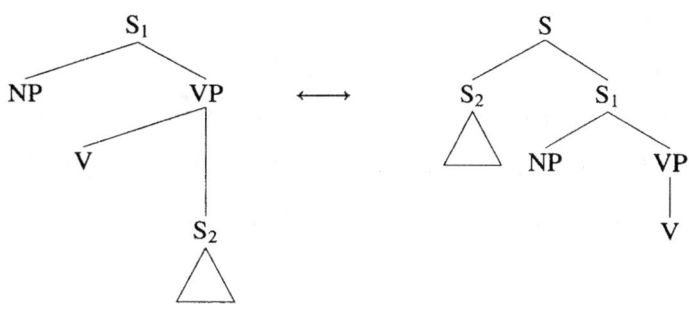

I THINK SOY SAUCE IS GOOD FOR YOU ⟷
Soy sauce is good for you, I think. (*That soy sauce is good for you, I think.)

IT SEEMS (THAT) DANA IS INNOCENT ⟷ (*That) Dana is innocent, it seems.

SUE SAYS DANA IS NO ORDINARY FOOL ⟷ Dana is no ordinary fool, Sue says.

절-인상은 논리적 주절을 화용론적으로 투명하게 만들고, 논리적 보충어에 독립적인 비발화적 지위(illocutionary power)를 부여한다.

Harry has been named Hogwarts champion, he learns.
Harry learns he has been named Hogwarts champion.
Where is it, I wonder.
Put it over there, I guess.

이 규칙은 많은 다른 언어들에서 발견되지만, 영어에서 만큼 광범위한 지배 동사의 집단을 가지지는 않는다.

참고문헌: Ross 1973, Green 1975, 1976.

17. Niching. 수의적. 지배되어 있지 않음.

*frankly*나 *obviously*와 같은 문장 부사를 포함하는 삽입구(parenthetical phrase)와 절-인상에 따라 남은 주절의 부분은 절 내의 특정 지점에 삽입되어 나타날 수 있다.

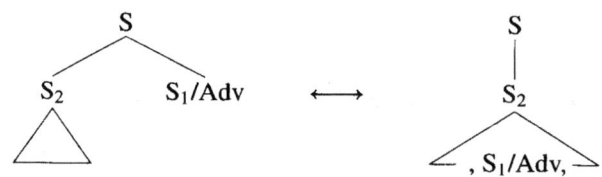

GUPPIES TASTE BETTER WITH SALT, I THINK
⟷ Guppies taste better, I think, with salt.
Or: ⟷ Guppies, I think, taste better with salt.

참고문헌: Ross 1973, Corum 1975.

보문자 현상(Some Complementizer Phenomena)

18. 보충어 절에서의 *that*-삭제. 수의적. 지배되어 있음.
that-절이 문두에 있지 않고, 특정 동사나 형용사(e.g., *think, regret, obvious, clear* 등. 그러나 *snicker, frustrating, annoying* 등은 아님)의 보충어라면, *that*은 생략될 수 있다.

IT'S CLEAR THAT CHRIS SHOULD DO IT ⟷
It's clear Chris should do it.

JAMIE DENIED THAT SAM WAS DRUGGED ⟷
Jamie denied Sam was drugged.

THAT CHRIS WAS A BROWN BAGGER IS CLEAR ←X→
*Chris was brown bagger is clear.

CHRIS SNICKERED THAT HE HAD NEVER HEARD SUCH A
SILLY DOG ←X→
*Chris snickered he had never heard such a silly dog.

THAT SANDY WAS GIVEN SPECIAL PRIVILEGES, JAMIE DOUBTED
←X→
*Sandy was given special privileges, Jamie doubted.

참고문헌: Bolinger 1972, Stowell 1981, Rizzi 1990.

19. *To*-삭제, 의무적, 지배되어 있음.

make, let, help, have 등의 보충어인 부정사는 보문자 *to* 없이 사용된다. to는 특정 환경에서 *dare*나 *need*의 보충어로써 사용되는 부정사에서도 나타나지 않을 수 있다.

I MADE BOHUMIL TO DEFACE A SCULPTURE ⟷
I made Bohumil deface a sculpture.

I FORCED BOHUMIL TO DEFACE A SCULPTURE ⟷
*I forced Bohumil deface a sculpture.

I need to translate.

*I need translate.

*Need I to translate.

Do I need/dare to translate.

I need/dare not translate.

He need not translate.

*He needs not translate.

Chris made Lou leave.

*Lou was made leave.

Lou was made to leave.

Chris let the ball drop/fall.

The ball was let drop/fall.

*The ball was let to drop.

Lou let the prisoner escape.

*The prisoner was let escape.

*The prisoner was let to escape.

20. *For*-삭제. 의무적. 지배되어 있지 않음.

부정사가 부정절 보문자 *for*에 뒤따르는 **NP**의 삭제를 통해 생성되었다는 변형문법적 설명에서는 *for*의 삭제가 현대영어의 대부분의 방언에서 의무적인 것으로 간주된다.

CHRIS$_i$ WANTS [FOR CHRIS$_i$ TO LEAVE] $\longleftrightarrow$ CHRIS WANTS [FOR TO LEAVE] $\longleftrightarrow$ Chris wants to leave.

참고문헌: Rosenbaum 1967, Sag 1997.

21. 전치사 삭제(Preposition deletion), 의무적, 지배되어 있지 않음.

명제적 목적 보충어를 취하는 동사나 형용사와 함께 나타나는 전치사(e.g., *afraid of, annoyed at, decide on*)는 생략될 수 있다. 이때는 이 동사나 형용사가 한정 또는 부정사절 바로 앞에 나타나야 하고, 그렇지 않다면 전치사는 생략될 수 없다.

> I'M AFRAID OF (THAT) MY NOSE IS PEELING ←→
> I'm afraid (that) my nose is peeling.

> But: I'm afraid of war.
>   What I am afraid of is that my nose is peeling.

> I WAS ANNOYED AT TO FIND HIM HERE ←→ I was annoyed to find him here.

> I PERSUADED HIM OF (THAT) HE SHOULD LEAVE ←→
> I persuaded him (that) he should leave.

> THEY DECIDED ON TO LEAVE ←→ They decided to leave.

> 참고문헌: Rosenbaum 1967.

다른 재배열 구문들(Other Reordering Constructions)

22. NP로부터의 외치, 수의적, 지배되어 있지 않음.

구나 절의 후 수식어(postmodifier: e.g., 관계절)와 함께 오는 NP를 포함하는 구조에서 후 수식어가 NP를 포함하는 절의 끝 부분에 올 수 있다.

A MAN [WHO HAS 3 EARS] JUST CAME IN ⟷
A man just came in who has 3 ears.

THE CLAIM [THAT ZINJANTHROPUS COULD DO CALCULUS]
HAS BEEN CIRCULATING
⟷ The claim has been circulating that Zinjanthropus could do
calculus.

AN ANALYSIS [OF THE CONTRIBUTION OF WRITING ACTIVITIES
TO THE ACQUISITION OF READING SKILLS] WILL BE PRESENTED.
⟷ An analysis will be presented of the contribution of writing
activities to the acquisition of reading skills.

I DON'T KNOW HOW THE RANGE [OF ALTERNATIVES TO
CHOOSE FROM] ARISES
⟷ I don't know how the range arises of alternatives to choose from.

외치된 수식어가 외치되지 않고도 나타날 수 있는 장소에 나타나게 되
면, 이 구문은 많은 화자들에게 비수용적인 것으로 간주된다. 이는 이 외
치된 수식어가 본래의 명사구를 수식하는 것이 아니라 바로 앞에 있는
명사구를 수식하는 것으로 해석될 수 있기 때문일 것이다. 이러한 화자
들에게서는, THE ARTIST WHO TAUGHT THAT CLASS NOMINATED
THE DESIGNER와 같은 문장이 *The artist nominated the designer who
taught that class*와 같은 문장으로 연결 될 수 없다. 그러나 이 화자들도
A WOMAN WHO WAS PREGNANT KISSED MY BROTHER와 같은
문장을 *A woman kissed my brother who was pregnant*와 같은 문장으로
연결시킬 수 있다. 또 다른 화자들은 특정 상황에서 NP로부터 외치를
가지는 문장을 비수용적으로 판단하는데, 이때는 외치된 구가 직접 선

행하는 NP의 수식어로 받아들여지지 않는 경우이다. 이러한 화자들은 비록 이 구문이 중의적이지 않다 하더라도 같은 판단을 내린다. 예를 들어 이 화자들은 **A GUY WHO LIKES MOZART WANTED TO DATE THREE DISCO DANCERS**와 같은 문장을 NP로부터의 외치를 적용한 *A guy wanted to date three disco dancers who likes Mozart*와 같은 문장으로 연결시킬 수 없다. 이 화자들에게서 위의 연결이 가능하지 않은 이유는 *Three disco dancers who likes Mozart*가 NP로써 받아들여지지 않기 때문이다. 그러나 이러한 현상은 자료 수집의 상황에 따른 인위적인 현상을 반영할 수 있으며, 언어능력의 문제는 아니다.

이 구문은 관계절이 선언적으로 기능하는 상황을 허용하기도 한다.

A: A man came in who was in "Cats" on Broadway.
B: No, he wasn't!

참고문헌: Ziv 1975, 1976; Lakoff 1972; Hayes 1976a, Stucky 1987.

23. 부사 전치(Adverb preposing). 수의적. 지배되어 있지 않음.
절 및 구 부사는 절의 앞머리에 위치할 수 있다.

I FOUND A ROBIN IN THE GARDEN/WHEN I LOOKED OUT THE WINDOW ⟷

In the garden,/ When I looked out the window, I found a robin.

일반적으로 부사는 절의 도입부보다 더 왼쪽 또는 위쪽에 위치하지 않는다.

I SAID THAT I'LL LEAVE IN 10 MINUTES ⟷
I said that, in 10 minutes, I'll leave.

I SAID THAT I'LL LEAVE IN 10 MINUTES ←X→

*In 10 minutes, I said that I'll leave.

그러나 특정 조건 하에서, 절 및 구 부사는 상위절의 머리부에 위치할 수 있다.

> I HOPE YOU'LL VISIT THE GARDEN BEFORE YOU LEAVE
>
> ⟷ I hope that before you leave, you'll visit the garden.
>
> OR: ⟷ Before you leave, I hope you'll visit the garden.

참고문헌: Ross 1967/83, Davison 1970, Pollard & Sag 1994.

24. 화제화(Topicalization-이동). 수의적. 지배되어 있지 않음.

한 구성소가 원래의 위치가 아닌 절-머리 위치에 나타날 수 있다. 이 구문에 대한 제약은 방언에 따라 달리 나타난다.

I DON'T LIKE CANNED SPINACH ⟷ Canned spinach, I don't like.

I LIKE THAT ⟷ That I like.

Area contractor are waiting for their phones to ring, and ring they will, when rooftop snow begins to melt later this week.

다음의 경우는 일부 방언들에서 비수용적인 것으로 간주되지만, 뉴욕 시나 뉴욕 근교출신의 사람들은 완벽하게 자연스러운 문장으로 받아들인다. 이디시(Yiddish) 언어에 영향을 받은 영어를 사용하는 이 지역의 사람들은 이러한 구문을 다양한 통사구조에 적용시키기도 한다.

HE ISN'T ABLE TO LEAP TALL BUILDING AT A SINGLE BOUND
⟷ Able to leap tall building at a single bound, he isn't.

화제화 규칙은 한 구성소가 의미적으로 결부되어 있는 절에서 멀리 떨어져 나타나는 것을 가능하게 해준다.

I THINK THAT BOB SAID DALE HEARD SAM LIKES CUCUMBERS
⟷ Cucumbers, I think that Bob said Dale heard Sam likes.

화용론적으로는 이러한 통사적 속성을 가지는 두 가지 또는 세 가지 정도의 상이한 구문이 존재한다. 이들 구문들은 운율(prosody)과 담화적 전제에서 차이를 보인다. 유사한 통사적 속성을 보이는 구문들이 여러 언어들에서 발견된다.

참고문헌: Ross 1967/83, 1969c; Prince 1981, 1984; Olsen 1986; Ward 1983, 1985/1988, 1990; Birner & Ward 1998.

25. 좌측 변이(Left dislocation), 수의적, 지배되어 있지 않음.
NP가 절-머리 위치에 나타나고, 원래의 위치에는 인칭, 수, 성, 격 (case) 등이 동일한 대명사가 나타날 수 있다.

THE WOMAN YOUR LAWYER SUBPOENAED IS GOING TO TELL THE JURY THAT THE DEFENDANT WITH THE TATTOO HAD BEEN DRINKING
⟷ The woman your lawyer subpoenaed, he is going to tell the jury that the defendent with the tattoo had been drinking.

Or: ⟷ The jury, the woman your lawyer subpoenaed is going to tell them that the defendant with the tatooo had been drinking.

이 구문에서 최조의 NP와 상응하는 대명사간의 의존성은 무한 결속적(unbounded)이다.

> The defendant with the tattoo, the woman you lawyer subpoenaed is going to tell the jury he'd been drinking.

참고문헌: Ross 1967/83, Prince 1984.

26. 분열문, 수의적, 지배되어 있지 않음.

어떤 도치되지 않은 문법적인 평서문(declarative sentence)도 상응하는 분열문 구문을 가진다. 이 구문은 주어로 허사 *it*을 가지고 주 동사로 *be* 동사를 가진다. 이 구문에서 초점(focus)을 가지는 구는 *be*의 보충어이다. *be*는 뒤에 *that* 또는 적절한 관계 대명사를 취하고, 초점에 위치한 구를 제외한 상응하는 평서문의 나머지가 *that* 또는 관계 대명사 뒤에 온다.

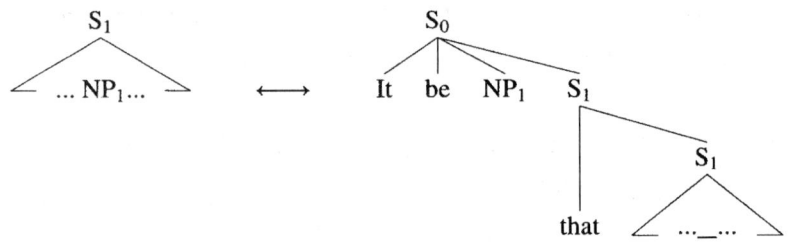

(다른 구문들과 마찬가지로, 이 구문도 설명하기 보다는 만들기가 훨씬 쉽다.)

> LOU SAW CHRIS YESTERDAY ⟷ It was Lou who/that saw Chris yesterday.
> Or: ⟷ It was Chris who/that Lou saw yesterday.
> Or: ⟷ It was yesterday that/?when Lou saw Chris.

THEY GAVE THE MUGGER MONEY BECAUSE HE HAD A KNIFE
⟷ It was because he had a knife that they gave the mugger money.

참고문헌: Akamajina 1978; McCawley 1978b, Prince 1978, Delahunty
1981, Gazdar et al., 1985.

27. 의사분열문. 수의적. 지배되어 있지 않음.

어떤 도치되지 않은 문법적 평서문도 상응하는 의사분열 문장을 가질 수 있다. 이 구문은 초점을 가지는 구가 *be*의 보충어이며, 주어는 초점과 상응하는 의문 대명사로 시작하는 삽입 의문문이다. 의문 대명사 뒤에는 평서문에서 초점 부분을 제외한 부분이 온다.

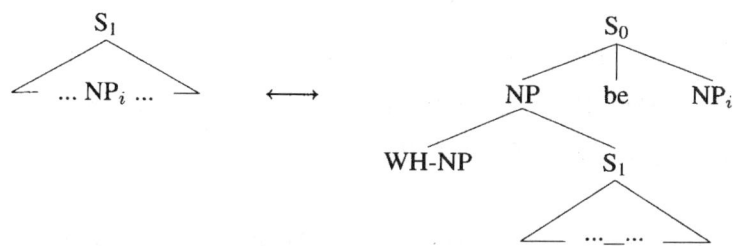

일반적으로 의사분열 구문에서 초점을 받는 NP가 인간을 지칭하면 비수용적이 된다.

I SAW A DOG ⟷ What I saw was a dog.

CHRIS THINKS THAT IT'S RAINING ⟷
What Chris thinks is that it's raining.

THE D9 RAN OVER MY BOW-TIE ⟷

What ran over my bow-tie was the D9.

CHRIS LOVES SANDY ⟷ *Who/*What Chris loves is Sandy.

위를 아래와 비교해 보라:

CHRIS SAW DALE ⟷ What / *Chris Saw was Dale.

CHRIS NEEDS TO CONSULT WITH A LINGUIST ⟷
What / *Who Chris needs to consult with is a linguist.

CHRIS LOVES HIMSELF ⟷ What / *Who Chris loves is himself.

일부에서는, 의사분열 구조가 분열 구조를 거친 다른 구문과 연결되어 있는 것으로 분석한다. 많은 화자들이 의사분열문의 부사가 be와 도치되면 비수용적인 것으로 판단한다.

CHRIS LEFT YESTERDAY ⟷ WHEN CHRIS LEFT WAS YESTER-DAY ⟷ Yesterday was when Chris left.

참고문헌: Akmajian 1978, Higgins 1978, Prince 1978, Lasnik & Saito 1992.

접속 현상(Conjunction Phenomena)

28. 접속 축약(Conjunction reduction). 수의적(?). 지배되어 있지 않음.
"동일 범주"의 두개 또는 그 이상의 구성소가 동등하게 접속되어 하나의 문법적 단위로 기능할 수 있다. 변형문법의 초창기에는, 등위구(coordinate phrase)들이 한 구성소를 제외하고는 동일한 등위절(coordinate clause)들로부터 축약에 의해 생성되는 것으로 가정했다.

DALE LIKE POTATOES AND HARRY LIKE POTATOES ⟷
Dale and Harry like potatoes.

BARBARA KISSED CHRIS OR BARBARA HUGGED CHRIS ⟷
Barbara kissed or hugged Chris.

WE LIKE TURNIPS BUT WE HATE RUTABAGAS ⟷
We like turnips but hate rutabagas.

"동일 범주"는 정확히 정의하기 어렵다. 이는 다른 시제를 가진 동사들이 등위구조를 형성할 수 있고, 다른 인칭, 수, 성을 가진 명사들도 등위구조를 형성할 수 있기 때문이다(그러나 다른 격을 가진 요소가 같은 형태소로 표현되지 않았다면 허용되지 않음). 상이한 핵어들을 가진 술어구도 등위구조를 형성할 수 있다.

Jordan was and is the best player of all time.
She and her brother all qualified for the tournament.
Dale is at home in North Dakota and glad to be alive.

그러나 다른 기능을 가진 전치사구들이 등위구조를 형성하면 현저한 수용성의 저하를 초래한다. 등위구조에서는 가능한 등위구들 중 하나가 다른 환경에서는 구를 형성하지 못하는 경우도 있다. Hankamer(1971)은 이러한 경우를 *Stripping*이라고 불렀다. 이러한 등위구조에서는 부정 부사 뒤에 앞의 등위구와는 다른 부분들만이 나타나며, 이 등위구는 전체 등위구조의 마지막에 위치된다.

WE LIKE TURNIPS BUT WE DON'T LIKE RUTABAGAS ⟷
We like turnips, but not rutabagas.

GWENDOLYN SMOKES MARIJUANA, BUT GWENDOLYN SELDOM
SMOKES MARIJUANA IN HER OWN APARTMENT ⟷
Gwendolyn smokes marijuana, but seldom in her own apartment.
ALAN LIKES TO SWIM, BUT SANDY DOES NOT LIKE TO SWIM
⟷ Alan likes to swim, but not Sandy.

접속된 구성소들이 모두 접속된 문장에서 축약 등의 변형을 통해 형
성되었다고 볼 수 없다.

Chris and Pat are a cut couple. ←X→
CHRIS IS A CUTE COUPLE AND PAT IS A CUTE COUPLE.

Jadeite and nephrite are similar. ←X→
JADEITE IS SIMILAR AND NEPHRITE IS SIMILAR

참고문헌: Ross 1967/83, Reibel & Schane(71-142)까지의 논문들,
Dougherty 1970, 1971; Hankamer 1971, Gazdar 1981; Sag,
Gazdar, Wasow, & Weisler 1985.

29. Gapping. 수의적, 지배되어 있지 않음.
한 문장의 주요 구성소들이 다른 등위문에 동일하게 존재하고 있다
면 생략될 수 있다.

KIM ORDERED POTATOES AND DANA ORDERED BEANS ⟷
Kim ordered potatoes and Dana beans.

SARA GAVE A NICKEL TO DALE AND SAM GAVE A DIME TO
SUE ⟷ Sara gave a nickel to Dale and Sam a dime to Sue.

DALE ASKED LOU TO LEAVE AND SAM ASKED SUE TO
DANCE ←X→ *Dale asked Lou to leave and Same Sue to dance.

DALE ASKED IF LOU WOLD LEAVE AND SAM ASKED IF SUE
WOLD DANCE
←→ Dale asked if Lou would leave and Sam if Sue would dance.

영어에서 Gapping은 항상 전방적(forward)이다. 즉 공소는 선행절에 선행사를 가진다. 다른 언어들에서는 gapping이 후방적(backward)이어서 첫 절이 공소를 포함할 수 도 있다.

참고문헌: Ross 1970, Dingwall 1969, Hankamer 1973a, Jake 1977, Levin 1986, Sag, Gazdar, Wasow & Weisler 1985, Johnson 1991, Lasnik 1999.

30. 비구성소 등위 구문(non-constituent coordination). 지배되어 있지 않음. 구성소를 형성하지 않는 유사한 단어의 연속들이 등위구조에 의해 연결될 수 있다.

Chris gave Kim a bell, Lou a book, and Jo a candle.
The group asked the council for a permit and the senator for a donation.
The group persuaded the senator to resign and the governor to postpone making an appointment.

참고문헌: Dowty 1988.

31. 우측 마디 인상(Right-node raising). 수의적. 지배되어 있지 않음. 오른쪽 끝의 구성소를 결여하는 유사한 절들이 등위구조를 이루고,

이 절들이 가지는 하위 범주화 요건을 충족시키는 구가 전체 등위구조의 오른쪽에 Chomsky 부가될 수 있다.

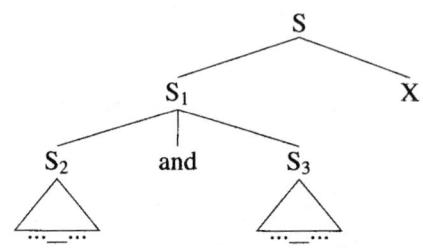

Dale picked, Lou peeled, and Harry cooked the potatoes.
It's possible, and it ought to be easy to verify, that Bonnie left.
Dale signed the transmittal form, and Lou witnessed it, yesterday.
Chris sent a bouquet to, and Dale actually met, one of the Rock Bottom Remainders.

참고 자료: Postal 1974, Gazdar 1981, McCawley 1982, Levine 1985.

32. 동사구 삭제(Verb phrase deletion). 수의적. 지배되어 있지 않음.
　한 구표지가 이전의 담화에서 비롯된 VP와 동일한 VP를 포함하고 있다면, 이 VP의 하위 구성소(sub-constituent)가 생략될 수 있다. 이때 적어도 하나의 동사요소가 남아 있어야 한다.

> CHRIS MAY HAVE BEEN WATCHING TV, AND MARIA MAY HAVE BEEN WATCHING TV TOO
> ⟷ Chris may have been watching TV, and Maria may have been too.
> Or:　⟷ Chris may have been watching TV, and Maria may have too.

Or:　⟶ Chris may have been watching TV, and Maria may too.

　　　IF YOU WILL BE STUDYING, I WILL BE STUDYING
　　　⟶ If you will be studying, I will be.
Or:　⟶ If you will be studying, I will.
But:　←X⟶ *If you will be studying, I.

일부의 화자들은 생략된 구성소가 선행사와 다른 보충 동사(suppletive verb)의 어간을 가지고 있는 구문을 비수용적으로 판단한다.

SINCE WILT IS TALL, HIS SON WILL BE TALL ←X⟶
*Since Wilt is tall, his son will.

SINCE CHRIS WENT TO PARIS, I WILL GO TO PARIS ⟶
%Since Chris went to Paris, I will.

그러나:

SINCE CHRIS ATE SOME OF THE SOUP, I WILL EAT SOME OF
THE SOUP ⟶ Since Chris ate some of the soup, I will.

참고문헌: Grinder & Postal 1971, Hankamer & Sag 1976, Sag 1977,
　　　　Lappin 1996.

다른 삭제 규칙들

33. 담화 삭제(Discourse Deletion)
Stripping, Gapping, VP-삭제, 문장 대명사화 규칙, Sluicing, 접속 축약 및 다른 삭제 구문들과 일반적인 한정/비한정 대명사화 규칙에 적용되는 조건들은 담화상에 인접한 문장들 간에 적용될 수 있고, 심지어 다른 화자들 간의 말에도 적용될 수 있다.

Stripping   Joe: Gwen smokes marijuana.

                  Moe: But never on Sundays.

Gapping   Pam: Lou gave Dale a nickel.

                  Sam: And Harriet a quarter.

VP-삭제   Ann: Will you vote for Paley?

                  Jan: Yes, if you will.

문장 대명사화

                  Fred: Your tie is crooked.

                  Ned: I know it.

Sluicing   Ed: Lou gave someone a nickel.

                  Ted: I wonder who.

접속 축약   Beth: Lou gave Dale a nickel.

                  Seth: And a copy of Linguistic Inquiry.

비한정 대명사화

                  Dan: My dad bought a half-ton pickup.

                  Jan: Well, my dad bought one with a king cab.

한정 대명사화

                  Sean: A thief broke Chris's arm.

                  Dawn: Was he arrested?

위의 현상들이 의미하는 바는, 이러한 현상들을 변형 규칙으로 기술하려는 어떤 문법도 담화 상황에 대한 언급을 피할 수 없다는 것이다. 반면, 비변형적 설명은 간단히 그 구조가 적형인지만을 예측하면 된다 (또는 비적형의 구조가 어떤 환경에서 수용적인가를 예측하게 해주는 보조적 가정(auxiliary hypotheses)을 지지할 수도 있음).

참고문헌: Morgan 1973, Hankamer & Sag 1976, Lappin 1996.

34. 비교 삭제(Comparative deletion). 지배되어 있지 않음. 의무적.

비교 구문은 *more, less, as* 등의 비교 양화사에 의해 허용되며, 이 양화사는 *than* 또는 *as* 등의 보문자를 선택한다. 이때 이 보문자의 목적어는 구가 될 수도 있고, 비 구성소적 절의 잔여 부분이 될 수도 있다 (e.g., 목적어가 없는 절). 보충어는 비한정 양화사를 가진 절들처럼 해석되며, 탈락된 부분은 비교 양화사를 포함하는 절에 존재하는 부분들에 의해 재구성 될 수 있다.

I solved more problem that Lou (solved). ⟷
I SOLVED [MORE THAN LOU SOLVED Quant PROBLEMS]Q PROBLEMS

He likes Kim more than (he likes) Chris. ⟷
HE LIKES KIM MORE THAN HE LIKES CHRIS Quant MUCH

He likes Kim more than Chris (likes Kim). ⟷
HE LIKES KIM MORE THAN CHRIS LIKES KIM Quant MUCH

이 구문에서 허용되는 의존성은 무한결속 되어 있다.

Kim knows more people than Chris said we could ever hope to meet __.

Morgan(1973)의 관찰에 따르면, 극 최소 비교 형식(most minimal comparative forms)은 과장해석(hyperbolic interpretations)을 허용하지만, 최소가 아닌 비교형식은 오직 문자 그대로의 해석만을 허용한다.

Hans leaps like a gazelle.
Hans leaps like a gazelle does.

참고문헌: Bresnan 1973, 1975, 1977; Morgan 1973; Hankamer 1973b; Sag
1977, Pinkham 1982.

35. 비교 하위-삭제(Comparative subdeletion) 지배되어 있지 않음, 의무적
이 구조는 비교 구문과 유사하지만, 탈락되어서 재구성되어야 하는 것이 양화사밖에 없고 양화사에 의해 수식 받는 표현을 포함하는 구는 탈락되지 않는다는 점에서 비교 구문과 다르다. 탈락된 양화사는 명시적 양화사와 같은 타입의 양화사이어야 한다.

There were more men on that show than there were __ women. ⟷
THERE WERE [MORE THAN THERE WERE Quant MANY WOMEN]$_Q$
MEN ON THAT SHOW

There was as much rice as there was jello. ⟷
THERE WAS [AS MUCH AS THERE WAS Quant MUCH JELLO]$_Q$
RICE.

*There was more rice than there were women.

이러한 의존성 또한 무한 결속되어 있다.

They are going to hire more women than anyone ever thought the management would agree to allow them to hire __ men.

참고문헌: Bresnan 1973, 1975, 1977.

비절쌍 재귀사 규칙(Non-Clausemate Reflexive Rules)

36. *picture NP* 안의 재귀사. 수의적. 지배되어 있지 않음.

picture, story, description, joke 등의 "picture 단어"가 취하는 보충어 내에 있는 명사구는 재귀사가 될 수 있는데, 이때 재귀사는 담화상의 선행사와 인칭, 수, 성이 일치해야 한다.

이러한 재귀사는 선행사 앞에 올 수도 있고, 선행사를 통어할 수도 있다:

The picture of himself$_i$ that Chris$_i$ said was in the Post Office was taken in 1973.

That picture of himself$_i$ embarrassed Chris$_i$.

재귀사와 선행사간의 의존성은 무한 결속되어 있다.

CHRIS$_i$ SAID THAT IT WAS POSSIBLE THAT THERE WAS A PICTURE OF CHRIS$_i$ IN THE POST OFFICE. $\longleftrightarrow$

Chris said that it was possible that there was a picture of himself in the Post Office.

이러한 구문에서의 의존성은 담화 상에서 허용(discourse-licensed)될 수도 있다.

The twins were thinking about a gift for their parents. A picture of themselves seemsed like a good idea.

참고문헌: Ross 1970, Jackendoff 1972, Zribi-Hertz 1989, Chomsky 1991, Reinhart & Reuland 1993, Pollard & Sag 1994, Huang & Liu 2000.

37. *as for NP*구 내의 재귀사화, 수의적, 지배되어 있지 않음.
*as for*의 NP목적어는 적절한 재귀 대명사의 형태로 나타날 수 있으며, 이때 재귀사는 담화상의 선행사를 가진다.

Chris$_i$ realized that as for himself$_i$ there was no chance of winning.

동일절 내의 통사적 선행사는 주어이어야 한다.

Chris told Dale$_i$ that as for *herself$_i$/her$_i$, she$_i$ could never win.

참고문헌: Ross 1970, Zribi-Hertz 1989.

38. *like NP*구 내의 재귀사화. 수의적. 지배되어 있지 않음.

전치사 *like*에 의해 도입되는 후수식(postmodifying) 전치사구의 목적어가 되는 NP는 재귀 대명사가 될 수 있다. 이때 이 재귀사는 담화상의 선행사 또는 선행하고 통어하는 통사적 선행사와 동일한 지시를 가질 수 있다.

Jane$_i$ said that Max heard from Harry that the AEC said that physicists like herself$_i$ /her$_i$ would be taxed at a lower rate.
A woman who admires physicists like him$_i$ /*himself$_i$ told Albert$_i$ about some AEC plot.

통제자가 꼭 주어가 될 필요는 없다:

Albert told Jane*i* that physicists like herself*i* were being overworked.

참고문헌: Ross 1970.

39. 등위 행위자 구안의 재귀사화(Reflexivization in coordinate agent phrase). 수의적. 지배되어 있지 않음.

수동 동사구 안의 *by NP* 행위자 구가 전치사 by의 목적어로써 등위 구조의 NP를 취하는 구조를 가지고, 등위구조 내의 두 번째 구성원이 문장 내에서 통어하는 요소와 공지시를 가질 때, 이 전치사의 두 번째 목적어는 상응하는 재귀사의 형태로 나타날 수 있다.

Joe*i* claimed that no one realized that the paper would have to be written by Ann and himself*i*.
That the paper wold have to be written by Ann and himself*i* was obvious to Joe*i*.

통제자가 재귀사를 통어하지 못하면, 그 문장의 수용성이 저하된다.

?*A woman who knows Tom*i* well says that the paper was written by Ann and himself*i*.

참고문헌: Ross 1970.

참고문헌

Aissen, Judith. 1975. Presentational there Insertion; A Cyclic Root Transformation. *Papers from the Eleventh Regional Meeting, Chicago Linguistic Society*, 11:1-14. Chicago: Chicago Linguistic Society.

Akmajian, Adrian. 1978. *Aspects of the Grammar of Focus in English.* New York: Garland.

Akmajian, Adrian, & Frank Heny. 1975. *Introduction to the Principles of Transformational Syntax.* Cambridge, MA: MIT Press.

Akmajian, Adrian, and Thomas Wasow. 1975. The Constituent Structure of VP and AUX and the Position of the Verb be. *Linguistic Analysis* 1; 3.

Andrews, Avery D. 1971. Understood Tense and Underlying Forms. *Linguistic Inquiry* 2:542-543

Bach, Emmon. 1971. Questions. *Linguistic Inquiry* 2:153-166.

Bach, Emmon. 1974. *Syntactic Theory.* New York: Holt, Rinehart and Winston.

Bach, Emmon. 1982. Purpose Clauses and Control. *The Nature of Syntactic Representation*, ed. by P. Jacobsen and G. Pullum, 35-38. Dordrecht: Reidel.

Baker, Carl Leroy. 1968. *Indirect Questions in English.* University of Illinois dissertation.

Baker, Carl Leroy. 1970a. Notes on the Description of English Questions; the role of an abstract question morpheme. *Foundations of Language* 6:197-219.

Baker, Carl Leroy. 1970b. Double Negatives. *Linguistic Inquiry* 1:169-186.

Baker, Carl Leroy, and Michael Brame. 1972. 'Global Rules' : A Rejoinder. *Language* 48:51-75.

Banfield, Ann. 1973. Narrative Style and the Grammar of Direct and Indirect Speech. *Foundations of Language* 10:1-39.

Baxter, David. 1999. English Goal infinitives. Ph. D. dissertation, University of Illinois. Urbana, Illinois.

Berman, Arlene. 1973. A Constraint on *tough*-movement. *Papers from the Ninth Regional Meeting, Chicago Linguistic Society*, edited by Claudia Corum, T. Cedric Smith-Stark, and Ann Weiser, 34-43. Chicago: Chicago Linguistic Society.

Berman, Arlene. 1974a. On the VSO Hypothesis. *Linguistic Inquiry* 5:1-38.

Berman, Arlene. 1974b. Tripl-*ing*. *Linguistic Inquiry* 4:401-403.

Berman, Arlene. 1974c. Infinitival Relative Constructions. *Papers from the Tenth Regional Meeting, Chicago Linguistic Society*, 37-46. Chicago: Chicago Linguistic Society.

Berman, Arlene, and Susan Schmerling. 1973. Syntax Bibliography. Dittoed. University of Texas at Austin.

Birner, Betty J. 1992. The Dicourse Function of Inversion in English. Ph. D. dissertation . Evanston: Northwestern University.

Birner, Betty J. 1994. Information status and word order: an analysis of English inversion. *Language* 70:233-259.

Birner, Betty J., and Gregory Ward. 1998. Information and noncanonical word order in English. Amsterdam/Philadelphia: John Benjamins.

Blake, Barry J. 1990. *Relational Grammar.* London: Routledge.

Bolinger, Dwight. 1967. The Imperative in English. To *Honor Roman Jakobson*, I. The Hague: Mouton.

Bolinger, Dwight. 1971. *The Phrasal Verb in English.* Cambridge: Harvard University Press.

Bolinger, Dwight. 1972. *That's that.* The Hague : Mouton.

Bolinger, Dwight. 1977. *Meaning and Form.* London : Longmans.

Borer, Hagit. 1981. *Parametric Variation in Clitic Constructions.* Ph.D. diss. MIT.

Borkin, Ann, et al. 1971. *Where the rules fail: A studen's guide.* Ann Arbor: Department of Linguistics, University of Michigan. (Reproduced by Indiana University Linguistics Club)

Borkin, Ann. 1972. Coreference and Beheaded NPs. *Papers in Linguistics* 5: 28-45.

Borkin, Ann. 1974. Rasing to Object Positions. University of Michigan dissertation.

Borsley, Robert, and Kersti Borjars, eds. To appear. Non-transformational Syntax: A Guide to Current Models. Oxford: Blackwell.

Bransford, John D., & M. K. Johnson. 1973. Consideration of Some Problems in Comprehension. *Visual Information Processing*, ed. by W. G. Chase. New York: Academic Press.

Bresnan, Joan. 1972. The Theory of Complementation in English Syntax. MIT Ph. D. diss. (Published in 1978; New York: Garland)

Bresnan, Joan. 1973. Syntax of the Comparative Clause Construction in English. *Linguistic Inquiry* 4:275-343.

Bresnan, Joan. 1975. Comparative Deletion and Constraints on Transformations. *Linguistic Analysis* 1:25-74.

Bresnan, Joan. 1977. Variables in the Theory of Transformations. *Formal Syntax*, ed. by P. Culicover, T. Wasow, and A. Akmajian, 175-196. New York: Academic Press.

Bresnan, Joan. 1978. A Realistic Transformational Grammar. *Linguistic Theory and Psychological Reality*, ed by M. Halle et al., 1-59. Cambridge, MA: MIT Press.

Bresnan, Joan. 1982a. *The Mental Representation of Grammatical Relations.* Cambridge, MA: MIT Press.

Bresnan, Joan. 1982b. Control and Complementation. In Bresnan 1982a, 282-390.

Burt, Marina K. 1970. *From Deep to Surface Structure.* New York: Happer and Row.

Chomsky, Noam. 1955. *The Logical Structure of Linguistic Theory.* Published 1975, New York: Plenum.

Chomsky, Noam. 1957. *Syntactic Structures.* The Hague: Mouton.

Chomsky, Noam. 1964. *The Logical Basis of Linguistic Theory.* Proceedings of the Ninth International Congress of Linguists, ed. by H. Lunt. The Hague: Mouton.

Chomsky, Noam. 1965. *Aspects of the Theory of Syntax.* Cambridge, MA: MIT Press.

Chomsky, Noam. 1969. Remarks on Nominalization. *Readings in English*

Transformational Grammar, ed. by R. Jacobs and P.S. Rosenbaum, 184-221. Waltham, MA: Ginn.

Chomsky, Noam. 1971. Deep Structure, Surface Structure, and Semantic Interpretation. *Semantics, An Interdisciplinary Reader*, ed. by D. Steinberg and L. Jakobovits, 183-216. Cambridge: Cambridge University Press.

Chomsky, Noam. 1973. Conditions on Transformations. *Festschrift for Morris Halle*, ed. by S. Anderson and P. Kiparsky, 232-286. New York: Holt, Rinehart, and Winston.

Chomsky, Noam. 1975. *Reflections on Language*. New York: Pantheon.

Chomsky, Noam. 1977. On Wh-movement. *Formal Syntax*, ed. by P. Culicover, A. Akmajian, and T. Wasow, 71-132. New York: Academic Press.

Chomsky, Noam. 1980. On Binding. *Linguistic Inquiry* 11:1-46.

Chomsky, Noam. 1981. *Lectures on Government and Binding*. Dordrecht: Foris.

Chomsky, Noam. 1982. *Some Concepts and Consequences of the Theory of Government and Binding*. Cambridge, MA: MIT Press.

Chomsky, Noam. 1986. *Knowledge of Language: Its Nature, Origins, and Use*. New York: Praeger.

Chomsky, Noam. 1991. Some Notes on Economy of Derivation and Representation. *Principles and Parameters in Comparative Grammar*, edited by Robert Freidin. 417-454. Cambridge, MA: MIT Press.

Chomsky, Noam. 1995. *The Minimalist Program*. Cambridge, MA: MIT Press.

Chomsky, Noam, and Howard Lasnik. 1977. Filters and control. *Linguistic Inquiry* 8:425-504.

Cole, Peter. and Jerry Morgan. 1975. *Syntax and Semantics, vol. 3*: Speech Acts. New York: Academic press.

Comrie, Bernard. 1977. In defense of Spontaneous Demotion. *Syntax and Semantics, Vol. 8: Grammatical Relations*, ed. by P. Cole & J. Sadock, 47-58. New York: Academic Press.

Corum, Claudia. 1975. A Pragmatic Analysis and of Parenthetical Adjuncts. *Papers from the Eleventh Regional Meeting, Chicago Linguistic*

Society, 133-141, Chicago: Chicago Linguistic Society,

Cote, Sharon. 1996. Grammatical and Discourse Properties of Null Arguments in English. Ph. D. dissertation., University of Pennsylvania. Philadelphia, PA.

Davis, Anthony, and Jean-Pierre Koenig. 2000. Linking as constraints on word classes in a hierarchical lexicon. *Language* 76:56-91.

Davison, Alice. 1970. Casual Adverbs and Performative verbs. *Papers from the Sixth Regional Meeting,* Chicago Linguistic Society, 190-201. Chicago: Chicago Linguistic Society.

Davison, Alice. 1980. Peculiar passives. *Language* 56:42-66.

Delahunty, Gerald P. 1981. Topics in the Syntax and Semantics of English Cleft Sentences. Ph. D. diss. University of California at Irvine.

Dingwell, William. 1969. Secondary Conjunction and Universal Grammar. *Papers in Linguistics,* 1:207-230.

Dougherty, Ray. 1970. A Grammar of Coordinate Conjoined Structures, I. *Language* 46:850-898.

Dougherty, Ray. 1971. A Grammar of Coordinate Conjoined Structures, II. *Language* 47:298-339.

Dowty, David. 1982. Grammatical Relations and Montague Grammar. *The Nature of Syntactic Representation*, ed. by P. Jacobson & G. Pullum, 79-130. Dordrecht: Reidel.

Dowty, David, 1988. Type Raising. *Functional Composition, and Non- constituent Coordination. Categorial Grammars and national Language Structures*, edited by Richard Oehrle, Emmon bach, and D. Wheeler, 153-198. Dordrecht: D. Reidel.

Dowty, David, Robert Wall, and Stanley Peters. 1981. *An Introduction to Montague Semantics.* Dordrecht: Reidel.

Emonds, Joseph. 1970/1976. *A Transformational Approach to English Syntax.* New York: Academic Press. [Revised version of *Root and Structure-Preserving Transformation.* Unpublished Ph.D. Dissertation, MIT]

Fillmore, Charles. 1963. The Position of Embedding Transformations in A Grammar. *Word* 19:208-231.

Fillmore, Charles. 1965. *Indirect Object Constructions in English and the*

Ordering of Transformations. The Hague: Mouton.

Flickinger, Daniel. 1983. Lexical Heads and Phrasal Gaps. *Proceedings of the 2nd West Coast Conference on Formal Linguistics*, ed. by Michael Barlow, Daniel Flickinger, and Michael T. Wescoat, 89-101. Stanford, CA: Stanford Linguistics Association.

Fodor, Jenet D. 1974. Like-subject Verbs and Causal Clauses in English: *Journal of Linguistics* 10:95-110.

Fraser, Bruce. 1973. *The Verb-Particle Combination in English*. Tokyo: Taishukan.

Gazdar, Gerald. 1981. Unbounded Dependencies and Coordinate Structure. *Linguistic Inquiry* 12:155-184.

Gazdar, Gerald. 1982. Phrase Structure Grammar. *The Nature of Syntactic Representation*, ed. by Pauline Jacobson & Geoffrey Pullum, 131-186. Dordrecht: Reidel.

Gazdar, Gerald, Ewan Klein, and Geoffrey Pullum. 1978. *A Bibiography of contemporary Linguistic Research*. New York: Garland.

Gazdar, Gerald, Ewan Klein, Geoffrey Pullum, and Ivan Sag. 1982. Coordinate Structures and Unbounded Dependencies. *Developments in Generalized Phrase Structure Grammar,* ed. by M. Barlow, D. Glickinger, and I. Sag. 38-68. Indiana University Linguistic Club.

Gazdar, Gerald, Ewan Klein, Geoffrey Pullum, and Ivan Sag. 1985. *Generalized Phrase Structure Grammar.* Cambridge, MA: Harvard University Press.

Gazdar, Gerald, and Geoffrey Pullum. 1982. Generalized Phrase Structure Grammar: A Theoretical Synopsis. Indiana University Linguistic Club.

Gazdar, Gerald, Geoffrey Pullum, and Ivan Sag. 1982. Auxiliaries and Related Phenomena in a Grammar of English. Language 58:591-638.

George, Alexander, ed. 1989. *Reflections on Chomsky.* Oxford: Blackwell.

Goldsmith, John. 1985. A Principled Exception to the Coordinate Structure Constraint. Papers from the 21st Regional Meeting of the Chicago Linguistic Society, ed. by William Eilfort, Paul Kroeber, and Karen Peterson. Chicago: Chicago Linguistic Society.

Green, Georgia M. 1971. Some Implications of an Interaction Among Constraints. Papers from the 7th regional meeting, Chicago Linguistic Society, 85-100. Chicago: Chicago Linguistic Society.

Green, Georgia M. 1973a. The Derivation and of a Relative Infinitive Construction. Studies in the Linguistic Sciences 3,1:1-30. Urbana, IL: Depeartment of Linguistics, University of Illinois.

Green, Georgia M. 1973b. Some Remarks on Split Contrlller Phenomena. *Papers from the Ninth Regional Meeting, Chicago Linguistic Society,* edited by Claudia Corum, T. Cedric Smith-Stark, and Ann Weiser, 123-138. Chicago: Chicago Linguistic Society.

Green, Georgia M. 1974. *Semantics and Syntactic Irregularity.* Bloomington: Indiana University Press.

Green, Georgia M. 1975. How to Get People to do things with Words. Cole and Morgan, 107-142.

Green, Georgia M. 1976. Main Clause Phenomena in Subordinate Clause. *Language* 52:382-397.

Green, Georgia M. 1977. Do Inversions Change Grammatical Relations? Studies in the Linguistic Sciences, 7;1:157-181.

Green, Georgia M. 1980. Some Wherefores of English Inversion. *Language* 56:582-602.

Green, Georgia M. 1981. Pragmatics and Syntactic Description. *Studies in the linguistic sciences*, 11.1:27-37.

Green, Georgia M. 1982a. Colloquial and Literary Uses of Inversions. *Spoken and Written Languagge; Exploring Orality and Literacy,* ed. by D. Tannen, 119-154. Norwood, NJ: Ablex.

Green, Georgia M. 1982b. Linguistics and the Pragmatics of Language Use. *Poetics* 11:45-76.

Green, Georgia M. 1985a. The Description of Inversions in Generalized Phrase Structure Grammar. *Proceedings of the Eleventh Annual Meeting, Berkeley Linguistics Society*, ed. by Mary Niepokuj, Mary VanClay, Vassiliki Nikiforidou and Deborah Feder, 117-145. Berkeley: University of California.

Green, Georgia M. 1985b. Subcatergorization and the Account of Inversions. *Proceedings of the 1st Eastern States Conferences on Linguistics,*

214-221. Columbus, OH: Ohio State University.

Green, Georgia M. 1992. Purpose Infinitives and their Relatives. *The Joy of Grammar: Festschrift for James D. McCawley*, ed by Gary Larson, Diane Brentari, and Lynn MacLeod, 95-127. Chicago: Universiy of Chicago Press.

Green, Georgia M. Forthcoming. Some Interactions of Pragamatics and Grammar. *Handbook of Pragmatics*, edited by Laurence R. Horn and Gregory Ward. Oxford: Blackwell.

Green, Georgia M. To appear. Elementary Principles of HPSG. *Non-transformational Syntax: A Guide to Current Models*, edited by Robert Borsley and Kersti Borjars. Oxford: Blackwell.

Green, Georgia M, and Jerry Morgan. 1976. Notes Toward and Understanding of Rule Government. *Studies in the linguistic sciences* 6.1:228-248. Urbana, IL: Department of Linguistics, University of Illinois.

Grice, H.P. 1975. Logic and conversation. *Syntax and semantics*, vol. 3, ed. by P. Cole and J. L. Morgan, 43-58. New York: Academic Press.

Grinder, John. 1970. Super Equi-NP-Deletion. *Papers from the Sixth Regional Meeting, Chicago Linguistic Society*, 297-318. Chicago: Chicago Linguistic Society.

Grinder, John. 1971. A Reply to 'Super Equi-NP-Deletion as Dative Deletion.' *Papers from the Seventh Regional Meeting*, Chicago Linguistic Society, 101-11. Chicago: Chicago Linguistic Society.

Grinder, John, and Paul Postal. 1971. Missing Antecedents. *Linguistic Inquiry*: 2:269-312.

Grosu, Alexander. 1972. The Strategic Content of Island Constraints. *Ohio State University Working Papers in Linguistics* 13:1-225.

Grosu, Alexander. 1973a. On the Nonunitary Nature of the Coordinate Structure Constraint. *Linguistic Inquiry* 4:88-92.

Grosu, Alexander. 1973b. On the Status of the So-called Right-Roof Constraint. *Language* 49:294-311.

Grosu, Alexander. 1974. On the Nature of the Left Branch Constraint. *Linguistic Inquiry* 5:308-319.

Grosu, Alexander. 1975. On the Status of Positionally-Defined Constraints in

Syntax. *Theoretical Linguistics* 2:159-201.

Gruber, Jeffrey. 1965. *Studies in Lexical Relations.* MIT dissertation. Published (1976) in *Lexical Structures in Syntax and Semantics.* New York: North-Holland.

Halpern, Richard. 1976. The Bivalence of NEG Raising Predicates. *Studies in the Linguistic Sciences* 6.1:69-81. Urbana, IL: Department of Linguistics, University of Illinois.

Hankamer, Jorge. 1971. Constraints on Deletion in Syntax. MIT dissertation. Abridged edition published (1977) by Garland Press, New York.

Hankamer, Jorge. 1973a. Unacceptable Ambiguity. *Linguistic Inquiry* 4:17-68.

Hankamer, Jorge. 1973b. Why There Are Two than's in English. *Papers from the Ninth Regional Meeting, Chicago Linguistic Society,* edited by Claudia Corum, T. Cedric Smith-Stark, and Ann Weiser, 179-191. Chicago: Chicago Linguistic Society.

Hankamer, Jorge. 1974. On the Non-cyclic Nature of WH-clefting. *Papers from the Tenth Regional Meeting, Chicago Linguistic Society,* 221-233. Chicago: Chicago Linguistic Society.

Hankamer, Jorge. 1977. Multiple Analyses. *Mechanisms of Syntactic Change,* ed. by Charles Li, 583-607. Austin: University of Texas Press.

Hankamer, Jorge, and Ivan Sag. 1976. Deep and Surface Anaphora. *Linguistic Inquiry* 7:391-426.

Harris, Frances. 1976. Reflexivization. *Syntax and Semantics, vol. 7: Notes from the Linguistic Underground,* ed. by J. D. McCawley, 63-84. New York: Academic Press.

Harris, Richard Allen. 1993. *The Linguistics Wars.* Oxford: Oxford University Press.

Hayes, B. 1976a. Prepositional Phrase Extraposition. *Harvard Studies in Syntax and Semantics,* Vol. 2, 222-240.

Hayes, B. 1976b. The Semantic Nature of the Intervention Constraint. *Linguistic Inquiry* 7:371-375.

Hermon, Gabriella. 1979. On the Discourse Structure of Direct Quotation. Techinical report 143, Center for the Study of Reading. Champaign, IL: University of Illinois.

Higgins, F. R. 1978. *The Pseudo-cleft Construction in English.* New York: Garland.

Hooper, Joan. 1973. A Critical Look at the Structure-Preserving Constraint. *Critiques of syntactic studies,* II, ed. by P. Schachter and G. Bedell. Los Angeles: Department of Linguistics, UCLA.

Hooper, Joan, & Sandra Thompson. 1973. On the Applicability of Root Transformations. *Linguistic Inquiry* 4:465-497.

Horn, Laurence. 1971. Negative Transportation: Unsafe at any Speed? *Papers from the Seventh Regional Meeting, Chicago Linguistic Society,* 120-133. Chicago: Chicago Linguistic Society.

Horn, Laurence. 1975. Neg-raising Predicates: Toward an Explanation. *Papers from the Eleventh Regional Meeting, Chicago Linguistic Society,* 279-294. Chicago: Chicago Linguistic Society.

Horn, Laurence. 1979. Remarks on Neg-Raising. *Syntax and Semantics, Vol. 9: Pragmatics,* ed. by P. Cole, 129-220. New York: Academic Press.

Horn, Laurence. 1986. Presupposition: Theme and Vatiation. *Papers from the Parasession on Pragmatics and Grammatical Theory,* 168-192. Chicago: Chicago Linguistic Society.

Horn, Laurence. 1989. *A Natural History of Negation.* Chicago: University of Chicago Press.

Huang, C.-T. James, and C.-S Luther Liu. 2000. Logophoricity, Attitudes and *ziji* at the Interface. *Syntax and Semantics, Vol. 33: Long Distance Reeflexives,* edited by Peter Cole, Gabriella Hermon, and C.-T. James Huang. San Diego, CA: Academic Press.

Huck, Geoffrey J., & John A. Goldsmith. 1995. *Ideology and Linguistic Theory. Noam Chomsky and the Deep Structure Debates.* London: Routledge.

Jackendoff, Ray. 1972. *Semantic Interpretation in Generative Grammar.* Cambridge, MA: MIT Press.

Jackendoff, Ray. 1974. An Introduction to the x′ Convention. Indiana University Linguistics Club.

Jackendoff, Ray. 1977. *X′-syntax.* Cambridge, MA: MIT Press.

Jackendoff, Ray. 1997. Lexical Insertion in a Post-Minimalist Theory of

Grammar. *The Architecture of the Language Faculty.* Cambridge, MA: MIT Press.

Jacobson, Pauline. 1987. Phrase Structure, Grammatical Relations, and Discontinuous Constituents. *Syntax and Semantics, Vol 20: Discontinuous Constituency*, ed. by Geoffrey J. Huck and Almerindo E. Ojeda, 27-70. Orlando: Academic Press.

Jacobson, Pauline, and Paul Neubauer. 1974. Extraposition Rules and the Cycle. *Berkeley Studies in Syntax and Semantics, vol I*, ed. By Charles Fillmore, George Lakoff, and Robin Lakoff, VIII 1-99. Berkeley: Univerisity of California.

Jacobson, Pauline, and Paul Neubauer. 1976. Rule Cyclicity: Evidence from the Intervention Constraint. *Linguistic Inquiry* 7:429-461.

Jake, Janice. 1977. Gapping, Pragmatics, and Fativity. *Papers from the Thirteenth Regional Meeting, Chicago Linguistic Society*, 165-17. Chicago: Chicago Linguistic Society.

Johnson, David. 1974. On the Role of Grammatical Relations in Linguistic Theory. *Papers from the Tenth Regional Meeting, Chicago Linguistic Society*, 269-283. Chicago: Chicago Linguistic Society.

Johnson, David. 1978. *Toward a Theory of Relationally-based Grammar.* New York: Garland.

Johnson, David, and Paul Postal. 1980. *Arc-Pair Grammar.* Princeton: Princeton University Press.

Johnson, Kyle. 1991. Object Positions. *Natural Language and Linguistic Theory* 9:577-6336.

Kantor, Robert N. 1977. The Management and Comprehension of Discourse Connection by Pronouns in English. Ohio State University dissertation.

Kaplan, Ronald, and Joan Bresnan. 1982. Lexical-Functional Grammar: A Formal Theory of Grammatical Representation. *The Mental Re- presentation of Grammatical Relations*, ed. by J. Bresnan, 173-281. Cambridge, MA: MIT Press.

Karttunen, Lauri. 1971. Definite Descriptions with Crossing Coreference; A Study of the Bach-Peters Paradox. *Foundations of Language* 7:157-182.

Katz, Jerrold J. 1981. *Language and Other Abstract Objects.* Totowa, New

Jersey: Rowman and Littlefield.

Kayne, Richard. 1994. *The Antisymmetry of Syntax*. Cambridge, MA: MIT Press.

Keenan, Edward. 1975. Some Universals of Passive in Relational Grammar. *Papers from the Eleventh Regional Meeting, Chicago Linguistic Society*, 340-352. Chicago: Chicago Linguistic Society.

Keenan, Edward, and Bernard Comrie. 1977. Noun Phrase Accessibility and Universal Grammar. *Linguistic Inquiry* 8:63-99.

Kimball, John. 1971. Super-Equi-NP-Deletion as Dative Deletion. *Papers from the Seventh Regional Meeting, Chicago Linguistic Society*, 142-148. Chicago: Chicago Linguistic Society.

King, Harold. 1970. On blocking the rules for contraction in English. *Linguistic Inquiry* 1:134-136.

Kiparsky, Paul, and Carol Kiparsky. 1970. Fact. *Progress in Linguistics*, ed. by Manfred Bierwisch and Karl Erich Heidolph, 143-173. The Hague: Mouton. Also in *Semantics, An Interdisciplinary Reader*, ed. by Danny Steinberg and L. Jakobvits, 345-369. Cambridge University Press (1971).

Klein, Ewan, and Ivan Sag. 1982. Semantic Type and Control. *Developments in Generalized Phrase Structure Grammar*, ed. by M. Barlow, D. Flickinger, and I. Sag, 1-25. Indiana University Linguistics Club.

Koopman, Hilda. 1984. *The Syntax of Verbs*. Diordrecht: Foris.

Koutsoudas, Andreas. 1972. The Strict Order Fallacy. *Language* 48:88-96.

Koutsoudas, Andreas. 1973. Unordered Rule Hypotheses. Indiana University Linguistics Club.

Kuhn, Thomas S. 1970. *The Structure of Scientific Revolutions*, 2nd ed. enlarged. International Encyclopedia of Unified Science, Vol. II, No. 2. Chicago: University of Chicago Press.

Kuno, Susumu. 1975. Three Perspectives in the Functional Approach to Syntax. *Functionalism*, ed. by R. E. Grossman, L. J. San, and T. J. Vance, 276-336. Chicago: Chicago Linguistic Society.

Kuno, Susumu, and Jane J. Robinson. 1972. Multiple WH-Questions. *Linguistic Inquiry* 3:463-487.

Ladusaw, William. 1988. A Proposed Distinction Between Level and Stratum. *Linguistics in the Morning Calm*, Linguistic Society of Korea, ed. Seoul: Hanshin Publishing Co.

Ladusaw, Willian and David Dowty. 1985. Towards a Non-grammatical Account of Thematic Roles. Paper presented at Santa Cruz Conference on Generative Linguistics.

Lakoff, George. 1965. On the Nature of Syntactic Irregularity. Published 1970 as *Irregularity in Syntax*. New York: Holt, Rinehart and Winston.

Lakoff, George. 1966. Deep and Surface Grammar. Dittoed ms.

Lakoff, George. 1968. Counterparts. Ms.

Lakoff, George. 1969. Pronominalization, Negation, and the Analysis of Adverbs. *Readings in English Transformational Grammar*, ed. by Roderick Jacobs and P.S. Rosenbaum, 145-165. Walthan, MA: Ginn.

Lakoff, George. 1970. Global Rules. *Language* 46:627-639.

Lakoff, George. 1971. On Generative Semantics. *Semantics, An Interdisciplinary Reader*, ed. by D. Steinberg & L. Jakobovits, 232-296. Cambridge University Press.

Lakoff, George. 1972. Some Thoughts on Transderivational Constraints. *Papers in Linguistics in Linguistics in Honor of Henry and Renee Kahane*, ed. by B. Kachru et al., 442-452. Urbana, IL: University of Illinois Press.

Lakoff, George. 1976. Pronouns and Reference. *Syntax and Semantics, Vol. 7: Notes from the Linguistic Underground*, ed. by J. McCawley, 276-336. New York: Academic Press. (Written in 1968)

Lakoff, George. 1986. Frame Semantic Control of the Coordinate Structure Constraint. Papers from the 22nd Regional Meeting of the Chicago Linguistic Society(Papers from the Parasession), ed. by Anne M. Farley, Peter T. *Farley and Karl-Erik McCullough*, 152-167. Chicago: Chicago Linguistic Society.

Lakoff, Robin. 1968. *Abstract Syntax and Latin Complementation*. Cambridge, MA: MIT Press.

Lakoff, Robin. 1969. A Syntactic Argument for *Not*-Transportation. *Papers from the Fifth Regional Meeting, Chicago Linguistic Society*, 140-148.

Chicago: Chicago Linguistic Society.

Lakoff, Robin. 1971. Passive Resistance. *Papers from the Seventh Regional Meeting,* Chicago Linguistic Society, 141-162. Chicago: Chicago Linguistic Society.

Langacker, Ronald. 1966. Pronominalization and the Chain of Command. *Modern Studies in English*, ed. by David Reibel and S. Schane, 169-186. Englewood Cliffs, NJ: Prentice-Hall.

Langacker, Ronald. 1974. The Question of Q. *Foundations of Language* 11:1-39.

Lappin, Shalom. 1996. The Interpretation of Ellipsis. *Handbook of coontemporary Semantic Theory*, edited bt Shalom Lappin, 145-175. Oxford: Blackwell.

Larson, Richard. 1988. On the Double Object Construction. *Linguistic Inquiry* 19:335-391.

Lasnik, Howard, and Mamoru Saito. 1992. *Move Alpha*. Cambridge, MA: MIT Press.

Lasnik, Howard. 1999. Pseudogapping Puzzle. *Fragments: Studies in Ellipsis and Gapping*, ed. by Shalom Lappin and Abbas Benmamoun. Oxford: Oxford University Press.

Lees, Robert. 1960. *The Grammar of English Nominalizaton*. Mouton: The Hauge.

Lees, Robert and Edward S. Klima. 1963. Rules for English pronominalization. *Language* 39:17-28.

Leskosky, Richard. 1973. Garbo. *Linguistic Inquiry* 4:546-549.

Levin, Nancy S. 1986. *Main Verb Ellipsis in Spoken English*. New York: Garland.

Levin, R. D. 1985. Right Node (Non-) Raising. *Linguistic Inquiry* 16:492-497.

Manzini, M. Rita. 1983. On Control and Control Theory. *Linguistic Inquiry* 14:421-446.

Marantz, Alec. 1991. Case and Licensing. *Proceedings of the Eastern States Conference on Linguistics*, 234-253. colombus, OH: The Ohio State University.

McCawley, James D. 1968a. Concerning the Base Component of a Transformational Grammar. *Foundations of Language* 4:243-269.

McCawley, James D. 1968b. Lexical Insertion in a Transformational Grammar without Deep Structure. Papers from the 4th Regional Meeting of the Chicago Linguistic Society, ed. by Bill J. Darden, Charles-James N. Bailey and Alice Davison, 71-80. Chicago: Department of Linguistics, University of Chicago.

McCawley, James D. 1970. English as a VSO Language. Language 46:286-299.

McCawley, James D. 1971a. *Tense and Time Reference in English. Studies in Linguistic Semantics*, ed. by Charles J. Fillmore and D.T. Langendoen, 97-114. New York: Holt, Rinehart, and Winston.

McCawley, James D. 1971b. Where Do NPs Come From? *Semantics, An Interdisciplinary Reader*, ed. by D. Steinberg & L. Jakobovits, 217-231. Cambridge University Press.

McCawley, James D. 1978a. Review of Introduction to Transformational Syntax, by A. Akmajian and F. Heny. *Studies in Language* 2:385-395.

McCawley, James D. 1978b. Relative and Relative-like Clauses. *Grammarij* 9:149-188.

McCawley, James D. 1981. The Syntax and Semantics of English Relative Clauses. *Lingua* 53:99-149.

McCawley, James D. 1982. Parentheticals and Discontinuous Constituents. *Linguistic Inquiry* 13:91-106.

McCawley, James D. 1988. *The Syntactic Phenomena of English.* Chicago: University of Chicago Press.

Milsark, Gary. 1974. Existential Sentences in English. Ph.D. dissertation. MIT.

Montague, Richard. 1970. Universal Grammar. *Theoria* 36:373-398.

Montague, Richard. 1973. The Proper Theory of Quantification. *Approaches to Natural Language*, ed. by J. Hintikka, J. Moravcsik, and P. Suppes. Dordrecht: Reidel.

Moortgat, Michael. 1988. *Categorial Investigations.* Dordrecht: Foris.

Morgan, Jerry L. 1968. Some Strange Aspects of it. *Papers from the Fourth Regional Meeting, Chicago Linguistic Society*, ed. by Bill J. Darden, C.-J. N. Bailey, and A. Davison, 81-93. Chicago Linguistic Society.

Morgan, Jerry L. 1970. On the Criterion of Identity for Noun Phrase Deletion.

Papers from the Sixth Regional Meeting, Chicago Linguistic Society, 380-389. Chicago: Chicago Linguistic Society.

Morgan, Jerry L. 1972a. Relative Clauses in English and Albanian. *The Chicago Which Hunt*, ed. by Paul Peranteau, J. N. Levi, and G. C. Phrases, 63-72. Chicago: Chicago Linguistic Society.

Morgan, Jerry L. 1972b. Verb Agreement as a Rule of English. *Papers from the Eighth Regional Meeting, Chicago Linguistic Society*, 278-286. Chicago: Chicago Linguistic Society.

Morgan, Jerry L. 1972c. Some Problems of Verb Agreement. *Studies in the Linguistic Sciences* 2, 1:84-90. Urbaba: Department of Linguistics, Univeristy of Illinois.

Morgan, Jerry L. 1973. Sentence Fragments and the Notion 'Sentence'. *Issues in Linguistics; Papers in Honor of Henry and Renee Kahane*, ed. by Braj Kachru, Y. Malkiel, A. Pietrangeli, and S. Saporta, 719-751. Urbana: University of Illinois Press.

Morgan, Jerry L. 1975. Some Interactions of Syntax and Pragmatics. *Syntax and Semantics, Vol. 3: Speech Acts*, 289-304. New York: Academic Press.

Morgan, Jerry L. 1984. Some Problems of Agreement in English and Albanian. *Proceedings of the Tenth Annual Meeting, Berkeley Linguistics Society*. Berkeley: University of California.

Morgan, Jerry L. 1985. Some Problems of Determination in English Number Agreement. *Proceedings of the First Eastern States Conference on Linguistics*, ed. by Gloria Alvarez, Belinda Brodie, and Terry McCoy, 69-78. Columbus: Ohio State University.

Morgan, Jerry L., and Georgia M. Green. Forthcoming. Why Verb Agreement Is Not A POoster Child for Syntactic Theory. Volume in honor of James D. McCawley, ed. by Rebecca Wheeler, S. Mufwene, and E. Francis.

Nanni, Deborah. 1980. On the Surface Syntax of Constructions with easy-type Adjectives. *Language* 56:568-581.

Napoli, Donna Jo. 1979. *Syntactic Argumentation*. Washington, DC: Georgetown University Press.

Napoli, Donna Jo, and Emily Rando. 1978. Definites in *there*-sentences. *Language* 54:300-313.

Neubauer, Paul. 1972. Syuper-Equi Revisited. *Papers from the Eighth Regional Meeting, Chicago Linguistic Society*, 287-293. Chicago: Chicago Linguistic Society.

Newmeyer, Frederick. 1969. English Aspectual Verbs. *Studies in Linguistics and Language Learning*, Vol. 6. Seattle: University of Washington.

Newmeyer, Frederick. 1986. *Linguistic Theory in America*, 2nd ed. New York: Academic Press.

Ojeda, Almernido. 1987. Discontinuity, Multidoninance, and Unbounded Dependency in Generalized Phrase Structure Grammar: Some Prelinimaries. *Syntax and Semantics, Vol 20: Discontinuous Constituency*, ed. by Geoffrey J. Huck and Almerindo E. Ojeda, 257-282. Orlando: Academic Press.

Olsen, Margaret S. 1986. Some Problematic Issues in the Study of Intonation and Sentence Stress. Ph.D. dissertation. Urbana: University of Illinois.

Partee, Barbara. 1971. On the Requirement that Transformations Preserve Meaning. *Studies in Linguistic semantics*, ed. by Charles Fillmore and D. T. Langendoen, 1-22. New York: Holt, Rinehart & Winston.

Perlmutter, David M. 1971. *Deep and Surface Structure Constraints in Syntax.* New York: Holt, Rinehart, and Winston. [revised version of 1968 MIT dissertation]

Permutter, David M. 1972. Evidence for Sandow Pronouns in French Relativization. *The Chicago Which Hunt*, ed. by Paul Peranteau, J. N. Levi, and G. C. Phrases, 73-105. Chicago: Chicago Linguistic Society.

Perlmutter, David M. 1978. Impersonal Passives and the Unaccusative Hypothesis. *Proceedings of the 4th annual meeting of the Berkeley Linguistics Society*, University of California, Berkeley.

Perlmutter, David M. 1983. *Studies in Relational Grammar 1.* Chicago: University of Chicago Press.

Perlmutter, David M., and Paul M. Postal. 1977. Toward a Universal Characterization of Passivization. *Proceedings of the Third Annual Meeting, Berkeley Linguistics Society*, 394-417. Berkeley: University of California. (Reprinted in Perlmutter 1983).

Perlmutter, David M., and Paul M. Postal. 1983a. Some Proposed Laws of Basic Clause Structure. *Studies in Relational Grammar* 1, ed. by D. Perlmutter, 81-128. Chicago: University of Chicago Press.

Perlmutter, David. M., and Paul M. Postal. 1983b. The Relational Succession Law. *Studies in Relational Grammar 1*, ed. by D. Perlmutter, 30-80. Chicago: University of Chicago Press.

Perlmutter, David M., and Paul M. Postal. 1984a. The 1-Advancement Exclusiveness Law. *Studies in Relational Grammar 2*, ed. by D. Perlmutter and C. Rosen. Chicago: University of Chicago Press.

Perlmutter, David M., & Paul M. Postal. 1984b. Impersonal Passives and Some Relational Laws. *Studies in Relational Grammar 2*, ed. by D. Perlmutter and C. Rosen. Chicago: University of Chicago Press.

Perlmutter, David M., and Carol Rosen. 1984. *Studies in Relational Grammar 2*. Chicago: University of Chicago Press.

Pinkham, Jessie. 1982. The Formation of Comparative Clauses in English and French. Ph.D. dissertation. Harvard University.

Pollard, Carl, & Ivan Sag. 1987. *Information-Based Syntax and Semantics*. Stanford, CA: Center for the Study of Language and Information.

Pollard, Carl, & Ivan Sag. 1994. *Head-Driven Phrase Structure Grammar*. Chicago: University of Chicago Press and Center for the Study of Language and Information (Stanford, CA).

Pollock, Jean-Yves. 1989. Verb Movement, Universal Grammar, and the Structure of IP. *Linguistic Inquiry* 20L 365-424.

Popper, Karl. 1968. *The Logic of Scientific Discovery*, 2nd ed. New York: Harper and Row.

Postal, Paul M. 1969. Underlying and Superficial Linguistic Structure. *Modern Studies in English*, ed. by David Reibel and S. Schane, 19-37. Englewood Cliffs, NJ: Prentice-Hall.

Postal, Paul M. 1970. On Coreferential Complement Subject Deletion. *Linguistic Inquiry* 1:439-500.

Postal, Paul M. 1971. *Crossover Phenomena*. New York: Holt, Rinehart, and Winston.

Postal, Paul M. 1972. On Some Rules That Are Not Successive Cyclic. *Linguistic Inquiry* 3:211-222.

Postal, Paul M. 1974. *On Raising.* Cambridge, MA: MIT Press.

Postal, Paul M. 1976. Avoiding Reference to Subject. *Linguistic Inquiry* 7:151-191.

Prince, Ellen. 1978. A Comparison of *it*-clefts and WH-clefts in Discourse. *Language* 54:883-906.

Prince, Ellen. 1981. Topicalization, Focus-Movement, and Yiddish-Movement: A Pragmatic Differentiation. *Proceedings of the Seventh Annual Meeting, Berkeley Linguistics Society*, ed. by Dan Alford, 249-264. Berkeley: University of California.

Prince, Ellen. 1984. Topicalization and Left-Dislocation: A Functional Analysis. *Discourses in Reading and Linguistics*, ed. by S. J. White and V. Teller, 213-225. Annals of the New York Academy of Sciences, 433. New York: New York Academy of Sciences.

Pullum, Geoffrey. 1979. *Rule Interaction and the Organization of a Grammar.* New York: Garland.

Pullum, Geoffrey. 1984. How Complex Could an Agreement System Be? *Proceedings of the First Eastern States Conference on Linguistics*, ed. by Gloria Alvarez, Belinda Brodie, and Terry McCoy, 79-103. Columbus: Ohio State University.

Pullum, Geoffrey. 1985. Assuming Some Version of X-Bar Theory. *Papers from the 21st Regional Meeting. Chicago Linguistic Society*, ed. by William Eilfort, Paul D. Kroeber, and Karen L. Peterson. Chicago: Chicago Linguistic Society.

Pullum, Geoffrey. 1989. Prospects for Generative Grammar in the 1990s. *Proceedings of the Western Conference on Linguistics*, vol. 2, ed. by Frederick H. Brengelman, Vida Samijan, and Wendy Wilkins, 257-276. Fresno: Department of Linguistics, California State University at Fresno.

Pullum, Geoffrey, and Deirdre Wilson. 1977. Autonomous Syntax and the Analysis of Auxiliaries. *Language* 53:741-788.

Pullum, Geoffrey, and Arnold Zwicky 1984. The Syntax-Phonology Boundary and Current Syntactic Theories. *Ohio State Working Papers in Linguistics* *29*:105-116. Columbus, OH: Department of Linguistics, The Ohio State University.

Pyle, Charles. 1972. How to Cycle without One. Internal Journal of Linguistics. Ann Arbor, MI: Department of Linguistics, University of Michigan.

Quirk, Randolph, Sidney Greenbaum, Geoffrey Leech, and Jan Svartvik. 1972. A Grammar of Contemporary English. New York: Seminar Press.

Reibel, David, and Sanford Schane. 1969. *Modern Studies in English*. Englewood Cliffs, NJ: Prentice-Hall.

Reinhart, Tanya. 1983. *Anaphora and Semantic Interpretation*. Chicago: University of Chicago Press.

Reinhart Tanya, and Eric Reuland. 1993. Reflexivity. *Linguistic Inquiry* 24:657-720.

Rizzi, Luigi. 1990. *Relativized Minimality*. Cambridge, MA: MIT Press.

Rosenbaum, Peter S. 1967. *The Grammar of English Predicate Complement Constructions*. Cambridge, MA: MIT Press.

Ross, John R. 1967. *Constraints on Variables in Syntax.* MIT dissertation. (Published 1983 as *Infinite syntax.* Norwood, NJ: Ablex).

Ross, John R. 1969a. Guess Who. *Papers from the Fifth Regional Meeting, Chicago Linguistic Society*, 252-287.Chicago: Chicago Linguistic Society.

Ross, John R. 1969b. The Cyclic Nature of English Pronominalization. Reprinted in *Modern Studies in English*, ed. by David Reibel and S. Schane 187-200. Englewood Cliffs, N.J.: Prentice-Hall. Originally ublished(1967) in *To Honor Roman Jakobson, II*, 1669-1682. The Hague: Mouton.

Ross, John R. 1969c. Adjectives as Noun Phrases. *Modern Studies in English*, ed. by David Reibel and S. Schane, 352-360. Englewood Cliffs, NJ: Prentice-Hall.

Ross, John R. 1970a. Gapping and the Order of Constituents. *Progress in Linguistics*, ed. by Manfred Bierwisch and K. Heidolph, 249-259. The Hague: Mouton.

Ross, John R. 1970b. On Declarative Sentences. Readings in English Transformational Grammar, ed. by Roderick A. Jacobs and P. S. Rosenbaum, 222-272. Waltham, MA: Ginn.

Ross, John R. 1972a. Act. *Semantics of Natual Languages*, ed. by Gilbert Harman and D. Davidson, 70-126. Dordrecht: Reidel.

Ross, John R. 1972b. Doubl-*ing*. *Linguistic Inquiry* 3:61-86.

Ross, John R. 1973. Slifting. *The Formal Analysis of Natural Language*, ed. by Maurice Gross et al., 133-169. The Hague: Mouton.

Sadock, Jerrold. 1696. Hypersentences. *Papers in Linguistic* 1:283-371.

Sadock, Jerrold M. 1983. Tjhe necessary overlapping of grammartical components. *Papers form the parasession on the interplay of phonology, morphology, and syntax*, ed. bt John F. Richardson, M. Marks, and A. Chukerman, 198-221. Chicago: Chicago Linguistic Society.

Sadock, Jerrold. 1987. Discontinuity in Autolexcal and Autosemantic Syntax. *Syntax and Semantics*, Vol. 20 : *Discontinuous Constituency*, ed. by Geoffrey J. Huck and Almerindo E. Ojeda, 283-303. Orlando: Academic Press.

Sag, Ivan. 1977. Deletion and Logical Form. MIT. Dissertation. Distributed by Indiana University Linguistics Club.

Sag, Ivan. 1979. The Non-Unity of Anaphora. *Linguistic Inquiry* 10:152-164.

Sag, Ivan. 1997. English Relative Clause Constructions. *Journal of Linguistics* 33:431-483.

Sag, Ivan, Gerald Gazdal, Thomas Wasow. and Steven Weisler. 1985. Coordination and How to Distinguish Catagories. *Natual Language and Linguistic Theory* 3:117-172.

Sag, Ivan and Ewan Klein. 1982. The Syntax and Semantics of English Expletive Pronoun Constructions. *Developments in Generalized Phrase Structure Grammar*, ed. by M. Barlow, D. Flickinger, and I. Sag, 92-136.

Sag, Ivan and Thomas Wasow. 1999. *Syntactic Theory: A Fomal Introduction*. Stanford: CA: CSLI Publications.

Schmerling, Susan. 1973. Subjectless Sentences and the Notion of Surface Structure. Papers from the 9th Regional Meeting, Chicago Linguistic Society, ed. by Claudia Corum, T. Cedric Smith-Stark, and Ann Weiser,

577-586. Chicago: Chicago Linguistic Society.

Schmerling, Susan. 1978. Synonymy Judgements as Syntactic Evidence. *Syntax and Semantics, Vol. 9: Pragmatics*, edited by Peter Cole, 299-313. New York: Academic Press.

Sells, Peter. 1985. *Lectures on Contemporary Syntactic Theories.* Stanford, CA: Center for the Study of Language and Information.

Sheintuch, Gloria. 1975. Subject-Raising: A Unitarry Rule? *Studies in the Linguistic Sciences* 5;1:125-153. Urbana: Department of Linguistics, University of Illinois.

Siegel, Dorothy. 1973. Non-sources of Unpassives. *Syntax and Semantics*, Vol. 2, ed. by John Kimball, 301-317. New York: Academic Press.

Smith, Lawrence R., and Gail G. Johnsen. 1981. *A Bibliovect Guide to the Literature in English and Theoretical Syntax*. St. John's: Information Reduction Research.

Sportiche, Dominique. 1988. A theory of Floating Quantifiers and its Corollaries for Constituent Structure. *Liguistic Inquiry* 19:425-449.

Steever, Sandy. 1977. Raising, Meaning, and Conversational Implicature. *Papers from the Ninth Regional Meeting, Chicago Liguistic Society*, edited by Claudia Corum, T. Cedric Smith-Stark, and Ann Weiser, 590-602. Chicago, Chicago Liguistic.

Stockwell, Robert, Paul Schachter, and Barbara Partee. 1973. *The Major Syntactic Structures of English*. New York: Holt, Rinehart, and Winston.

Stowell, Tim. 1981, Origins of Phrase Structure. Ph.D. dissertation, Massachusetts Institute of Technology.

Stucky, Susan. 1987. Configurational Variation in English: A Study of Extraposition and Related Matters. Syntax and Semantics, Vol. 20: *Discontinuous Constituency*, ed. by Geoffery J Huck and Almerindo E. Ojeda, 337-405. Orlando: Academic Press.

Ward, Gregory. 1983. A Pragmatic Analysis of Epitomization: Topicalization It's Not. *Papers in Linguistics* 17:145-161.

Ward, Gregory. 1985. *The Semantics and Pragmatics of Preposing*. Ph.D. diss., University of Pennsylvania.

Ward, Gregory. 1990. The discourse Functions of VP Preposing. *Language*

66:742-763.

Williams, Timothy. 1995. A Pregmatic Accoount of Control. Ph.D. dissertation., University of Illinois.

Ziv, Yael. 1975. On the Relevance of Content to the Form-Function Correlation. *Functionalism*, ed by R. E. Grossman, L. J. San, and T. J. Vance, 568-579. Chicago: Chicago Linguistic Society.

Ziv, Yael. 1976. Functions of Relative Clauses in English and Hebrew. Ph.D dissertation, University of Illinois.

Zribi-Hertz, Anne. 1989. Anaphor Binding and Narrative Point of View. *Language* 65:695-727.

Zwicky, Arnold. 1973. The Analytic Leap: From 'Some Xs Are Ys' to 'All Xs Are Ys.' Papers from the 9th Regional Meeting, Chicago Linguistic Society, ed. by Claudia Corum, T. Cedric Smith-Stark, and Ann Weiser, 700-709. Chicago: Chicago Linguistic Society.

찾아보기